[明] 程敏政 著　阮東升 校點

程敏政文集

第三册

華東師範大學出版社

篁墩程先生文集卷三十一

序

奉送太子少保工部尚書賈公致政榮還序

弘治六年冬，太子少保工部尚書東鹿賈公凡三疏乞罷政歸老，上不許。嗣歲春，復上疏，辭益堅，乃許之。詔給驛還鄉，有司歲給禄二十四石及從者四人。公時以告在家，得旨起謝，卜日就道。侍郎徐公、謝公率僚屬設祖帳都門外，而以贈言屬予。

予素辱公知，歲時還往，非一日雅，亦將有以爲公贈者。惟中古以來，士鮮自重，年及而不知止，必俟乎謫于言、斁于事、厭薄于人而後行，使上下之間，不能無憾。豈古今人，誠不足相及爾邪？公事英祖、憲考暨今上，自御史歷佐外臺，進都憲、少司空，正位六卿兼輔儲極，所巡歷則南抵淛、西至陜，走山東西、河南北，又奉璽書督三關、鎮靈武、視畿甸，足跡半天下。匡時之策、活民之功、禦侮之績，彰彰在人口不置。其長冬官最久，綏群工、省邦費、繕太室而與大政，其勞多，其勳著，樸茂之行、介慎之節，始終不渝，殆近所未有也。然公以守邊苦寒得末疾，不任朝謁。顧其精力健且未及引年之期，坐理省事，無弗可者。而章上至再三，得請乃已。蓋保晚節而不貪其所可止者，古大臣之義也。聖天子以三朝舊臣不可釋，故於其告歸也，優詔慰留，至四請而後從之，班公廩以佐其養，畀從者以給其勞，恩有加焉，蓋示殊禮而不强其所不能者，古聖王之仁也。義盡則事上之禮得，仁洽則逮下之恩溥。若是者，固非繫一人之重輕而已。

東鹿去京師六七百里，安車坦途，不日可達。鄉之父老子弟奉几杖而候謦欬者，絡繹于庭，寧不嘖嘖嘆曰：「視有所謫戮厭薄而後行者，賢不肖遠矣。其歸榮哉！比使後來者知自重而以得爲戒，其爲士風之勵，不又多乎哉！」予不佞嘗備員史官，竊窺公之所以事上與上之所以待公，蓋千載一時，不可弗之紀也，故因二公之請，不辭而書之。乃若釋軒冕之羈而獲田園之適，如鏡湖、香山故事，此便私計，非所以屬公也。

都尉周公贈行詩序

予嘗讀雲漢之詩，仰見宣王之謹災恤祀，省躬憂民，其一念之誠至於易災爲祥，更歉爲豐，使主德盛而國步亨，雖去之千載，誦之惕然，如生其時、感其事者。又因以知其臣若仍叔之爲賢，而詩之教可與政通，不誣也。

乃弘治七年春，言者以南京帝業所基，而去冬有風雷之警，宜命一大臣奉奠孝陵。禮部爲之覆請，上凛然是之。顧在廷之臣，以親以賢蓋莫有踰于駙馬都尉周公者，乃爲告文，寓省愆至意，副以香帛致齋。臨遣，又賜璽書飭其行。蓋儼如皇祖之在宮也。於是公頓首陛辭，即日就道，凡朝之大夫士自尚書倪公、都憲大理二屠公、給事孫公以下，多形諸篇章爲贈。而平江伯陳公屬予序。

仰惟聖天子謹災恤祀、省躬憂民之心，宣王之心也。在廷同德之臣於公之行而有贈言之舉，意擬于仍叔，雖古今異時，聲律異調，而願忠與善之情，一也。吾知公晉謁太寢之下，精恪一心，以達帝命，俾我皇祖降監聖天子孝誠而孚佑之，諸福畢臻，海宇清晏，視宣王之盛德大業，儷美無極。後之誦其詩者，知親臣之中有賢如公焉。是宜序之，以申警于執事者。

公號草庭，嗜書博雅，喜爲詩。兹行也，周履山川而感于聞見，亦必有不能已于言者。復命之日，予將請而觀焉。則公之所以副隆委而增重使華者，益可徵也。

贈貴州按察使汪公序

弘治六年秋七月三日，實今上皇帝聖誕之辰。凡方嶽大吏，悉表上京師以慶，而山東按察副使新安汪公希顔實預在行。公抵東昌而得報，云有旨已進公貴州按察使矣。至京師陛見之明日，始入謝。慶禮成，而後入辭，往赴任焉。監察御史謝君廷獻詣予言曰：「前此七年，吏部嘗進擬汪公山東按察使，不果。乃今以副憲有今命焉。凡知公者，孰不爲之喜，而況有桑梓之義者哉？是宜有言爲祖道之贈，敢以請。」而予於公有婣好，不獲辭，則告之曰：

凡吾人之所以爲公喜者，豈不以其滯之久而亨之難哉？古之典銓者任資格若裴光庭，或失之固；不執例若寇萊公，或失之通。仕途譊譊，非一日矣。而中世以來，益又不然。意在資格則曰是豈可以紊令甲哉？否則曰是其人之才智宜擢之不次也。蓋一切以造命自任，故滯之久近與亨之易難，誠有非輿論之可預料者矣！雖然，士豈以是易其平日之所操者哉？其滯也不以戚，取安吾分而已；其亨也不以喜，懼吾職之弗勝也。夫如是，則君子人矣。滯之久、亨之難若吾希顔，亦何有所加損於其人哉？

希顔自進士入刑部爲主事、員外郎，出僉憲事以副以長歷閩、楚、山西東及今貴州，前後三十年，足跡半天下。凡難決之獄、難集之事，經希顔者決之明、集之勇，蓋不知幾何。髮雖亦漸變，而志愈健、識愈精、政體愈熟，矧當一道提刑之首任，可以專行獨濟者哉？吾見其職之克舉，無難也。

貴州去京師西南萬里，所轄皆羈縻州郡，近方詔邊帥出兵伐叛夷，其地弗靖者數歲。希顔往哉！展布其才猷以佐軍實、振風紀、綏遠人，用副上之寵命而答公議之少伸者，名位鼎來，將自兹始，士爲公喜，且有甚焉。大抵久滯而大亨者，數之常也，人固莫如之何也，亦求爲君子而已矣。

贈四川按察使洪君序

弘治癸丑秋七月，江西按察副使錢唐洪君宣之以賀聖壽而來，道中得邸報云以薦得旨進四川按察使矣。君猶到京師，禮成而後陛辭赴任。於是時鄉人翰林侍讀江君文瀾、修撰李君子陽以君之進擢實異數，不與常選者等，宜有言爲祖道之贈而屬之予。

憶在成化乙未科，先皇帝策士于廷，予備員受卷，洪君之名已當首選，輔臣以鄉曲避嫌，置二甲第三，聞者蓋莫不惜君，而予親見其事，每每嘆士之出處恒有數默存其間，豈人所能置力哉？君筮仕刑部主事，進員外郎中，中嘗兼署他司，或按事四方，其才之敏、識之通、所操之公，上官實倚之，而同列要自以爲不及也。吏部嘗進擬大理丞，不果，有江西之命。久之，江西人無不稱其賢。吏部又進擬大理少卿，不果，而有今命。蓋自舉進士及兹，十有九年矣。凡其學所成、志可行者，或佐其長，或專達于上，而洗冤澤物之功及乎人，殆不可縷數。才猷所積、聲聞所施，如水湧山出，宜其致位三品，當一面提刑之責而有今日哉！

中古以來，士或厄于權要而不得行，或迫于衰晚而行不逮，或困于讒忌而無可行之地。雖顔學、伊志，固莫如之何也。使君以策士居首選，優游乎翰墨之場，迴翔乎班行之間，於自暇自逸如退夫、如處子，則有之矣，烏能使其學之達而志之弘有若是之燁然者哉？大刑，聖王之所重也。昔穆王命吕侯訓刑四方，所謂司政典獄者，非今十三提刑之任邪？然先儒以布刑迪民舍皋陶而稱伯夷爲探本之論，則今之長提刑者，豈可不以是爲監哉！

蜀去京師最險遠，其訟之難理與其吏寬暴、廉污之難于舉刺，從昔已然。吾見君之學與志將大有所作爲，以上師古人而求以副今天子汲汲用君之意，崇階懋賞以顯君于異日者，人豈能復置力其間乎？然予竊有告焉。蓋嘗以謂顯不顯，數也。守其學，堅其意，始終一致而不以時爲前却，則不可諉之數矣。君寧不悉乎是，而予不能不有言者，亦愛助之意哉！

贈康君召和赴曹州判官序

弘治六年春，予自新安被召入京，鄉友國學生康君召和亦將謁選上吏部，得聯舟以行。蓋抵京五月，有曹州判官之命。予往賀于寓邸，君作而有懼色，曰：「某不佞承父兄之誨，亦思有所樹立。而十試場屋弗利，今且倦矣。試吏大州，甚恐無以稱塞爲人佐者之責。惟鄉先生何以教之！」

予曰：「君烏用懼是而需人言之爲重哉？吾聞之，養之深則施之大，困之極則亨之初也。君之先子以進士甲科授主事，歷户、兵、工三部，知辰州府，爲時聞人。迪諸子以問學而斥紈綺之習，由是君之兄用和自監察御史歷禮部侍郎，大顯于憲宗之朝。君之弟致和爲學正鄧州，嘗典文衡京闈。」蓋新安以世經名一時者，必曰祁門康氏。而君數奇，不獲蚤以其才見，晚乃出佐一州，殆所謂養之深、困之極者歟？然其據者不足以盡所志，其蒞者不足以當所蓄，以勢觀之，宦履之亨，宜自兹始，而猶若有懼色然者，謹其小則大者可以馴致，持其初則其終之保而不渝，可知也。

曹隸兖府，轄二邑，地千餘里，在前代號富州，嘗以建宗藩、領節鎮。而近世以來，數罹水患，按行之臣與上官分司者，輿馬旁午，文書委積，雖州有長、貳任其責，而判官實均其勞，事成則譽興，而斁則咎至，非操慎而力勤者，亦未見其有濟也。然則君之作而懼者，亦誠有見於是，而非養之深、困之極者，殆不足語此也。君學熟于春秋，既足以應變，而政典文式出于家庭者，又足以得師。吾見君之所施者，日大以成，名與位升，上顯其親，亦儷其兄，向之所自懼者，終更以自喜，而不腆之言，其何足爲君之重輕也哉？

雖然，辰州使君，先友也，予不及奉几杖、聆誨言，而獲與侍郎公交厚善，學正君又予丙午京闈所論之秀也。通家契分非一日之雅，則於君之行，安能噤不一語以自例于恒人，而不少致夫愛助之意哉！

瞻雲遠意圖詩序

富陽何處士秉彝年五十即爲其鄉飲介賓，邑大夫又恒書其行義于旌善之亭爲一鄉勸，蓋以德善重其人甚久。處士生五男，皆迪之成，五男者亦皆以孝聞。曰洽，以明經舉弘治庚戌進士第，而處士則年六十矣。歲十一月十六日，其始生之辰也，進士君以官守弗克致一觴膝下，乃繪圖曰瞻雲遠意而相之以詩，將寓歸稱壽，請予爲之序。

予聞之宣聖，「父母之年，不可不知」，而先正亦有「孝子愛日」之説。蓋知其年則思有以引其樂，愛其日則懼無以致其隆，皆人子至情不能已者。終歲且然，而況其歲甲之一周乎？終日且然，而況其始生之日乎？夫思有以引其樂而懼無以致其隆，則將如之何其可也？采色不足説其目，絲竹不足娱其耳。於是乎爲之圖以宣之，爲之詩以聲之，使其親目之而説，耳之而娱，曰：「此吾子之情也。」其神怡，其體休，其所歷之甲子雖由六十而底于耄耋、期頤之域焉，可也。然則進士君之所以樂親之心而養其志者，不異乎人之所以爲壽者歟？

望雲事出唐相狄梁公，凡後世之懷思其親者，例以爲説，而士之能有志梁公者，蓋鮮也。梁公之父雖不顯，而後世知梁公之有親者，以望雲之事播人口也。進士君以清才妙器進爲世用，在他日當有貤封之典爲其親之榮，有禄奉之入爲其親之養，有涖官行己之業昭其親之德，所志于梁公者，不但已也。處士居富陽山中，少失恃，而事其祖菊莊翁夫婦極孝。迨其中歲自號怡庵，放情山水以適其所適而無外慕，殆有類于古之所謂逸民者。吾知其年益增、德益卲，則進士君愛日之情益篤，引其樂而致其隆，則所以爲圖與詩益富，其志之可企于大賢君子者，益大且遠矣！

予於石埭張進士輝有一日之長，而輝與治也善，嘗與俱來，本是舉而知其人之可與也，以是序之，俾爲稱觴者先云。

大司馬致政薛公八十壽慶序

世之膺備福享高壽者，亦必其有拯溺靖亂足國裕民之功，夫然後食其報而未艾，引其慶而有餘，非薄之勞而淺之積者可比。若今濡須薛公先生，非其人哉？

公之曾大父當元季從高皇帝渡江，實侍幃幄、參廟謨，歷官大司空，而不究其用以終，家徙瓊州。公生七齡即負有亢宗之志，已而登甲科，爲地官屬以至侍郎佐工部，晉大司徒，又晉大司馬。嘗治水汴梁，餽師二廣，總餉京師，贊機務于南京。當憲宗時，凡一再乞休致，始得請，賜勑褒諭，閒居十餘年，而壽躋八十。間以恩例晉階榮禄大夫，位一品焉。蓋英廟之臣起壬戌進士而至六卿事三朝恩禮始終福壽並隆者，公一人爾，盛矣哉！中世以來，未有也。

然竊窺其所以獲是福壽者，以公之在汴梁也，出其城郭王宮廨宇廬舍于墊溺潰決之中，所全活甚衆，又浚陳留河道餘四十里，而汴人始有奠枕之樂；其在二廣也，適嶺海凋瘵之餘，悉心規畫，使士無饑色，民不告瘁，又贊其主帥破積年之逋寇，而廣人始有息肩之幸。蓋公平生勳績，在朝著孔多，而拯溺靖亂足國裕民，誠有大焉。此其爲福壽之地，而非常人之可及者歟！

中書舍人李君玠等於公子丕有同官之好，繪嵩嶽春光圖而詠歌之，將以歲之十月三日壽公于第，請走序之。走之先少保襄毅公與公同年進士，兄事公，極友愛，故走以通家子獲拜堂上、親几杖焉。蓋目其貌則清勁古雅，而側媚躁慢者自失；聽其言則詳練洞達，而回衺淺陋者自慚；考其行則忠厚畏慎，而傾險浮薄者自沮。世惡有如是之大人而不膺備福享高壽者哉！圖取詩「維嶽降神」之義，又兼取所謂「如日之升」、「如松栢之茂」者。然則八十而議軍國如宋文彦博，九十而位中書令如魏高允，百歲而爲計相如漢張蒼，俾我朝有人瑞之符，聖天子行乞言之禮，杖于朝，養于學，昭君子陽德之健，示吉人晚節之堅，取徵是圖，可前卜者。宜有巨公名筆爲國家老成人頌，而藐焉小子所稱述者，惡足以重公而副尚齒好德者之意哉！

贈知霸州徐君考績榮還序

近之爲守令者，多不獲以時上其績于朝。蓋或錢穀之縻，或簿書之絆，上官必持之，而士亦每患其跡之淹，弗克自振焉。有克振者，必其才足以適用而過乎人者也。然君子豈以是爲得失而加諸心哉？亦求盡其職以不負其所學焉爾。弘治癸丑八月，知霸州長山徐君本良上其績于朝，書上最，廷謝而歸。教授仇君東之，其鄉人也，請一言爲賀。予素愛仇君，知其友必端而不以辭。則告之曰：

考績之典，尚矣。本其操之嚴縱，吏之臧否，而治之隆污繫焉。其法蓋均于内外，而於外加詳者，重民也。予每見守令之以考績來者，必上官先覈之而後歸于吏部，吏部覈之以送憲院，憲院又覈之而後引之陛見，曰某也稱、某也否，稱者因任，否者責效于後來。於是玉音可之。其爲勸懲甚大，士惡可自例其身于恒人而不求所以稱其名哉？

霸州在畿内爲支郡，轄縣三，地之下者多水患，上者類并于豪强，故其役繁而事殷，其民恒饑而治之成也弗易。徐君以其學施諸有政，錢穀不足爲之縻，簿書不足爲之絆，上官嘉之，下民頌焉，謂非其才之足以適用而過乎人，不可也。矧君以進士發身，歷知趙之寧晉、閩之松溪兩縣，嘗上其績，獲書最而進一州，迨今三年，其政再成，則繼此而外陟大府，內長部署，其施當益大、聲當益閎，君雖不以振爲得，然課吏勸功在廟堂以爲吾君重民命而圖治理者，顧豈可緩哉？

予家河間，與霸接壤，時聞人道徐君之政之良，不獨其州爲然。凡異境之訟難平、事難集者，上官多以委君。計君亦嘗至河間，故予雖不獲識其人而熟其名，意其能不負所學者，故輒書以貽之，非能以重君也，用以爲後會之張本云爾。

贈南京刑部員外郎白君序

每歲日長至，南京諸留司例有表上賀，則委其子部一人奉之以行。惟弘治癸丑冬，南京刑部員外郎武進白君圻輔之寔來。當是時，君之尊公自右都憲進刑部尚書，寵任方隆，而君適至，獲視膳者月餘。其言旋也，刑部諸司屬設祖帳以餞，而請予言爲之贈。

惟古之人於行者必有言，何哉？蓋將因離合之不常而致夫責善忠告之義焉，言之必有益乎其人也。白氏在毘陵爲巨族，自永樂以來，奉廷對者六人，舉于鄉者三人，政典刑書，具有家法，可自得師矣，亦何俟乎人言？矧尚書公歷事三聖，出入勤勞幾四十年，其立朝則有匡時謀國之忠，其奉使則有詰奸拯溺之功，所存重厚，所履清恪，君皆得諸朝夕熟耳目無外求者。縱有言，亦不過迂左之常談，其何足爲君之益哉？然古之君子，不以所已有者自足而益求底乎遠大，亦不以人之已能而不以遠大勖之，故予於白君，亦竊有進焉。

夫兩京之爲仕者，衆矣。而君獨有親位六卿、佐天子。秉禮而來，供子職而後去，橋梓相輝，簪笏後先，既盡乃公而克遂其私，求若君者，寡矣。此誠上之賜與其家之慶而不可兼值者也，然則君何如其副之而後爲得哉？惕然不以門地自侈而益晦，欿然不以才力自足而益勤，退然不以譽望自多而益敬。持此以答上恩而大其世烈以繼尚書公之芳躅，斯固諸公之所爲贈言而以爲君之益者乎。雖然，君豈不知此者？顧友朋之情，愛莫助之，則固不能已于言爾。

君叔父廷臣尹崇仁，以治最聞，亦以是冬考績至。父子兄弟，胥會一堂，計相告語者，非理官之良規則禔身之彝訓，付受勤惓，殆有非常情可及者。迂左之言，正可備祖道故事而已，其何足爲君之益哉？予不佞辱尚書公之愛良厚，往者同考禮部，嘗得君從父尚寶卿宗璞，考南畿，又得君弟坊。世契之久且深，宜有進于君者，而況重以諸公之請哉！

贈成都太守魯君序

弘治癸丑冬，吏部以成都闕守，請擇官踐其任，而以大理寺正魯君永清名上，詔可。廷謝日，有識魯君者，喜曰：「得人哉！魯君起進士爲評事大理進寺副、正十餘年，於刑曹憲院所讞獄，無慮千數，重輕疑決，惟所處而當。今上初，嘗叩閽論天下事，多見采納。而況今之爲郡及藩臬有聲者，類自理官出，魯君誠宜膺是選乎哉！」

或曰：「不然。有司以牧愛爲職，理官以清强爲能。故言治者必曰措刑，而子方以爲稱其官，何也？」是非乃所知也。夫刑輔治，非以厲民，則清强者，固以爲牧愛之地乎！伸一人而善者勸，辟一人而不善者懲，夫然後惠可達、政可理。而謂措刑者，推極之論爾，豈獨施諸人者爲然哉？因怠棄之令而益恭，案污墨之條而益廉，撫誕欺之文而益忠。蓋古君子之律己也必刑之懷，其愛民也必刑之監。而謂今之理官爲郡及藩臬類有聲者，豈不誠然哉？並緣其手，以吏胥爲治，刻覈其中，以仇盜視其民，此用法者之過，而豈法之過哉？

成都去京師萬里，所轄幾一藩之半，鎮撫重臣及三司皆治焉。其地要，其事劇，其民勞，非他郡比。魯君以詳練之才、通碩之學而司天下之平也久，兹之往也，以清强倡其僚與屬而牧愛其人，其人之善者有所恃，不善者有所警，則其惠之達、政之理也可必，而論者益將驗夫理官之善爲郡，雖進而一藩，何有哉？彼一切以德化藉口，無所事事，曰將以措吾刑，使善者弗伸、不善者日肆而已，優游其間以規善治，蓋未之有也。

吾郡汪公文燦自御史言事左遷歷成都守，近參政陝西，魯君實代之。而文燦之姪守貞以起復至，又代魯君，故君之行也，守貞率同官餞之，請予言。予於二汪爲姻家，且知魯君，而亦竊爲蜀人喜也，故述或者之言爲贈。若鈎考治辦之嚴縱與繕徭供傳之簡繁繫有司之常者，皆不著，非不著也，無事乎告也。

送學士曾君之任南京序

弘治六年冬，吏部以南京翰林闕官長署事聞，詔下内閣大臣，大臣以左春坊左諭德泰和曾君士美名上。凡一再乃得旨，進侍讀學士，仍加禄一秩以行。蓋聖天子垂意儒臣首選不輕畀人，故特示重于庶官若此。曾君卜日陛辭。故事，自元老以下皆有言贈，而以次授之序。敏政不佞，適承乏，不可辭。

惟世之持議者，謂翰林之臣有簡逸而無繁勞。恒竊以爲未然。夫翰林之臣，日從事簡編考求聖賢成法以爲學而無吏事，則疑其爲簡逸者。然其學將斂之一心而安，散之萬彙而合，放諸四海而準，非極繁勞，莫之有獲。而況所典者，上之爲講筵、爲記注、爲貢舉，所以輔聖學，裁一代之紀而招俊乂于天下，類非可以責人而代之理；下之爲文章、爲歌頌，雖其用非大業所關，然以之宣人情而達政宜，養之不豫，亦不足以酬物行遠。然則官翰林者，誠日不暇給，而謂之簡且逸哉？彼徒見吏治之冗弗勝而疑此之有宴安之適則云爾。然士有弗用，用之，斯其操有要，其出有本，亦烏冗之足虞哉！

曾君當成化戊戌舉進士第一人，入翰林爲修撰，時年已加長，在館中退巽如後學，嘗連考禮部，號得人，而遇菑沴即扣閽論事。更化初，自南京侍讀召還，與修先帝實録成，始進官春坊，侍講筵，以有茲命。然君之生也甚健，其才力精敏，雖英妙或有所弗及，故衆論猶惜君不亟見于用者。是亦不然。君子之學，爲己而已，將何所見而後爲得哉？從事簡編考求聖賢成法以爲學而幸免于吏事，所謂日不暇給者，計曾君之心，豈以老壯而異邪？學之愈邃則操之愈約，出之愈閎，亦何簡繁逸勞之有？古之人，蓋有收效于遲莫，而其聲實華茂炳然至今者矣。

前此南院爲張君廷祥，以親老得請歸南昌，曾君實代之。張君之門生爲祭酒謝君鳴治，其年加張兩歲。謝君之門生爲侍郎董君尚矩，其年加謝四歲。董君之門生爲曾君，其年又加董六歲。蓋老生奇士，久閟而不克自見，非具眼者，亦莫之識也。曾君行哉！所以答聖天子慎簡儒臣之意而副贈行者之言，亦惟有不負此學而已。敏政在翰林最迂鈍，無所與齒，輒因曾君而道其職務之所得爲者，共加勉焉。

送馬君知堂邑縣序

溧陽馬君世傑以鄉進士需次于吏部，久之，乃弘治癸丑夏，授知東昌之堂邑縣事，其鄉友人户部主事史君文鑑請予畀一言。時予方奉召入朝，未有以應也。於是馬君赴任踰年，而史君亦將董餉事于淮上。行矣，間過予，申其説。念終不可無復于君者，則爲之言曰：

堂與館陶接壤，漢陳午以尚館陶公主封堂侯，後世因之，以堂贅邑以爲縣。唐、宋以來，或隷魏，或隷博，博即今東昌也。夫堂，一邑爾，在漢爲侯國與貴戚湯沐地。當武帝縱侈之時，其民之苦于供億，有不可勝道者矣。在唐、宋屬河北，介魏、博間，當三鎮與遼、金之俶擾蹂躪之患，殆有甚焉。自我高廟有國初，即命將下山東，還定安集其民人，今百餘年，而堂邑之爲樂土，久矣。王賦有常，而守臣各安其職分以求副德意，所謂供億之苦、蹂躪之患，蕩無聞焉。即今之爲令于兹邑，可不謂之幸哉？推所學以自見于吾民，豈有不得其職者哉？

雖然，自比歲來，山以東恒大侵，暵潦不時，民流亡什八九。天子惻然有東顧憂，至勤大吏出大農之費以佐賑恤，則堂邑之爲縣，又不可不謂之難理者矣。豈天下之大勢，困而樂，樂而困，往來相尋，必俟賢者隨其力之所及爲之，而後可以向治邪？馬君治伏氏書，明于治術，其居南畿所聞見博而能擇，非一時迂陋者比。夫其非迂則才足以建事，非陋則識足以長人，推而大之，無施不宜，而況一邑哉？

今東土之沴者平，饑者興，逋逃者漸復，此治幾之一始也。勉哉！莅之以不懈，持之以不矜，還堂邑于樂土而功名與之偕升，使人知儒吏之效若此，此予之所以爲馬君贈者也。

新昌縣尹佐時姪壽六十序

佐時少爲績溪縣庠生，性樸而學勤，作經義文字，恒屈其長老。年十九即上南畿秋試，然數奇，不獲雋。將强仕矣，乃上其業太學，從予遊。久之，試畿北，始獲雋有司，則年四十有三矣。又十年，始入吏部銓，獲廷授知浙之新昌縣事。新昌政劇而民譁，號難理，佐時爲之六年，稱治。蓋其始至即躬履民畝，勘實而減其税十五，令再歲糧失賦者停其禄。佐時戚然曰：「吾不忍爲此急征也，寧吾饑以俟民熟。」乃親劭農，無問遠邇，果連熟而賦亦完。佐時自處極清約，子舍出入有禁，有所貿食用，書之簡以稽之。其聽訟重輕惟所當，不以權勢家撓故爲前却。訟有持至五七年者，徐解之，勤惓敦諭以大義所在，至使暴者革、頑者化。度其政已孚，則以其暇日興校庠、築義塚、建津梁、闢新路、修養濟院，而於廣儲蓄一事尤詳。由是民之秀者有教、困者有恤，居不告饑，行不病涉；生有養，死有藏，威行惠流，盜戢奸弭。其效至於猛虎就禽，茄菊呈瑞，部使者屢奬勞之，以爲一郡六邑之冠。

會巡按侍御與憲使交惡，凡爲其所賢者必致之理，而佐時與焉。然實無一纇可指也。佐時乃自請解印去，吏民大讙，走上官懇留，不獲，攀挽而泣送者千餘人，又相與樹碑頌其功。佐時殊不色愠，謝父老曰：「吾方樂歸爾。」築歸樂窩于故山，日與兄弟子姪治家講學，益敦行爲族黨先。初，佐時壯未有子，晚得男曰範，甚慧而不凡，人以爲善積之應。而佐時年六十益健，其弟素時、壻馮語各以書來，曰：「願有慶也！」佐時雖於予爲族姪，然實老友，誼不可辭。

惟物之蓄久而發遲者，其凋必後，其實必堅。若長松古柏之凌風日、飽雪霜，歷千歲其色不改。其膏液之餘，化而爲茯苓，凝而爲琥珀，往往有焉。佐時以四十登科，五十入仕，雖澤被一邑而弗究其所施以老，則晚福之備其身，肖子之嗣其美，如松柏之茂，無不尔或承者，不卜可知矣。予故歷道其政績如右，蓋匪獨以爲壽筵之光，亦將使夫郡乘之間有采循良而爲之立傳者，得有所考焉。若其家世之詳與平日孝友之行已見世譜及他文者，兹不復贅云。

贈進士徐君赴寧國推官序

弘治甲寅春，武清徐君文淵以進士廷授寧國府推官。瀕行，有言于祖席者曰：「君方釋簡策，去鉛槧無幾，乃遽出爲有司，左簿書而右法律，意其於吏事也未習，奈何？」予曰：「不然。士之學，豈徒空言而已？固將以適用也。況君之祖尹東阿，父尹稷山，嘗有聲山東西矣，政典家法具在，君誠所謂駕輕轂而就坦途者，其何有于一郡哉？」

或曰：「君之先二令君所主者，養民之政也。君所佐者，制民之刑也。惠鮮子育與禁詰考訊，如之何其相能邪？」予曰：「不然。養民者懼傷其生，刑民者懼戕其性。刑者，所以輔其養也，交相益而不可相無者也。孰謂其歸之弗同哉！」

或曰：「君，畿北人也。其先所歷者，齊、魯、晉、絳之境。今寧國，舊楚郡，在畿之南。相望數千里，風氣不通，民俗異尚，吾又見其筮仕之爲難也。」予曰：「不然。四方者，男子所有事也。君明于經術，負才達，而憾其世澤之未廣也，將有康濟之志焉。其奉大對則已紓所藴，思有以自見矣。試政朝省間，則又於中外庶務略窺其大凡矣。矧君爲故太保大冢宰鹽山王忠肅公之外孫，其得于内訓、私淑于元老者有自，器業之閎、門閥之耀遠，當基于此。而論者乃以南北爲虞，殆未之思乎？」

近世著令，凡御史闕員取足于推官之有成績者。雖暫出，其入也可期，亦在乎勉之而已。勉之而俟其成，使人稱曰：「此士之有用者也，此刑官之無訾者也，此畿北之秀也，此循良之孫子也，此忠肅之訓澤所敷遺也！」夫如是，則君爲無負其先與其學，而於朝廷命官之意，亦庶乎其可副哉！於是衆以予言爲然。

予早受知忠肅，於公子錦衣揮使君相還往甚厚，而休寧於寧國之太平隣境也，舊嘗受一廛，亦誠私幸其惠澤之漸被有日，因次第之以爲贈行序。

太淑人江母陸氏八十壽詩序

古者内行不踰閫，近世乃有以文字揄揚稱慶其德與壽者，何哉？蓋所謂不踰閫者，概論其常爾。成周盛時，諸侯大夫之夫人其親蠶、奉祀、相夫、逮下之美，風于召南，而母之壽頌于魯，則所謂内行者，固以焯焯人耳目，其孰得而掩之邪？今有人焉，被綸封於公朝，示儀軌于宦族，則於其德與壽而揄揚稱慶之，毋亦有得於古詩人之遺意者乎！

太淑人陸氏世居錢唐，故山東大參江公之配，今翰林侍讀文瀾君之母。自其初歸大參公，歷相之筮仕黄門而有孺人之勑，訓育侍讀君趾美甲科官詞林而有太淑人之誥。賢智之性、儉慎之德、慈孝之行，未始以貴而驕、老而怠，姻黨師之，宦族慕焉。侍讀君之兄曰澄、濼，皆克家；其弟曰深、溥、洵，亦多在庠校，世其學；而侍讀君又分禄故鄉以供養。太淑人安之，起居康强，八十伊始，其德與壽，視詩鵲巢、采蘋諸篇之所風與閟宫之所頌者，殆無歉焉。於是修撰李君子陽於侍讀君同官且同鄉也，以太淑人誕辰在歲五月望後一日，不獲登堂拜慶，命工繪王母蟠桃之圖，而請諸薦紳詩寓上爲壽，屬予序。予先尚書襄毅公與大參公嘗同給事中，號莫逆，而予於侍讀君獲通家之講也久，因不以辭而嘉嘆曰：

淑人之壽與德，盛矣！使其聲實之不踰閫，得乎？然則是詩也，傳之鄉人而聞四方，頌其克相足風人之室，頌其善教足風人之母，雖古今異時，聲律異調，而出于尚齒好德之心，一也。序而白之，宜哉！

侍讀君以清才妙器侍經幄，其嚮用于時而振其家者未艾，則太淑人心益休、體益健，由八十而九十以底於期頤，茂恩嘉命，所以褒德而引其年者，將有不一之書擬其後，鄙言特爲之先驅云爾。

送揚州同守方君考績還任序

弘治六年春，予被召北上，道出揚州旅次，聞揚州人談其同守方君之賢甚悉。而君亦不鄙予，出相見邸中，目其貌，聽其言，懿哉，君子人也，蓋審其政之良矣。渡淮入徐，遇巡撫都憲及巡按侍御諸公，語及所部吏長貳在旌異之列者，亦必曰方同知，予心重之。既抵京，而君亦以考績至。蓋君之治揚州於是歲六更矣。覈于吏部曰稱，又覈之于内臺曰稱，無異詞焉。於是廷謝已，將辭還蒞所任。凡與君同鄉而仕于京者，若今尚寶丞商君汝謙、禮部員外郎程君愈相率詣予，請畀之一言。且更道其詳曰：「方君璿名文璣其字，世居淳安。學充而才博，氣温而行方，領浙江鄉薦書，屢上會試弗利，遂舉銓士第一人，佐畿内大府。於吏事民隱，若素習然，循良之聲，籍籍動人。而君不以自侈，方求舉其職之不暇，豈非一時守貳之特出者哉！」商、程之言如此。予以是益諗方君之爲賢，而言不可已也。

雖然，方君之政，則誠有緒矣，遠大之階，亦將兆于此矣！顧書有之，「慎厥終，惟其始」，蓋言終之難保也。君還揚州，迨其績成而通考之，祇三歲爾。益加勉焉，守其道而不變，吾見方君之政，不止賢于今之爲吏者，雖古人可企也！晉服金緋以當專城之任，俾有光于朝家陟明之典，則方君之所以勤其身以施及乎人者，將有大焉，予言豈足爲之軒輕哉！淳安本歙故地，若東西家然。往者友人禮部司務良弼實與君同所自出，亦嘗道君之爲人，今十餘年矣。蓋予於君夙相聞，且兼鄉曲之雅，故期君之深而致夫愛助之義焉。

篁墩程先生文集卷三十二

序

贈河間太守謝君考績序

金城謝君道顯知河間府事六年，將奏績于朝，前期以狀上巡撫都憲張公、巡按侍御武公。二公合詞以河間畿輔，民方告飢，而謝君在任久，民恃以安，不可以解郡鑰，俾仍舊涖事，益究厥施，以俟豐歲。狀下，君不果行。而同寅諸君咸相慶曰：「吾屬自今可受成而逭于吏責，詎不可以無賀。」以予家郡中，走書京師，俾有言焉。

予觀天下之才，必有所養而後足以致用。士之負才者，往往自隳于成，殆失養之過也。謝君起關西諸生，舉進士被遴選作養于翰林，諸老先生恒進之，以爲大器遠業，非嵬瑣者比。而君亦自刻意問學，久之，授監察御史，在班行中風裁隱然出人上。已而理鹽法于長蘆，勘漕事于兩淮，稽軍儲于四川，所至偪偪有成績，而望益閎。由是吏部請于上，有河間之命焉。

君治河間，一切以惠民爲務，吏事精敏，百廢具興。凡訟難決、事難集者，雖在異郡，涉武衛，亦多委君。蓋閱歲者六，被旌擢之奏者四，入覲于朝而書上最者一。錫誥晉階，封贈其親以及其室人，示褒異焉。夫君一出而履憲臺，再出而守大郡，爲名御史，爲良二千石，雖其負才有過人者，使非有所養以成之，則亦烏能致聲實之若此哉！彼見逐于上官、取妒于同列而爲民之所疾視者，其相去不啻霄壤哉！

雖然，士之養也固出于上，而能自養以副上之求者恒鮮。謝君以戊戌進士改庶吉士，同時升者二十八人，今存者十五六，起御史而克終爲時聞人者，亦不過什二三，則謝君之能自養而無失焉，尤士之難也，豈獨郡政之可賀哉？藩臬之升、燕幣之賚，皆朝廷遇循良之盛典而懸之以待其人者，異日舍謝君，其誰與歸？

予承乏翰林，即重君斯文之雅，殆非一日。且河間者，程之先壠在焉，一廛之下，受惠侈矣。故因君之留不能無喜，計君且遷秩而吾鄉將缺望于利澤不能無戚。然願君之遠且大以增光斯文而爲儒吏稱首，則又不能不三復以致吾愛助之私焉。

參政李公二親壽詩序

雲南參政富順李公克諧之受命赴任也，將便道之蜀，省其二親于堂。其在工部舊同寅曹君元而下榮公之行，作雙壽圖，各賦一詩，俾歸致慶，而請予爲之序。

予聞諸君言：「李公性最孝，其仕京師即分禄爲養，而即其年勞獲貤封之典者，再焉。於是公之父自營繕主事進屯田郎中，壽今七十有七；母胡氏自安人進宜人，今八十有三。聯德偕老，一鄉鮮儷，又目擊其子位三品，象笏朱衣，奉觴稱壽，以致隆于膝下如此，榮矣哉。」耆耋之老，世孰無之，而李氏二親獨著焉，謂有子也；服勞奉養之男，人孰無之，而參政公獨爲人所稱焉，貴且賢也。然則諸君樂人之有親，儀圖而詠歌之，豈非尚齒好德之不可遏哉？

古詩三百篇，有頌有風，其體裁不一也。蓋凡世之致壽于人者出于頌，因致壽而可以備世勸者出于風。要之，其有可尚、可好者，必其有可述焉者也。參政公起進士，歷冬官屬最久，謹輸作，計邦費，能不以朘下奉上爲忠，士論多之，以有茲今。而雲南大藩也，地險遠，宿重兵，民夷襍居，綏輯孔艱。以公之才局當之，固足以愜士望而副上之寵命，所謂貴且賢者，將益有大焉。貴且賢益大，則誥之崇其階，禄之陪其賦，所以爲二親榮者益盛。郎中公夫婦樂其子之能養而宦成，則心益休、體益康，由耄耋而進于期頤，爲君子之所頌也益多，聞其風也益勸，是不可無序以諗觀者，豈徒以畀歌童侑觴酌、備壽筵故事而已哉？

蜀多佳山水，予少嘗遊焉。而李氏所居，聞在富順之鴻鶴鎮者，尤號秀麗。昔人謂蜀多仙，非誠仙也，受氣之淑、積行之深、致養之篤，有得壽之道也，而不知者疑其爲異，吾於李氏有徵焉耳矣。

送高君赴光山縣尹序

高君時宜以鄉貢進士久需次于銓曹，乃弘治甲寅之夏，廷授知河南之光山縣事。凡在鄉曲者，莫不爲君榮，率醵以慶之，而屬予言爲之贈。

高氏世居河間之獻縣，號碩宗，其爲人多樸茂而文。曰溥者，始以儒起家，歷淇、萬兩縣尹，有惠愛，善其民。時宜奉親，顒顒厥誠。事兄鴻臚司儀君時舉，伈伈謙牧而不敢肆。教諸子弟，恂恂守儀矩。入庠序，畢力于簡策，無紈綺之習。課僮僕，勤樹藝而戒末作。牢醴葅醢餤餌之屬，亦精潔以時，不煩購置。親賢禮賓，必樂而後已。家政彙修，祖孫相承，幾可爲一邑之冠。蓋予弟與高氏有婣好，因獲交時舉昆仲間最稔，知其詳如此。

今時宜一出而有百里之地，人孰不意其爲筮仕者宜借聽以自益，而予則以爲無煩于外求，何哉？孝親者奉上之推，敬兄者處僚友之道，訓子弟即所以教民，勤樹藝即所以養民，治家有緒則行己之方，課僮僕使各職其職而無譁則御下之義。夫如是，其何有於一邑？而況政典家規，炳然在人耳目者哉？謹而行之，守其道而不渝，雖有大於令之責、甚於邑之政，吾見其無難理者。世或謂人之與己也殊觀，家事之與官政也異致，豈其然哉？

予獨念光山之爲邑也，其上有州，又其上有府，又其上有藩臬諸司，監臨孔多，則任劇而身煩，非養之深、閱歷之久，詳核而通練若時宜者，豈可易視之而不爲之所哉？朝廷著令：知縣有成績者起爲侍御及省部官屬，自進士者什九，自鄉貢者什一。以時宜之才策時宜之志，固將有遠且大焉，豈直取足于一邑之間而已？此鄉人之意，而予葺之以爲告者，時宜勉哉！

陸君廷玉哀詩序

金陵陸厚仁甫之以貢升太學也，亟奉其考君哀輓之什若干篇，請予爲之序。仁甫往歲嘗寓書京師，請詩壽其考君，及相聞矣。歲丙午，予考秋試南畿，仁甫弗克薦，乃辱相過，甚恭，予因以諗其考君之賢而善教，故能不以得失介心若此。距今則九易寒暑矣。於是其考君之葬已久，哀輓之什，繼繼不已，而況於仁甫有素者，烏能辭其序之請哉？

人之處世也，生樂而死哀，本出人情，非有所强而然者。故樂有頌、哀有辭，亦緣情而生，足以致備物之孝。而世往往厭其數、譏其繁，豈不過乎？夫禮始乎脱、成乎文、終乎隆，隆則仁人孝子之厚其親者，蓋無或不用其情也。獨哀輓一事哉？頌其生者予弗暇論，若哀其死而爲之辭，則蓼莪、黄鳥之篇，薤露、蒿里之作，班班見乎經、著于傳記，其數與繁，固隆之意也。古者不葬，而後以漸爲之椁衾，卜其窀兆，置之祠饗，所以安其體者甚備。銘其玄堂之内外，而又奠之文、哀之詩，則固將以暴其行也。夫人孰不欲其體之安、行之暴，爲子者，本其心而爲之，殆出于備物致隆之不能已者，烏計其繁且數哉？

孔子曰：「君子疾没世而名不稱焉。」謂其無爲善之實也，況有其實哉？陸君之葬也，太常莆田陳公師召銘之，稱其尚禮秉義，有儉樸靖慎之行，殆不誣者。至於斥點金之妄、却龜蒙之譜，則尤卓卓，可幾古人。然未躋上壽而不及見其子之成，是真有可哀者已。君有孫鳳，愿而文，能刲股以愈母疾，今學士長沙李公賓之爲書其事而傳焉。殆君身教之懿所及。君諱瓊，其字廷玉，嘗以輸粟賑飢爲義官，今不書而字之者，榮不逮德，且以俟其後之昌也。

贈福建按察使朱君序

弘治癸丑春，予被召還京師，道出東昌，得邸報云吏部擬山東按察副使朱君朝用爲浙江按察使，士論以爲宜而不果用。明年夏，上始用吏部請，以君爲福建按察使。士論咸伸，曰：「宜哉！」國朝酌古制，罷藩鎮，置都布兩司，分涖兵民。又慮其政之隳與其吏之刻且貪也，置按察一司，俾監其中。使正三品，其下有副，又其下有僉事，分道提印以督列郡而總于使。使得人與否，而一方之治忽繫焉。其選顧不嚴且重哉？

朱君舉進士爲縣有異政，起而爲御史，風裁凜然。其在山東，威惠益著，兵民之有冤抑求理者，必之朱憲副而後已。行部之臣有訟難決、事難集者，亦曰非朱憲副莫能辦。其望如此。故憲使之選，一浙再閩，若不可以易君者。君不足以副該選而有獲于私好若是哉？或曰：「福建去京師地險遠，其民之苦于吏者多不能自達，至怨以變。朱君亦不可不自勉也。」是又不然。君爲憲副山東，其任偏，其責分，尚爲之綽綽有餘地，而況今兹之可以專行獨濟，無敢撓乎其間者哉？吾見君之燁然有聲嶺海間而爲閩人之福也，弘矣。穹官厚禄，擬君異時而大其洗冤澤物之地也，審矣。

然此皆不足爲君道者。憶當聖天子踐祚，君與二三同志數扣閽上言，請斥姦衺、進忠賢、誅左道、却貢獻，朝政一新，天下望治。而不便者知君之不可以利啖也，不久而有山東之行，名爲進之，實外之也。豈徒外之，又從而論之。蓋自是紛紜者六七年。今國是再定，君亦進長外臺，而公論翕然，如更化之初矣。予於是不獨慶君之升，而亦竊慶夫善類之可以無懼也。

君便道歸省河間，太守謝君道顯將合寮宷舉觴餞君，而走書請予言爲之贈。予與君同里閈，辱相好特厚，固將有所藉以贈君而況謝之諉重哉。

贈侍御陳君知松江府序

弘治七年夏，侍御光山陳君遜之用吏部言進擢知松江府事。命下日，有言于傍者曰：「國家財賦悉仰東南，南畿爲府十有三，獨蘇、松、常、鎮號四大府，非才弗畀。而松江視三府尤難，其縣二析之可爲州，其區十數分之可爲縣，蓋米之輸京師者歲以百萬計，而雜征弗與焉。其地瀕海，列軍戍，盜不時發，而訟益滋。然峰泖環之，郡境佳勝。其人多秀而文，往往出占魁選、名一時，非藝且達焉之君子，則亦莫可與得其民者。然則求松江之治，亦真有所謂不易者哉。」予曰：「不然。陳君通才，且明于經術，無施不宜。而於松江，必有所不難者，有所試也。君舉進士爲邑安東，有子諒之政；起而入憲臺，有淑慎之譽。嘗出按順天四府，又稽考積弊于應天，自其筮仕來二十餘年，畿南北地固所謂輕車熟路、安行而無虞者矣，民情土俗亦有不俟乎索圖經、詢故老而後得之者矣。夫親民莫如令，建事莫如御史，君皆優爲之若是，而況一府哉？吾知君所以待其令與奉乎部使者，必皆有道以中處焉。則財賦可不督而辦，訟盜可不戢而弭，士民可不諭而孚，芳聲茂實可以冠諸郡而上幾于古循良之臣，將昉于此矣。」

時有疑君不屑于郡而解之者曰：「畿内大郡，守可目之小方伯。」予亦以爲未然。夫王畿千里，有事可徑達，而聖澤之下也恒先，非一藩方遠外者比。在周之際，劉子、單子班齊、晉、宋、魯列侯之上，豈以其地廣狹、爵崇卑而爲之先後哉？雖三代以下沿革不同，然所以尊王畿制諸夏之意，一也。君固知夫畿邦之爲貴而無所羨于彼焉者也，況崇階峻秩所以俟君子治績之成于異時者，又未可量哉！

予族孫寬嘗尹光山，道陳君之賢，予心志之。既來京師，始克識君，諗其爲臺憲之良而及見其有今兹之寵命焉。於是松江之仕于朝者自大理卿王公以下，相率餞之，京兆檢府袁君佩又申其意，請予文。予素重陳君，遂不辭而次第其所聞以爲贈。

贈營繕所正張君壽七十序

昔文皇之徙都于北也，凡天下材藝之士徵上京師者數十萬計，而長洲張氏亦其一焉。其剥金爲楮，號最良，用以供殿庭宫闈及乘輿服御之飾，每每稱旨。四方來者，咸以所售配其姓而稱之。若今營繕所正君克仁，尤謙牧好禮，樂親一時賢士夫，士夫之自遠至者多主其家，用是君之聲稱益著，而春秋七十，步履益健，不覺其老也。所居之東爲洹溪樊都尉大振，西爲南陽李太常士欽，皆與君善，以君誕辰在歲之季冬望前一日，暨諸縉紳繪海屋添籌之圖賦詩爲壽，而請予序。

予亦數與君還往，知君之履行有可書者，故不以辭而書之。蓋當成化中，輦下之人争進獻以牟利，府庫一空，識者憾之。而張君處其間，獨不預。既而今上更化，凡以牟利進者悉敗其身家，竄之荒裔，其財貨歸于内帑，其田宅屬之異姓，向之赫赫動人自以爲得計者，蕩無有也。而君巋然中存，其世業無恙，其所自殖者有加，君子謂張君誠智人也，不可得也。或曰：「張君非巧者，特安其分而已。」然君淳樸出天性，當其人之以豪侈相高也，姻送之不貲，燕集之非時，獨外張君，而君未始與之相角。客過從者，茶話而已。半泉勺粟，不輕以畀人，而獨時時少捐以資士之困乏，其爲人如此。

夫其慎乎保家而不徼非分之福，儉于處己而不恤流輩之嗤，是故有服章縫、事佔畢者之所不及，況群于市道者哉？諸君子爲祝其壽考而不能已者，殆出于斯乎？夫壽，五福之首，非德無以致，非富無以養也。君富矣，而以儉慎爲德，其所自奉者，又嗇薄而厚廉，壽之所積，安知不由兹而八十而九十以上企于期頤，如詩、畫之所祝者哉？君之先考君彦政始以吴人來居京師，至君以中貴人薦爲營繕所副，受勑命之榮，再進所正，其晚福殆未艾云。

慶處士汪君本忠孺人洪氏壽詩序

汪與洪皆新安碩宗，汪祖唐六州總管越國公華，洪祖唐河北黜陟使經綸，子孫散處郡之列邑甚盛。汪之居稠里者，至宋而有提刑應元；洪之居洪源者，至宋而有待制中孚，其族益顯。提刑之族在近世曰處士本忠君，其配洪孺人，待制之族也。蓋自其少而爲室家則和敬相先，壯而有子女則慈孝相成，老而享田園之樂則壽愷相高，一里之間，誠莫有尚之者。於是順天府判吴君廷璋過予請曰：「洪孺人生乙卯五月十二日，今壽甲一周矣。而本忠君生戊午十一月七日，嘗以輸粟賑飢被恩例冠帶，榮其身。有子二人，皆克家，曰俊、傑。

俊、傑後有子三人，某之次稚潭，則其壻也。潭來京師，得縉紳詩若干篇，將持歸致慶于堂，願一言申作者之意。」

予於汪、洪皆還往甚稔，且嘗觀其譜牒而知文獻之所自，又嘗一至稠里及洪源，覽其山川之勝而知其代有賢者顯於朝、壽者名于鄉，每健羨其祖澤之深、風氣之厚下鍾于人而不可誣有如此者。夫尚齒之説通于四代，賀壽之義所從始也。祝其人而不曰「俾爾耆艾」，則曰「錫公純嘏」。賀壽而見于聲詩，請之不可已也〔一〕。古今人雖不相及，而好德之心、敬長之禮、善善之義，豈以世殊而有間哉？諸君子之詩於本忠暨洪孺人，稱其德之懿而期其壽之永，渢渢洋洋，亦可謂善頌者矣。而本忠君夫婦伉儷之賢，實足以當之而無歉。顧其門地之遠且詳，則諸君子生異方，容有不能盡知者，予故序其詩而不以贅爲嫌，將使讀者有考焉。

贈編修吴君克温南歸序

翰林編修義興吴君克温自言其幼失恃，鞠於其大母以有今兹。而大母疾且老，不得恒起居，因悒然抱病，不可以任朝謁，請暫去歸其鄉。詔許之。未行而有講幃之命，或者私議其不可去也。而克温持甚堅，閣老以下固留不可，遂行。靳君充道與克温同官，其家京口又與義興皆南甸也，且其交厚善，不與他等，而謂予亦善克温，請一言爲贈。

初克温上秋試，予承乏主考，是時南甸士幾三千人，業尚書者尤號多佳士，而克温名在五六人中。五六人者，以平時論之，皆首選也。繼而舉進士者四人，克温與焉。予以是竊自負不失士。而與克温還往，久之知其人，懿哉，不獨其文之工而已。飭身嗜學，恒歉然有進進不自足之心。故被選入翰林爲庶吉士，即以病謁告去。踰年上京師，授編修，聲聞日閎，而孰謂其毅然復有兹行哉？士得一命，即計日取禄以贍其家，積階以爲其身之榮，恒恐人之先己也。而克温以美才踐亨途，兩以疾去，豈非所重者義，而利之輕有不足容其心哉？讓不失始利而得名益高如劉清江所云者，有矣。若吾克温，其始之去也以疾，得敬身之義；今之去也以大母，得致孝之義。一皆出於至情而無他。故其有所請也，必遂乃已。君子殆以是占其人而得其所存之懿，不可及也。

夫士非有所明于義、利則不足以言學，蓋理欲之分若黔白、淨穢然，豈可以弗謹哉！士謹乎此，則爲廉夫、爲吉士、爲休休之臣，主上賴之，而天下國家陰受其利澤矣；反是，而有所成于功名之場者，士之恥也。克温方進侍講幃，與群彦並遊館閣間，其學益邃、行益成，世所謂遠且大者，可有也。其疾旋瘳，大母無恙，翹首庭闕，駕言遄歸，以無負聖天子養賢優士之寵，亦因以見君子敬身致孝之急而他日有所成者，果異乎衆人。斯吾之所望于克温也，斯充道之所以惓惓于友朋者也。

澄江文集序

太子少保兵部尚書兼翰林學士泰和尹公先生既還政退居其里之澄江之上，門生子弟相與詮次其文，號澄江集，爲二十有五卷，以進士吴君必顯亦門下士，方知縣事，畀而刻之。刻已，值考績上京師，因取視走，請序之以傳。

走誦之終卷而竊嘆曰：「盛矣哉！皇明啓運，百二十年于兹。文化大行，作者輩出。其篇章所存誠足以飾治功而廣道術若尹公先生，固其一人焉。然非其才識之高、師資之美、際會之亨，則固未有能卓然名世者矣。」公生有異質，而濟之以問學，舉會試第一人，擢進士高第，識敏而才充，恒思以身任天下事而不爲澒涊之態。其得諸天者甚厚。泰和前輩若楊文貞公、王文端公及梁伯庵、陳芳洲諸老先生，公及事之，或私淑之，又以庶吉士得盡閲中秘之藏，所與游必一時材傑，而視迂左者爲不足與也。其得諸人者甚博。公在景泰、天順中爲編修，即有名，先師南陽李文達公首器遇之。既而事憲宗，爲侍讀，進學士，再進侍郎，官兩京，歷三部，遂入内閣贊機務，加宫保尚書。迨今上訪落之初，而公有所引避，獲請矣。其得諸上者甚隆。

蓋公之文，始見場屋者已足名一時、式後進。其侍講筵、職史館，直筆昌言，無所顧忌。以至於考多士、議邦禮、司帝之制命，則甄收善類，援據古典，懾四夷而惠黎元。天下之人，固有因事考言，而惜其未盡者矣。然則本之才識，博以師資，而又值亨泰之會，卓然得見于用如此，刻而傳之，使人知天之生材也不偶，其篇章所存將與前輩相下上，而皇明文化之盛，可考見焉。吴君之功，豈直不負于門墻之舊而已？

憶當成化丙戌，故永新劉文安公、眉山萬文康公並主考會試，公與今吏部尚書鉅鹿耿公、故禮部尚書南昌謝公分閲尚書卷，而走獲在選中。今三十年矣。章句之陋，不足以辱獎拔，而公所以期不肖者，尤非他士可比。顧淪落之餘，疾疢之久，學益荒，見益陋，實不足以知公之文，而況敢以不腆之辭冠其首哉？南望西江，不勝傾注。謹序而歸之，以少寓起居之敬萬一云爾。

贈雲南按察副使謝君序

弘治七年之夏，吏部言于上，以監察御史謝君瑩廷獻爲雲南按察副使。命下之日，有爲之嘖嘖曰：「謝君舉進士，爲行人，爲御史，嘗督視都城，巡鹽兩浙，其才局之閎健，可詰戎兵、佐司計；出使湖襄，分按畿北，其風節之清峻，可總憲紀、典邦刑；矧君以春秋名家，且莅河南道事，當考覈之任，其文學之美贍、識鑒之精明，可秉校閱、持官衡。一時人才，蓋可指數，顧乃使之佐外臺于六詔萬里之外，雖其位四品，其服金緋，其食上大夫之禄，於君無不慊者，公論謂何？」

或對曰：「不然。天下之官，當爲天下擇人，而切切焉爲便私計者，非君子意也。君子之行己也，見知于人弗喜，不見知于人也弗戚。如以君爲見知于人歟？則嘗擬副憲于蜀與山東者再，擬丞京府者一，無援弗成也。以君爲不見知于人歟？君嘗忤權貴人下詔獄，衆懼不測，而君不以勢訹，上章申理，卒白其事。由此觀之，則君子豈以仕之遠近、難易而悻然動其中哉？雲南去京師最遠險，民夷雜居，自國初宿重兵、遣世將開府以彈壓之。積久而弊滋，恃遠而法歕，起而圖之，使吾人安邊事、輯吏治，誠非有藉于良憲臣弗可。於是當路寧輟君于近且易者，而屈君于遠且難者，殆出于爲官擇人之意乎？君其有以識此矣。夫以才局之閎健若君，風節之清峻若君，文學之美贍識鑒之精明若君，功名所升，與日俱積，則他時内徙而長憲臺，用均勞之義入佐天子，公論噭然號知君，君烏可得辭？若有所挾而得雋以喜，有所規而避難以戚，皆君之恥也。」

謝氏爲吾新安著姓，居祁門者，衣冠詩禮，相繼不乏。中世以來，君叔姪昆季起科目占魁選者七八人，出講下者亦往往進顯于時。而君與予尤號知己，方友君以自輔而勢不可留也。於是鄉人在京師者相與餞之，予特次其所聞序而贈之。

贈方君知濟南府序

吾友方君維新以成化戊戌進士授臨海知縣，踰六載始召還，爲太僕丞。丞太僕未六載，即用吏部請，擢知府濟南。凡吾新安人在京師者，喜維新之有兹命也，就道之日，宜不可無贈言。職方黄君碩夫過以見屬，其語複，其意屢，若不可以易得然。殆非能悉予者。予與維新還往二十年，重其人，乃靳一語而不爲之贈哉？

維新之爲縣也，有治績甚偉，中梗于權貴人，宦轍滯而守弗變。其佐群牧，尤殫心力爲之，嘗畫其可罷行者十餘事以聞，馬弗耗而民弗疲，聲望焯焯日益起，以有兹今，獲少振焉。蓋其滯也不以戚，其振也不以喜，隨其分之所及行其志，求不失其在我者，君子之道也。而維新有焉。其何所藉于不腆之辭之爲重哉？

雖然，濟南，山東首郡，轄州四、縣二十有六，屬吏幾千人，户口數十萬計，非若向之一邑可以目擊坐理也。濟南之爲域也，親王國焉，三司治焉，中外重臣，受簡命開幕府以控一方，吏治民瘼、學政戎務、刑獄繕作、一切簿書泉穀之數、慶集祠祀之典、呼召厨傳之科，叢委沓至，日不暇給，又非若向之考牧一事可以專行獨濟也。維新於是，亦將惕然有思，求所以副兹擢而無歉已乎？古人建事，貴善推焉。大易誨人，莫先觸類。維新固嘗發其所藴，一驗于治邑，再驗于考牧，皆有明效，非一時儌譽罔功者比。然則一郡之治，猶一邑之治也。百務之理也，推之而有憑，以類相觸，而無所閡，則何施之弗宜？何處之弗當？何官之弗稱其責哉？晉司藩臬，入佐朝堂，其道亦不加此矣。

或疑維新方少振，贈言者遽以是期之，非責善之義。是又不然，古之詩人所以燕享而頌其人者，率以福禄爲辭，非願其貴且富也，願其志之得行也。予之不敢靳其言若此，碩夫以爲可乎？則請遍告我鄉人而書之，以爲維新贈焉。

慶豐李翁七十壽序

豐本徐鉅邑，多舊宗，而李氏爲稱首。李之宗多老且賢者，而應祥翁爲稱首。翁早失怙恃，奉繼母以孝聞，起家以儉勤至殷碩，而好清約，讀書秉禮，納交一時名士以自益。凡古今圖籍墨本，必重購之，置坐右。暇則深衣幅巾，焚香瀹茗，時展一過，若尚友然。嘗發廪賑飢，以恩授七品階官，如命士。而遣子雲，孫鼎、昇俱爲庠序生，督教甚力。由是豐人無少長，皆知翁之爲賢，而春秋則七十矣。鼎之上太學也，以道遠不獲登堂拜慶，乃求諸縉紳詩，將持歸爲壽，而請予爲之序。

夫先民之所以慶其人之壽者，非徒以其閱是甲子之多而已，殆以其有可慶之實焉。以今觀之，一里之間，豈無七十之老？然行弗惇、名弗美，則亦何所持而爲之慶哉？則李翁之平生，固不必有殊凡之行、卓絶之名，而君子與其壽者，有可慶之實也。夫孝則悖盭不設于身，儉以勤則奢僭不形于家，交名士則狎佞疎，好圖籍則聲色屏，推賑飢之心則無吝志而所施者博矣，本教子之意則無豢習而所植者遠矣。夫其群行若是，則膺古稀之年而享太平之樂于林壑之下，比于古康衢、擊壤之叟，爲君子之所頌，不亦可乎？

夫本固則末茂，實厚則聲閎，理也。吾知李翁七十伊始，將以漸而進耄耋臻期頤，因鄉射之行而正大賓之席，遇養老之令而膺肉帛之賜，使爲善者加勸，將不止于一家一鄉之稱首而已。矧其子孫悉以經術自奮，異時有出而登甲科、躋顯庸于盛世，使人稱曰「此豐之李翁子也，此豐之李翁孫也」，翁心益怡、體益休、名益彰，君子之所以頌之者益至，殆將有不一之書擬其後，而予言特爲之張本云爾。

秋江別意圖詩序

太平黄君汝彝爲休寧學司訓九年，將上其績于京師，縣人胡靜夫、汪克成、詹存中取休寧之景分十二，題爲秋江別意圖，各賦一詩以餞。書來，請予爲之序。

予往歲被放南歸，得汝彝而與之還往三四年。汝彝性高曠，殆不可以苟合，然獨心善予。酷嗜詩，凡居閒撫景、寫懷酬物，一寓于是。休寧佳山水，縣北松蘿山，其勝處不減蘭亭、武夷；縣西齊雲巖尤奇絶，與武當相雄長；縣東古城巖石門，天險庶幾仇池；而縣南紋溪之水，澄碧如帶，沿溪上下，石人峰、落石臺、玉几山諸可以登涉、釣游處，至不可名狀。予別墅在南山，學舍在楓林，原相去甚邇。汝彝與予，每每乘輿、騎馬，或坐籃輿、駕小艇觴詠終日。又得靜夫、克成、存中三人，相與忘情寄傲于水雲山月間，漁夫樵子往往見侮，然予輩心樂之，不自知其身之在放藉而受羇于塵鞅也。予既被召入朝，幸汝彝之將至，而念靜夫輩在故山，所以序其詩者乃遠屬予，不以予之心善汝彝故邪？

夫人之生世，率苦于無友。非無友也，相啖者衆則情有所不敢伸，相與者嚴則意有所不能洽，故雖交游遍天下，而號相知者，恒寡也。若吾汝彝，蓋可友矣。一時遊從若靜夫、克成、存中，又皆雅志林壑，可與分社而不厭，宜其賦此以寫臨岐繾綣之懷，不忍其去也。汝彝爲故侍郎世顯之從子，受知大司成謝方石先生，在休寧以善教聞，出館下者，多中首選。今兹之來吏部，將按籍而升之，或知而薦之，其詩將有所遇于世。然則歌頌聖德，被之管絃，與能言者角立以鳴一代之盛，非予與諸君子所望于汝彝者歟？

送南京太常祠祭署祀丞武君序

予承乏史官，嘗伏讀金匱書，考見我孝慈高皇后以懿聖之德上佐真主，成萬世之業，化及海隅，比隆任姒。又嘗奉詔歸省，道宿州之閔子鄉孝豐里，見大書徐王墳額，下馬祗禮，且誦尚書陶凱所撰碑銘，知我太祖高皇帝念王篤生聖女而無他子，以祀事屬有司。又聞人言，王之祀武氏實主之，然不得其詳也。

弘治甲寅冬，有請文以贈南京太常祀祭署祀丞武君騰霄者，始見其本末。云武之先有諱原者，於高皇后有葭莩之親，龍興初數從征伐，授武毅將軍，至其孫戡，遂僉徐州衛指揮事，其命諸武之彦曰忠爲奉祠，曰聚爲祀丞，隸官太常，守徐王之祀，則洪武己巳也。我太宗文皇帝嘗以巡狩北京過焉，復求武氏之後，而得名貴者，以嗣聚，歷定暨閎至騰霄，三世矣。騰霄以詿誤廢職事者三年，今歲夏詣闕自陳，皇上惻然憫其先勞，特許復官。故與騰霄善者，有請於予，而予獲聞其詳如此。

惟古帝王之有天下者，推恩之漸，必由親及疏，況聖后之先，有開祥毓秀之功而不及享一日之養于生前者乎？肆我高皇帝膺天御極，首厚大倫，而推恩徐王，又推而及于武氏，與古帝王同一道也。夫祀官秩比中士，而恩禮殊異，其賦入有田，輸作有衆，獵有養，薪有林，雖以爲崇祀之需，而祠官實綜之。蓋上公之尊、外戚之貴，未有能過之者。然則武氏後人，宜何如而後可以言報哉？謹其汛掃，潔其牲豆，上體我高皇帝推恩之盛心而不敢肆，又以其暇日訓其子弟，服詩書，守禁令，俾居者無盭法，仕者無戮舉，享太平之福而優游于衣冠禮樂之區，則雖謂之與國同休，可也。騰霄勉之！

予方官太常兼史事，於先朝故實蓋有喜聞而樂道者，故序以畀之。請予文者，何姓而玉名，所謂善騰霄者。其預餞，則自武安侯鄭英而下若干人。

送都閫徐弘範南歸詩序

佐淛都閫事宜興徐君弘範，今少傅兼太子太傅吏部尚書謹身殿大學士謙齋先生震器也，以今歲秋，攜其子文煥來省先生于京師。適先生受誥，加三世勳銜，皆一品，先生旋亦被命進三孤、總百官、參宥密如故，而子孫偕來，視膳左右，非常之恩，不貲之慶，歆慕誦説，溢于都下，殆近所未有也。久之，弘範請于先生而南。凡在詞林，各賦詩道其行，退走爲之序。

惟先生以醇德正學事三聖四十年，更化初入内閣，位元宰，明天子端拱受成，而先生不自有其功，其心休休，方集衆正、廣四聰以培主德而惠黎元，於家事不一挂意者，以弘範爲之子也。弘範自少力學聰悟過人，亦思有以自見者，會先生畀之家政，遂不復業舉子。嘗屢發廪濟歲侵，所全活甚衆，朝廷亦嘉予之，以有今兹。其在京師，每不自安于官，下逌其歸以督耕作、奉丘壠，用紓親之憂。遇人則尤退避若晚生，恂恂不敢有其身之貴也。若是者，雖其質之美致然，然出于庭訓之懿者，豈常情之可及哉？矧兹之來，候先生之起居而承謦欬，其得諸觀法益深；先生喜弘範之克家而可以畢力于公也，其加訓益至。夫然則亦何借于淺陋而爲是譊譊哉？

然竊聞之，袁閎之省父于官也，其往反人不及知；柳仲郢至不敢與父之幕容抗禮；范純仁本其父志，以麥舟濟人。志士尚友者，宜不可忽也。若弘範之所立，似矣。而文煥之齒日長、器日閎，如因其所得之一二益充之以濟美而勵其子、慰先生于再見，豈非贈言者之意哉？詞林諸君子日從先生後，仰窺先生之心，於蔡司徒之清介、柳山南之風矩、范文正之勳猷，必追而與之同者。故因弘範之行樂道之，俾荆溪之人，誦其詩想見一時慈孝之盛，企德承式，於風教之益，將有大焉，豈直以敦世好叙離闊而已。

樊母賈孺人七十壽序

駙馬都尉樊公之母孺人以今弘治甲寅歲屆七旬，清健無恙，而季秋念五日，維初度之辰，凡貴而金貂、賢而薦紳以至於姻戚僚寀，登堂致慶者彌月，其在鄉郡，又加厚焉。於是鴻臚司賓賈君、錦衣千户季君謂予之亦善公也，以序見屬。然予嘗賦詩一篇題其所謂南山圖者爲孺人壽矣，豈可再乎？辭之，則又曰：「詩約而序繁，繁所以致其隆也，請必無辭。」

惟孺人賈氏系出安陽，爲故兵馬副指揮樊公之配，有子女五人。都尉公行三，生極儁偉，孺人奇之，曰是必當大其家者，然非學不可。遣入學讀書，英悟駿發，見者策其遠器也。會被選尚英廟廣德長公主，驛召孺人至京師，入朝兩宫。賁其身有金帛之錫，奠其居有第宅之賜，褒其德有綸綍之頒，恩禮駢蘩，觀者嘖嘖。而孺人不以貴怠其勤，不以富易其儉，所以教都尉公者益力。都尉公日從諸老先生講學課詩，執禮益恭，其聲望在一時勳戚之右，遂被簡知典禁旅、入宿衛、侍講筵，受心膂之託。蓋天賦人以不凡之資，而以非常之貴畀之，豈多見哉？顧所以毓成其德器，俾迓承光寵而將其福，則孺人慈訓，有不可誣焉者已。

都尉公奉母極孝，又善事其兄，訓育其子姪却紈綺之習，而服詩書、守禮法。長子琦、次子瑶，雖授錦衣秩千户，皆循循若章縫之士然。以是孺人樂之，益介壽祺，閲日之多至于四百二十甲子，而漸進于期頤之域未艾，豈可無慶邪？昔有周盛時，諸侯大夫之夫人賢者多美于風，而母之壽一見于頌。誠以王化必始于閨門，故聖人取而著之經以垂訓來世，炳如也。若賈孺人以婦行之淑、母儀之尊生我朝列聖道化漸被之餘，躋高壽而享其子之備養如此，辭而祝之，於古詩人之遺義，不庶幾乎？豈直桑梓之私好而已？

予文素號鄙拙，雖本諸君子之請而繁其辭，亦不能出所題南山詩意，徒見其贅爾。其何足爲壽筵燕喜之重也哉？

古林黄氏續譜序

吾鄉巨姓，必標其所居之地以自名，其不地者，不問可知其爲下姓也。蓋姓必以地，則君子有所據而聯姻，小人有所依而獲庇，然非數百年聚處而有道以維之，亦不足以致之也。自魏、晋以來，用門地取人，實有封建遺意。然中原多金革之事，故雖大姓如崔、盧，土著如朱、陳者，今亦不復知其所在矣。江南地險僻，非用武之國，而吾鄉又多深山長谷，風氣聚而不散，人習禮義而重遷，故巨姓視他郡爲盛。若古林之黄，其一也。

黄之先曰元集，爲晋新安太守，始家于郡。四世孫碧璇居郡之黄墩。碧璇十世孫益謙又居休寧西湧。其孫文昶，則古林之所從出也。自元以來，吾鄉先達以程、朱三大儒皆郡人，由是慕聖賢之學，不輕于仕，而黄氏先人多從之游。文昶十四世孫伯固，以易名家，朱風林學士稱爲畏友。伯固之從弟君啓，從學江明安先生而友東山趙徵君，又館于師山鄭公，師山亟稱之。君啓三子，皆克世其學。曰子運，從學風林，尤以行義稱，以祖産讓其弟子中、子度而自闢後圃以居，學者稱後圃先生。東山著春秋屬辭諸書，子中與有參訂之力。伯固之孫叔宗，亦從學風林，始手編古林黄氏族譜，而汪蓉峰司直序之，則洪武庚戌也。當是時，江南新脱于兵，人不自給，而叔宗惓惓於敬宗收族，其志遠矣。惜乎益謙以上舊譜失傳，叔宗亦莫得而紀之也。迨今又百餘年，雲仍之來者益蕃，於是後圃曾孫世瑞本其父景高之志，重輯之。世瑞不以其譜爲足，出而求證于四方，得浮梁黄氏所藏黄墩舊譜，乃克上推其源，得益謙以上三十二世，下衍其流，凡子孫之後出者，皆在焉。總之爲五十四世，小傳以詳一族之行，附録以備一家之言，由是古林黄氏之譜，殆無憾焉。請予序。

予每重世瑞之性行學識，嘗往訪于古林，見其山之蒼然峙乎其前，聽其水之浩然注乎其東，則曰：「此固山川之秀鍾于古林黄氏之先人者也！」南望之爲璜源之吴，北望之爲會里之程，西望之爲斗山之程，西而南爲大畈之汪，東望之爲商山之吴，東而南爲汊口之程，則又曰：「此固大家巨姓與古林黄氏相輔而立，共師友而通姻婭者也！」然考其先、驗其後，未始不由于祖宗之積學累行而能致其族之興者，亦未始不由于子孫之率德繩武而能保其族之長者，然則譜牒之修，不知其本可乎？噫！今日之祖父，前日之子孫也。今日之子孫，後日之祖父也。一親疎、崇孝敬而謹其丘墓之守，奉其詩書之業以不墜門閥之傳，則庶幾此譜之不爲虚器也已。古林黄氏，可不勉歟。

憲副朱公暨孺人王氏偕壽圖詩序

偕壽圖一而附以詩若干篇，出于工部屯田主事祝君萃、李君堂之所請，以爲其長員外郎朱君恩而作者。蓋朱君之父憲副公今年壽七十九，母王孺人壽八十，俱無恙在堂，而員外君遠仕京師，故同官者本其意而爲之以致遥賀也。

古之人於父母之年不可不知，而孝子愛日則因其親誕之辰，數其壽而爲之慶者，殆昉于此。夫親之壽不可以不慶，固也，而況其賢且貴焉者乎？憲副公起進士授監察御史，歷山西按察副使，官中外二十年，年逾五十即引去，其通練之才、清慎之操、恬退之節，人至今而道之。而王孺人以巨族令女來歸于公，其賦性貞淑、處家儉勤，實與公相峙而成，相偕以老，其貴且賢有如此者〔二〕。而又得員外君能養志以承其後，趾美甲科、官六曹，以不替其詩禮之傳，其賢而有後又如此。宜諸君子彰其壽而爲之圖，聲其貴且賢而爲之詩也。亦豈非尚齒好德之心，出于同然有不能自已者哉？

初祝君倡此舉以壽公，未幾而被薦，治水江南，不克竣事，責成李君。予久未之能復也。乃今孟冬，員外君忽受命册封親藩于荆、湖，有過家之便，蓋向之所圖以致遥賀者，今遂可以拜膝下矣。龍章鳳節，照耀里閭，山川草木，赫有榮觀。東吴之老者奉觴酌以升，少者操几杖而侍，企德向風，彌月不已。吾知憲副公夫婦樂其子之能養而心益休、體益康，雖由是以進于期頤之域而爲人瑞于一鄉，有不難致者矣。憲副公誕辰在九月十四日，孺人誕辰在十二月十二日，適與使歸之期相當。而鄙作之涉遲鈍，亦若有待焉弗偶也，故輒以是先諸君子書之圖額，而爲員外君申愛日之義云。

慶沈母太孺人榮膺恩壽序

中書舍人沈君冬魁以三載考績恩受敕命贈其考隱德府君徵仕郎中書舍人，母陸氏太孺人。惟時太孺人年七十有二，以迎養來京師。凡仕之在同鄉者，咸樂君之有母也，將合慶之，而以序屬予。

予竊聞之，好德錫福，箕疇所陳。玉瓚黄流，著于詩雅。蓋言福之錫于君、畀于天者，必安和淑善之人，人不可以倖致也。太孺人幼失怙恃而鞠于祖母，賢明貞惠，事祖母以孝聞。長歸隱德君，克盡敬戒。不幸隱德君早世，遺孤二人，又竭力事其姑，生盡養，没盡禮，持家訓子以不墜夫君之業，人稱其難。蓋陸氏阜城鉅家，若太孺人之叔父都憲公、憲副公與其弟憲使公，前後舉進士，出入朝省，振華履亨，家法益備。太孺人每諄諄以勵中書君昆弟，曰：「非力學安得至此？」中書奉教惟謹，遂登高第官近臣，清才妙器，表表一時。而君錫之恩、天畀之壽於太孺人，遂兼得之，求諸一鄉，豈多見哉？是宜賀矣。

或曰：「七十之老，世豈無之？而三載考績，恩命之頒，又恒典也。」予曰：「不然。箕疇之所陳、詩雅之所著，正謂其有安和淑善之德而後可當盛大之福、享耄耋之年爾。苟非其人，則君子以爲倖致，雖壽與恩，何取焉？」若太孺人之德美矣，被龍章奎畫之褒，膺翟冠霞帔之服，清健康裕，巋然于堂，則傳所稱歸極必嚮之五福而「黄流不注于瓦缶」者，非是之謂歟？矧中書君名位益進，太孺人恩壽與俱，將由今封以漸躋于高品，由七十以馴至于上壽，使里閈之觀者歆慕、聞者興起，福禄榮名與陸氏相高，殆不徒光遠有耀而已。然則鄉人之慶，固昉于此乎！

予不佞於憲副公叔姪相還往，而中書又予所器重者，故特序其事以爲稱觴者之先驅焉。

潞州志序〔三〕

彭城馬君知潞州之明年，求州之圖籍閲之，得兩寫本，一成于永樂，一續于成化，大抵詳于近略于遠也。文俚而不雅，事襍而無叙。君竊病之，乃致科貢士五人與學正桐城劉崧，俾旁蒐博采于諸史别集中涉潞事者，悉檢録之，手自删訂，爲若干卷。其繙閲之勞、彙次之審，蓋窮日夜之力而後成也。馬君以予素相善，亟其副走書京師〔四〕，請序之而梓行焉。

夫圖籍之有資于世也，尚矣。周禮：外史掌四方之志，土訓掌之以詔地求，誦訓掌之以詔觀事而知地俗。當其時，爲人上者多明習天下事，而德業之隆，有以也。訓、史職廢，莫之可徵。然方域之圖、食貨之書、人物之記在後世不可少者，固周之遺法乎。潞據太行，履蒲津，號天下之脊。物産不乏，而秬黍之生，足以召大龢、定古樂，前代嘗以署軍府矣。我朝置州，領縣六，建宗藩大國一，次國十數，蓋山西巨郡也。豫讓之忠、鮑永之孝、任敖李抱真王彦之勳烈，炳然在人。至以耆德位丞疑、佐興運若杜敦先生，尤他州所未有也。夫如是而無圖籍紀之，使文獻滅裂，名郡等于僻陋，繄誰之責歟？馬君志成而潞之爲郡益顯，蓋其詞迺，其事核，官于斯者可持循以爲政，生于斯者可尚友以爲學也。然不但此而已。鄰封異縣得而讀之，心馬君之心，各爲其方之圖籍以傳，將見廟堂之上，一史二訓之職以贊吾君，於凡地利豐耗、民風美惡、人材盛衰，皆可按其原委革因之所在，謹禮恤民，節財養士，德業之隆，比于成周，豈非聖王求治之一助哉！馬君可謂知所先務矣。

君名暾，字廷震，以鄉貢士家食時嘗編徐州志若干卷。筮仕知蒲州，改守潞，所至以公勤牧愛聞。五人者，李壐、李壕、牛良、李堂，舉于鄉；王卿，貢于監，皆潞産也。

校勘記

〔一〕請之不可已也　「請」，四庫本作「情」。

〔二〕其貴且賢有如此者　「者」，原作「有」，據四庫本改。

〔三〕潞州志卷首此序署：「弘治八年歲乙卯夏六月既望賜進士及第嘉議大夫太常寺卿兼翰林院侍講學士同修國史經筵日講官兼修玉牒新安程敏政書。」

〔四〕亟其副走書京師　「其」，四庫本作「具」。

篁墩程先生文集卷三十三

序

辭金詩序

弘治庚戌秋，占城國王古來言：「往者安南國王不道，納臣叛將而助之虐，奪臣國授之，以冒天朝之封。臣投命無地，賴先皇帝大恩，以事付都憲屠公。公不鄙夷我陋邦，踰嶺海，察事機，合衆議，以册印畀之臣。文告安南，數其不能恤隣之義，折其姦萌，道之逆順。安南自是不敢肆其兇狡，而臣獲返國以有今日，皆聖天子盛德與屠公之功。臣表謝外，有白金若干鋌、黄金器飾若干事、異香番物若干奩，附使者以謝屠公，敢昧死上請。」

上嘉其誠，命公受之。公固辭曰：「綏遠之仁、繼絶之義，在聖天子，臣何功之有？」上不允。公又懇辭曰：「臣不佞，臺憲之長也，而受外國金，其何以率下聞四方？雖天語再臨，臣不敢奉詔。」上知公志堅，許之，令貯禮部，備公使之需。由是縉紳流聞，嘖嘖稱羨，播之聲詩，積成巨編，而推予爲之序。

予嘗閲屠公辭金之疏，見聖諭丁寧，始命之受而終聽其辭者，未始不斂衽嘆曰：休哉！非前代君臣之可及也。昔漢陸生使南粤，受趙陀饋在橐中者千金，他物稱是，歸不以言，高帝亦不之詰。宋趙令受吴越瓜子金，雖不及知，藝祖命受之，亦不聞其力辭也。然則謀國之功偉而正己之道缺，豈所以貴名檢而示儀刑于天下哉？公爲侍御，歷都憲，屢當劇任，受重託，其識足以察微，其才足以制變，若陸生之學術、趙令之勳猷，公殆有焉。而辭金一事，則過之矣。遠近士夫仰公之清風而樂聖天子成大臣之嘉讓，詠歌之，使廉貪之化可期，伐檀之詩不作，誠有涉于風教爲美談于後來，不可以無傳也。

予與公同舉進士，相知深，故不以鄙樸辭而序其事如此。公名潚，字朝宗，世家四明，今官爲太子少保兼左都御史。魁幹偉髯，負氣節，望而知爲重臣碩輔云。

端友齋録序

端友齋録一編，出今錫山盛虞舜臣。舜臣嘗得端石之佳者爲研，而取象于鐘、鼎、黼、黻凡四輩，既以名之，又潔一室以貯之，號端友齋矣。復摹其形，裒其所得傳、記、銘、詩之類，鍥棗以傳，請予爲之序。蓋凡諸君子所爲發「端友」之義者略盡，而予往歲亦嘗爲舜臣銘其一焉，將何説之可益哉？昔米南宫出見奇石，具袍笏拜之，呼石友，而舜臣方以詞翰與事禮曹印局，其惓惓于斯者，殆有慕焉爾矣。然録之所載，言人人殊，非諸君子所以私舜臣而廣其志識哉？

或曰：「鐘鼎以食言，黼黻以服言，非盛德莫敢當也。當之以物而加之友，則幾于僭且鑿矣，可乎？」是不然。舜臣之意，以其有端之名，有堅貞之德，故取象焉求自益，而因以風世之若逢蒙者，謂其僭且鑿焉，過也。彼命之曰「陶泓」，侯之于即墨，偃然人之而又假命德之權，則將奚責焉？或曰：「飽仁義者不願人之膏粱，美聞譽者不願人之文繡，恐循名責實者過而撫之，以爲端友之不屑于是也。」夫端友之屑不屑，人惡得知之？而舜臣之意則可知已。或又曰：「舜臣如欲風世則爲室貯之、爲銘相之，斯已矣，必鍥棗以張之而壽其形，癖哉。名之取義，又何暇論乎？」是亦不然。古君子玉不去身，士無故不去琴瑟，懼其心之逸而性失養也。夫端産抵玉而研之，役在簡册，有恒焉。引之自近，則玉與琴瑟之倫也，豈若南宫氏之姑友夫塊然者而已哉？

噫，觴政奕譜之屬，紛紛然競出以售人，士夫間亦或樂誦之者，舜臣之爲癖也，不寧愈乎？吾以是序其録而使之傳，雖比之説郢書、聽囈語，固風世之一端也，非成其癖而爲之辭也。

壽前侍御黄公序

黄公用遜以休致居蕪湖之驛磯，三十年矣，弘治辛亥，壽當七十，加健焉。凡鄉後進欲致慶于公者，計得予一言。時予被放歸新安山中，弗克成。予還朝之又明年，其鄉國學生鄭文博因庶吉士胡仲光以見，申其請，曰：「黄公志也。」諾之。又明年，文博出宰於潛，請益力，曰：「公之壽七十四矣。」則憮然曰：「予不佞與公同出畿南，素重其風節，又承乏史氏，得公也詳，能不一言以副尚齒好德者之夙願哉？」

公舉進士授御史，景泰中上書論事獲罪，謫典史營山，稍進知安岳縣。英廟復辟初，録舊忠，多起廢，而公值内艱去。服闋，乃僅得督府都事，亦漸向用矣，而公復將疏論用事者，遂被誣謫戍邊。久之，用事者敗，始以霈恩獲休致還其鄉。既還，有勸其自理雪者，笑曰：「吾豈爲是可恧之事哉？」今侍御劉君廷式宰蕪湖，爲建清風樓于江滸，以著公之高節。閣老瓊山先生實記其事。蓋公性剛方而輔之以問學，故一謫官，再謫戍，名詘而氣益昌，身窮而節益厲，雖比跡古司直之臣，何歉哉？

惟天生物，至不齊也，然乘除之數，恒默存其間，不使偏勝焉。南山之松，其操凜然，歷冰雪不少變，故用之則其材中明堂之選，弗用則其壽閲千歲而弗凋，豈彼柔脆纖穠、一發即萎者可同日語哉？若公，是也。公材之弗究于用，人也，非天也。躋耄耋之年，享山林之福，而樂子孫之養，俾善者勸、强不義者知畏，天也，人孰得而沮之？新安、蕪湖相去不啻東西家然，吾鄉人子弟出入者之所必至，他日得謝而南，當訪公磯上，登樓舉酒，聽公高論，且有詢于公曰：「鄙文何好，而公乃堅欲之也？」相與撫掌，訂晚歲之盟于巖壑間，可乎？

公自號養素，誕辰在歲十一月廿八日。有子二人，曰瑞、曰琰，皆克家。有孫五人，曰鵬，爲儒學生，世其業云。

慶太守涂公七十壽詩序

寧國太守涂公恒孚致政，居豐城里第餘十年矣，乃弘治乙卯春，其伯子監察御史君奉璽書有事于廣，仲子兵科給事君奉璽書有事于蜀，期以明年事竣並集故鄉。而公適年七十無恙，兩君者得親奉一觴拜膝下，伸愛日之義焉。於是士夫間榮其行，多賦詩貽之，而給事李君漢實受經太守之門，奉以請序。

予恒謂人生獲壽與福非難，惟所積稱其所獲之爲難爾。長歷厚亨，世豈無之，而所積弗齒于君子，則奚壽與福之有哉？涂居豐城，世以積善聞。至草堂先生，韜能不施，積學以啓後，伯子憲長公遂舉進士爲名御史，己巳之變，嘗上疏止遷都之議甚偉。仲子即太守公，繼舉進士，歷南京吏部正郎，知衢、宣兩郡，鑑裁之公、牧養之良，爲一時巨擘。而居家孝友，嗜學至老弗倦，自號芝軒老人，出其門多取高第躋顯仕。五子者，亦皆身教之。曰昇、曰旦，趾美甲科，即今御史、給事君。曰景，薦于鄉。曰晏、旭，事舉業。蓋涂之先所積甚厚，至公益培之且加濬焉。壽當古稀，福踰常等，而縉紳有發德之什，渢渢洋洋，可以昭當時、名四方，豈非所積足稱其所獲者乎？兩君以使命之重過里閭，山川草木，亦有榮耀。登堂之際，親黨畢來，爲父者仰公之壽福並隆，爲子者企兩君之孝忠兼舉，非德則孰與致之？吾知公心休而體豫，由七十而馴至于期頤，可前卜矣。矧兩君以壯歲競爽于朝，司獻納，典風紀，位日崇，譽日興，所以爲儲休委祉之地者，實有大焉。則凡播之聲詩、託諸比興、致南山之祝于異時者，自今伊始。

予家新安，與宣接境，亦嘗受一廛于屬邑，側聞公之德政也久，又獲識兩君于輦下。斯文之愛，不可辭也，敬序而歸之。

萱榮堂詩序

刑科給事中新喻張君受詔覈邦計于二廣，前期過走言曰：「文不佞之有兹行也，計歸日在嗣歲初冬，可取道過家省母孺人于堂上。惟時母孺人壽周八十，文獲奉一觴候顔色，蓋自慶以爲榮。且文侍瑣闥將三年矣，夙夜在公，恒以勤恪自勵，思得恩封爲母榮。榮之所被，皆上賜也，而吾母之慈訓，實於是有徵焉。謹以『萱榮』二字揭堂之楣，大夫士之厚文者，詠歌之至盈卷軸，顧不可無序也，敢奉以請。」

走固讓不獲，則起而嘉嘆曰：「榮哉！士之限職守，勢不得歸；與將命四方，苦于冀、越之相閾，徒興于靡盬，馳思于瞻雲而不能已。則求如張君之獲事其壽母者，豈非千百之十一哉？「樹萱」之詩、「燕喜」之頌，遠矣。然尚齒好德之義本乎人情者，豈以古今而有間哉？」

惟孺人出李氏，世儒家，爲令女。既嫁，事其舅逸軒翁姥甚孝，佐其夫直齋先生有禮。慈儉之行、雝肅之儀、賢明之譽，内外無間言。其尤大者，撫庶子若己出，而教育給事君甚力。給事君遂擢賢科、爲近臣，知名一時，而又被簡命于今兹。清江、玉笥之間，有榮觀焉。

吾意其登斯堂也，甘旨載陳，衣冠畢集，誦諸君子之詩以侈上恩、昭母德，使見者企慕、聞者興起，一舉而忠孝之義具焉。豈若昔人之夸衣繡、矜負弩于里巷而已哉？李孺人目其子之成而享其養，心日休，體日强，雖由耄耋以漸臻于期頤，其孰禦之？使軺北還，褒典南下，則慈訓益彰，榮益大，本尚齒好德之義而爲禮者，其所得益富，鄙言特爲之先驅爾，其何足爲斯堂之重也哉？

送太守李君考績還嚴州序

太守李君叔恢之治嚴州六年矣，弘治甲寅冬，奏其績于朝，書上最焉。予與君有世講而喜其政成也，將舉一觴以相屬，迫歲晏，齋祓相仍，願弗之遂。既少間而訪君，則君去久矣，恒置恨焉。忽一日，饍部郎中程君愈過予曰：「吾睦人荷太守君之惠澤甚厚，思得一言爲歸任之慶，可乎？」予亟諾之，曰：「是方有歉于君而無所伸其禮者，第君業已行，盍徐圖之？」饍部請不置。荏苒之間，至改歲而春且過半，蓋不獨愧李君，并愧饍部矣。惟己酉之歲，予被放南歸，泝桐江而上，抵睦城下，拜嚴先生之祠，退與君相見富春驛中，說故舊。君以兄事我，以道義勉我。明日始別，情依依，若不能釋。予心識之。今七易寒暑矣。被詳召入朝，值君之來，乃不得執手一款叙，誠愳然不自勝。顧獨有所悉于君者，不敢不爲睦人告爾。

君世家東安，爲故都憲歸庵先生之季子。先生與先尚書襄毅公同年進士，事四朝，以正學直道聞天下。其家訓極嚴，君兄弟四人，皆以儒發身，各有立，期不負其世風，見流俗之事，若將浼焉，故其治郡惠民而有禮。君趾美甲科，歷大理左寺正，讞兩法司之獄，必詳允，有不可者，至以身任之不少徇焉，故其治郡奉公而不刻。夫惠民而有禮，仁之推也；奉公而不刻，義之施也。兩者交舉，而政之弗成者，鮮矣。此吾之所悉于李君者，睦人亦能知之乎？鐥部曰：「知矣，而未能詳著之以取徵後來，是以有請也。」予又曰：「李君之爲郡也，久矣，將有遷陟之命，吾恐睦人之欲終其惠澤而不可得也，奈何？」鐥部曰：「不然。使李君而有遷陟之命，則位益崇、施益溥，吾睦之人豈敢專有而淹君子之轍于東南山水之間哉？」予雖以遲鈍愧鐥部，然喜其言之有合也，促書畀之。凡睦人之仕京師者，悉繫名其後，而鐥部予同宗，其先自歙徙淳安，故爲之倡云。

送行人王君使朝鮮序

弘治乙卯春三月，禮部言朝鮮之有事也，宜遣一行人往致禮于其國。詔可。惟時行人王君獻臣實受命以行，凡與君同年舉進士尤厚善者，檢討郭君瑀而下若干人，醵餞之，且相議曰：「敬止少年，偉丰儀，妙詞翰，選于衆而使遠外，名一旦聞九重。臨遣之日，賜一品服，視他使爲榮。然求所以副兹命者，宜請教于君子一言。」乃託吾宗人杲及楊君志學以來。謝不獲，則爲之言曰：

朝鮮，古箕子之封履，視諸蕃獨恭順，爵有請，賜有謝，元會、聖節諸大禮，歲必四三至。其境去遼水不三百里而近，館傳相望，無瘴癘險阻之虞。其人業詩書，比内郡，擎跽如禮，無頑獷犯順之習。使其國者，盡兩月可還，則敬止之行，固不必有所咨計而使事可成也。然天下之事，或斁于易而成于難，彼使而涉瘴癘險阻之虞、當頑獷犯順之習，勢若難爲者，顧一切以蠻貊處之，擿其罪，昌其詞，宣上德威而奪之氣，使其知讋而感焉，斯無不得其懷服者矣。若朝鮮，則何如其處之哉？純以蠻貊待之，則彼固我之近藩，業詩書比内郡，不可也。純以中國待之，則彼終以譯而通其漸，或至于狎肆，亦豈法之得哉？必吾之所以自處者，介可畏，敬可慕，上以見中國之尊，下不失綏遠之義，使朝鮮之人知天朝使者秉禮達節而善於其職若此，名不愧皇華之選，行足稱品服之華，此敬止所有事也。

予又見往時使朝鮮與安南者，多喜以詩賦相倡和爲長雄，心恒疑之。夫周爰咨詢而陳詩以觀民風，古使臣之職，殆不謂此。如以其詞華墨妙自矜詡而與蠻貊争勝負，縱過于彼十倍，藝焉爾，其何繫于使義之得失也哉？此亦敬止所當知也。今上嗣統初，詔用儒臣一人告即位于朝鮮，禮部以予名上，值開經筵，予不佞承乏講讀官首，不果行。然恒以不得一覽東方山川之勝爲快。於敬止之行，竊有羨焉。故既序其事以贈而申之以規，將見使事之真無難也。此諸君子之意也。

送太常少卿沈公廷美考績還南京序

廷美年十九，以上海諸生領鄉薦，即有名，其學自治經外兼通諸家，作爲歌詩，得意處不減唐人風格，書法兩晋，尤清勁豐腴，爲識者所鑒賞。然數奇弗偶，竟入吏部銓，授中書舍人，遷尚寶丞，幾九載，僅一轉少卿而已。廷美性和易有守，不以仕途通塞爲計念，公暇與客觴詠終日，當其興到開口論事後成敗、古今人賢否得失，如指掌，聞者嘖嘖，曰：「此有用之才邪而滯于此！」弘治辛亥，始用薦陞太常少卿，涖任南京。一考矣，上其績于京師，詔仍舊任，錫之誥命，陛辭南還。大理卿王公景明於廷美同鄉同學，號知己，太常少卿李公士欽於廷美同官尚寶，交莫逆，喜其來而惜其去之亟也，請予言爲贈。

昔予獲交廷美，時廷美方住玉河東城下，每好天良日，有所集，予多在坐。歌呼笑樂，終夕不自休。蓋於今三十年，握手話舊，恍不自知其髮之種種也。雖然，三十年來，事紛紛若蝟毛，何可縷數？獨以廷美觀之，則當時固有較力以相高而謂其弱者矣，有陰捷以取上官據左席而謂其迂者矣，然不旋踵間，事去名隳，徒爲人所指議。而廷美顔如渥丹，語如霏屑，一飲累觴，猶昔也；爲歌詩奇健可喜，猶昔也；與人論事侃侃不少屈，猶昔也。奏績而來，予詁而歸，亦何歉于得意一時，徒自矜詡而旋已失之者哉？

南京舊都，百司事簡，太常所職者禮樂，無簿書之勞。東南山水佳勝處，可日相尋眺以自適。蓋以己觀之謂之吏隱，可也；以人觀之謂之仙曹，亦可也。人固有終其身行憂患之途求一日之樂而不可有者，廷美所得，不既多乎？然予於廷美非一日之雅，愛莫助之，而竊有告焉。通塞相乘者，數之常也；詘伸不失乎己者，君子之守也。廷美何患哉？亦獨盡其在己者而已。

南征紀績序

弘治癸丑歲，貴州都匀、清平之夷叛弗靖，詔平蠻將軍出湖、湘之師往征之，京營官軍自飾戎裝願行者聽，而錦衣舍人廣右鄧君鎰其一人焉。是歲冬，師集貴州，合鎮兵營其落乍之地，從事于賊壘也有日，於是鄧君與其友指揮使尤禮等若干人書姓名于一卷，題曰南征紀績，指日而誓于神曰：「此非大丈夫分功之秋乎？所不同心協力以殄寇圖報者，有如此日！」衆志既諧，乃受大將鼓旗進薄其巢穴，數與賊遇，奮其謀勇，無一不當百者。由是燔其寨若干，俘馘其黨若干，獲其軍實而還其所掠人畜若干，瘴煙肅清，居民按堵，奏捷于朝。天子嘉悦，班爵賜賚有差，而鄧君授百户進千户，涖事錦衣親軍，榮有加焉。乃間奉此卷請爲之序。

予惟天下事成于相契而敗于相嫉，不易之理也，況用兵四夷，勝負之間，安危繫焉，烏可恃一夫之勇而弗資之人哉？若鄧君與其友朋結爲弟昆，勉于功名，勵之忠義，堅腹心之託而成敵愾之功于不毛之地，於禮所制五人爲伍、傳所稱師和則克者，殆有合焉。若彼妒此能而迫之險，甲譏乙功而毁其成，惴惴然惟恐人之軋己，而於國之大事不少恤者，亦何見之盭哉？鄧君年方妙，志方健，又不忘于軍旅艱難之際若是，他日建勳四方、致位金紫以增輝于同盟之人，不自此而基之哉？予故序而傳之，以爲斯舉也不獨可施之幕府行陣之間而已。

贈陳君伯謙赴湖廣布政司理問序

弘治乙卯夏四月，吏部試候銓者若干人，次其高下有差而言于上，授職事于中外。惟時吾郡太學生陳君伯謙第在優等，注湖廣布政司理問〔一〕。理問在藩幕爲上佐，其職典刑獄，爲專官，非他屬隸瑣屑者比，人往往不知其然，而意陳君不慊于此者。予曰是烏知其然哉？彼郡邑官能慊人意者，每銓何啻百數，而理問恒缺然無所見，非無所見也，郡邑之官多，理問之官少也。天下之政務細劇而難理者莫如刑，刑清則其餘可從而理，故聖朝之制，設專官焉，每一藩置按察司以總一方之大獄，而布政司別置理問。凡郡邑之刑繫布政司者悉隸之理問，勘其情僞曲直而上之使，使覆之而獄成焉，由是强之鋤而弱者安，惡之懲而善者勸，其重如此。非敬以聽之、勤以涖之、公以決之，其不至于僨事而戮政者幾希。是則按察、理問品秩有崇卑，治獄有大小，其任之專，一也。君尚以爲未慊而不思有以稱其職哉？

陳居祁門竹溪，爲舊家，世傳春秋。春秋者，聖人之刑書，得其肯綮可理天下，而況一官哉？君年壯負學識，練世故而不迂，雖困于場屋而志益健，茲之往也，發其平生之所蘊于審克敬怠之間，有所疑則傳之經義以求合今代制刑之典，使一藩之間刑清而政理，上官才之，君子予之，則君爲不負其所學，而績成于異日，膺薦擢以增光于一鄉，可冀也哉！

贈沈君良臣知南雄府序

良臣以成化甲辰賜進士出身第九人，宜得京朝官，乃選知歸德。歸德，河南巨州也，有軍衛雜處其間，政劇訟繁，而良臣優爲之。由是部使者相繼上其治狀，被旌異之典，進階而及其親。時親在吴中尚無恙，人以爲榮，且意良臣宜得入爲六卿屬。乃更授經歷右軍都督府，府事雖簡，而良臣一處之以公勤，豈典銓者知良臣在歸德嘗兼理兵民有聲而輟之以佐殿巖之重乎？於是良臣將再考矣。會南雄以闕守聞，典銓者復以君名上，詔可。拜命之日，始有謂良臣迴翔頗久，乃今得一伸者。予曰：「不然。良臣自釋章縫即把州麾、佐帥幕而食中大夫之禄，才歲一紀爾，進而守大郡、服金緋，州縣之下吏環視而聽約束，儼然古諸侯之尊焉。若是而猶憾其遷陟之濡滯，可乎哉？夫仕之中外與遲速，皆君子所不計。君子所計，在職之稱否爾。」

南雄治嶺南，與南安相距，蓋江、廣孔道，治之最劇者，視中州支郡，殆倍蓰也。邇者盜起江右，至于殺將吏劫府庫，聖天子憂之，爲置巡撫憲臣專制數路賊所出入地，而南雄實隣封。軍書往來，小民繹騷，將有日不暇給者，視持文墨佐軍府，又大異也。然則良臣之求稱其職也，豈得謂之易易哉？吾聞天下之事，小者理則大者可以類推，易者辦則可因而積之以待其難者，君子之學當爾也。良臣之前此所操履、所舉措，廉謹詳核，悉有規緒，播于人口甚著。蓋試久而養深，非一時淺淺者比。持之以不矜，守之以不怠，將見南雄之人慶其有瘳而爲君子之所嘉予者，未艾也。中外遲速，豈良臣之所計哉？

太子太保遂安伯陳公今大總戎蒞右府事，雅重良臣，喜其遷秩而惜其去己，來請一言。予素交良臣，知其人，且其弟庶吉士良德予主考京闈所得士，又受命教之于翰林，沈氏往還，非一日之雅也，故序其事以復陳公而因致其私焉。

賀大理卿王公六十壽詩序

君子所貴乎壽者，非謂其有可壽之實哉？善足以長人，功足以利人之家國，如書所稱「吉人」，傳所稱「休休之臣」，是謂有可壽之實者。故人從而壽之，好德之公也。反是而享耄耋期頤之年，亦徒壽爾，豈君子之所貴邪？予讀諸公所壽大理卿王公之詩，竊爲之嘉嘆曰：「公固有可壽之實哉！」

公舉天順庚辰進士，及中外三十六年。其爲人和易闓爽，周慎詳核，見者樂親之，而利害莫能奪其守，亦未始以矯激取名干進。其官自南京刑曹知黄州府，參政廣西，長憲江右，入典太僕。久之，以都憲撫山東，而召爲大廷平。蓋公居刑官則一以洗冤澤物爲己任，不刻以爲能；任有司則恤民之隱而捍其難，著徵馬之令以裕民，而救荒之功尤偉。以是其所歷之地，感其更生而籲天，懷其去思而立祠以祝公之壽甚久，況甲子週、遐算伊始，凡在交承之契出于好德之公者，其能已于言哉？

昔漢張蒼明習律令，于定國爲廷尉，民自以不冤；魏高允刺懷州有遺愛，而議刑三十載，内外稱其平；宋富弼知青州兼京東安撫使，活飢民五十萬。厥後四公俱至台輔、享高壽，功名赫然，光照史册。求王公之平生而數其宦轍，固將以古賢自期者。台輔高壽，將不追而與之同乎？善足以長人，功足以利人之家國，爲吉人、爲休休之臣，所謂年彌高、德彌劭者，公能不益自力乎？

公名霽，字景明，上海人，其始生日在歲之六月廿七日。太子少保刑部尚書毘陵白公、太子少保左都御史四明屠公暨諸同寅各賦壽詩一章，舉酒相屬于公第，請予爲之序。予與公同出南畿，重公之爲人，故不辭而書之如此。他日由六十而七十如于公，又八十如富公，又九十如高公，以至于百歲如張公，位六卿以佐天子，聲實流聞，與歲俱積。君子貴之，益從而壽之，崧高之章、黄髮之什，洋洋渢渢，被之管絃，宜有名世巨公爲執筆以侈其盛。若鄙言，則謂之先驅可也，其何足爲公之軒輕也哉？

送王汝璋醫官南歸詩序

常之義興多世醫，王氏其一焉。王氏之彦曰玉汝瑛，其學於素、難而下諸方書、證治、脉理尤邃。自被徵入朝，即供奉御藥房。内而宫闈貴近，外而勳戚卿大夫，有疾必延汝瑛，汝瑛一一應之無倦，曰某宜攻、某宜補，盡一兩劑，必勿藥。下而賤若韋布、若市廛胥史之家，有危急不可爲者，亦必懇籲于汝瑛而聽之決。其名勃勃起，聞四方，被簡知擢判太醫院事。而汝瑛嗜書秉義，一不以利爲計念，喜與館閣士還往，抵掌論政，往往有拯時憂世之心，不特醫之良也。予與汝瑛同出南畿，而多病，交久益親，聞其弟有璧汝璋者，亦佳士，不及識也。

弘治乙卯夏五月，汝璋以公檄自義興來京師，獲省汝瑛于邸第。時復過予，聽其談土風及世故，儁爽明快，傾倒若平生。而動止撝謙，秩秩有禮，無澒澒齷齪之態，望而知爲汝瑛之弟也。汝璋居月餘，將南歸。凡納交其昆玉者，繪圖賦詩贈之行，而謁予序之，且曰：「汝璋以推擇爲醫學訓科，自郡守貳、邑令丞以暨黌舍師生、故家舊族之旄倪有疾，必託汝璋而愈。汝璋負才通敏，不拘拘于一藝，凡有司之公務繫泉穀主轄難其人者，亦或委汝璋，汝璋夙夜勤恪，必爲之竣事而反命，無少蠡焉。」大抵汝璋之醫而儒猶汝瑛也，汝璋之醫而才猶汝瑛也，汝瑛之醫行于朝廷，汝璋之醫行于鄉國，其惠澤有遠近小大，而濟人利物之仁繫其所存，則一而已。汝璋歸哉！其惠澤益遠且大，則其名益暴而不可遏，吾恐鄉國之間不能專子，徵召之典且不日下矣，一惠翩然競爽于時，爲一郡世醫之冠而於王氏見之，豈非諸君子贈言屬望之意哉！

元萬户吴公與富溪程北山處士詩引

元建德路判官兼義兵萬户吴公訥五言律詩一章，與富溪北山程處士安道者，今百餘年矣。蓋元之季，所在盗起，民不勝荼毒而起山谷團義兵畫保境全民之策者，惟吾鄉獨盛。若吴公與安道，其一焉。味此詩，則厭亂思治與夫遠害全身之意，隱然溢於言表，讀之可以想見一時友朋相與周旋世故之狀，使人慨然不能已。

考國史傳記，蓋婺源大畈汪公同最先倡義，而休寧黄源吴公觀國、溪西俞公士英及其子榮、萬川任公本立及其弟本初、星洲葉公宗茂與先高祖安定忠愍侯皆起應之，而黟之汪公成德、祁門之馬公國寶、汪公均信、程公德堅、婺源之許公次誠遥相應援者尤多。汊口程公兼善最先死義，而瑺溪金公賓暘、泰塘程公均佐與吴公皆以知兵受薦分道捍禦。而吴公於安道實引以共事，十餘年間，勝負相尋，或内附本朝，或乃心元室，各盡其力之所及，而後生小子能道其事者，則寡矣。予獨念安道當多難之時，口不言功；值維新之朝，身不求仕。智名勇功，居而弗有，其畜之深、發之弘者，要亦不在諸公後。

蓋安道兩子勇、望，皆賢。而勇之子永昌，永昌子慶祥，尤倜儻好義，以松友自名，一鄉之善歸焉。慶祥與其族兄永寧彦彬力以修復先業爲志，而永寧號竹友、彦彬號梅友，一時鼎峙於富溪山水間，白髪蒼顔，見者起敬，不必簪組其貴而德孚於鄉，不必章縫其業而教成于家，豈非北山處士食其報而未盡者，將於是乎發之也哉？慶祥之子宗盛老成孝友，思引其先烈而弗替，乃得吴公此詩於其從弟正思所相與，裝潢成卷，請能詩者繼聲其後，乞走一言。走嘉其志，爲詳著其事于首簡，使讀者知前人起家之難，必修身慎行以迓續于方來，俾北山之名遠而彌芳，富溪之澤久而彌長，庶幾可以增輝斯卷，豈徒曰存先世之手澤、見當時之契分而已！

南舒秦氏家譜序

吏部侍郎秦公崇化手續其家譜而刻之，有年矣。間奉以相示，曰：「我先世居廬州舒城之友鹿冲，自宋以上譜逸莫可考。五世祖漢卿勝國時始以儒起家爲提舉，提舉生六安守天祐，六安生奉化丞均玉，奉化生洪武庚戌進士行在刑部郎中子儀，先祖也。郎中當永樂初屢上疏論事，謫同知衛輝府，始剏秦氏譜一編，學士胡文穆公爲之序。至我家君梅山先生，恒有志續焉，未就。而不佞實成之，爲三卷，首譜圖以詳世系，次譜傳以著履歷，次譜記以備文獻，凡可知者，謹書之不遺，不知者闕之，不敢妄有所損益，明兹譜之可傳也。敢請一言于編首，用詔我嗣人。」予與公同出南畿，雅相好，受而讀之終卷，爲序曰：

宗法之不可復也，尚矣。自魏、晋以及隋、唐，有中正之設，譜牒之上用以公選舉、定昏媾，少寓宗法其間。五季以來，一切報罷。至宋中葉而歐、蘇之譜出，例嚴法精，談者宗之。下逮元季之亂，譜學益廢，況廬爲左君弼所竊據而受禍尤甚者哉？我高廟龍興，一海内，修復先王之禮律，明嫡庶，正良賤，同姓不相偶，異姓不相繼，武弁之承、文科之預，必上圖狀論其世而後定，一宗法之所推也。百餘年來，宇中乂安，而廬之爲樂土也，久矣。故老遺黎之子孫，休養生息，日益以昌。誦詩讀書，出爲世用，若秦公祖孫獲保其先緒而衍其文獻之傳，伊誰之力歟？

考秦之得姓云始咎繇，或始伯翳，子孫國於秦，因氏焉。蓋盛德之後也。中間起仆凡幾代幾人，而提舉公以一人之身有子十一，有孫十五，曾孫二十有六，玄孫五十有三，五世孫六十有五，來者未艾，上下相去二百年爾，非其所積之深且懿，烏有是哉？況嗣世者有保境之功，有惠民之政，有匡時之策，蔚乎炳然可以裕後。而公趾美甲科，歷官少宰，其所典風教選舉、參廟謨而領使命于四方，才望表表，爲時名流，足以振其世風而弗替，又誰之力歟？夫念其族之所以完則非忠莫與報上，感其身之所從出則非孝莫與繩武，以是相勖，而又以勖其後之人于無窮，則宗法庶其有聞，而斯譜之爲可傳也，審矣。夫豈徒以紀名諱、叙親疏、别昭穆而已哉！

慶滋陽韓君受勑封禮科給事中序

滋陽韓君濟民有通核之才，而勤恪以自勵，爲陝西苑馬寺録事數年，關輔上官亟稱之。而君以地遠位下，莫能有所拓以自見，則慨然曰：「我諸子已長，知向學，不歸教之，乃眷眷于一資斗禄間，謂之何哉？」即不竢美解，請致其事。上官甚惜之。而君欣然如得策東歸，日坐一室，召諸子相對治經史，或至夜分，又延明師儒相與講肄，課試其所業。諸子者奉訓惟謹，學日以成。其孟曰智，舉庚戌進士，擢禮科給事中。其仲曰普，舉丁未進士，知鄞縣，召授河南道監察御史。二惠競爽，若雙鳳之出丹穴而翔于阿閣，文采爛然，爲瑞一時。而君篤教之功，亦不可誣已。

弘治七年冬，君以其孟考三載之績授封徵仕郎禮科給事中，適以迎養而來，拜恩闕下，衣冠相輝，人嘖嘖以爲盛事。而同鄉厚善者又議請文爲之慶，中書舍人劉汝忠授簡于予。予考次君之平生而爲嘉嘆曰：使君眷眷一官，不數年亦必循次而升，或受薦而起，然所理者非攻駒考牧之長則簿書期會之佐爾，豈若教子之爲急且重邪？懿哉，韓氏之爲父也！天下之人孰不願其子之成，顧有幸不幸焉，求於給事弟昆克奉庭訓致如是之烈者，曾幾何人？偉哉，韓氏之爲子也！肆聖天子推本溯原，賁其身有章服之榮，褒其德有絲綸之寵，厚其生有公廩内饔之養。使觀者式之，聞者慕焉，其爲一時孝忠之勸，侈矣，豈獨一家之私慶而已哉？矧二子者，一司邦諫，一典風紀，其言議風裁以翊皇度、正百僚、扶善類而慴奸宄，其功名思比于古之汲、魏、桓、鮑，則所以爲君之貤封者，進而益崇，將自兹始。予於給事弟昆同朝，辱相與非一日，特序其事以畀汝忠，爲稱觴者先。

壽汪翁六十詩序

新安汪氏皆祖唐忠武將軍越國公，越國當隋末起義保鄉井，其弟長史宣城公實佐之。宣城故宅在休寧之西，去率山五十里，曰鵬原，亦曰彭原，山川盤回，地土沃衍，子孫不下數千指。其俗好文，其人多壽。若大倫翁者，實宣城公之裔。其爲人敦碩愨慎，而持之以儉勤，行之以義讓，田豐業隆，甲于鄉。其從弟大淵，判永州，從姪進之，舉進士，皆名流也。子漢爲邑庠生，次子涓亦讀書謹禮。有孫三人。其群從兄弟有七八十歲者數人，而翁亦壽周一甲矣。翁既以家務付兩子，乃作樓于所居南山下，居之日，登眺觴詠爲樂，榜曰南山樓。一切世務事不問。其子壻曰李生謨，與漢同學，以翁誕辰在弘治丙辰九月廿四日，命工繪香山九老圖，相之以詩，用祝翁壽而求予爲之引。

予觀鵬之爲物，水摶三千，扶摇直上者九萬，而去以六月息，物之壽者也。而老彭則人之壽者，取以名地，汪氏世居焉，壽之鍾也。南山之樓，本以其地名，而詩之稱壽者曰如南山不騫，雖偶而實相契焉，壽之徵也。白傅在香山作九老之會，世傳爲美談，而翁與群從兄弟蒼顔白髮爲樂于率山之下，不俟爵而榮，不待禄而富，壽之等也。然則誦南華之篇，詠風人之雅，讀醉吟先生長慶之句，壽筵孔張，風日妍美，使童子按而歌之，群從兄弟起而和焉，屬翁一觴，翁心樂之，體休而神豫，由六十而七十八十，目其子壻之學成而顯達，翕然塤篪之諧，挺然橋梓之峙，瑩然冰玉之輝，使鄉之人指而曰：「鵬原之上有賢如汪翁，壽如汪翁！」觀者嘉嘆，聞者欣慕，尚有不一之書爲翁重者，予言特爲之張本云耳。

贈進士李君知宣城縣序

蒙陰李君應靈之受命宰宣城也，予嘗贈一詩。既而良輔廷平作巨軸述李君之事，挈求予序。予辭之曰：「言惡可若是其贅乎？」而良輔請益堅，曰：「應靈，忠顯同年友也。忠顯家于歙，其别業在宣城，有弟忠弼受經儒學，而應靈實惠教之，企以是有請焉。且應靈之意，謂詩之教婉而約，非序不足以致詳也。」予諾之未及爲。李君行矣。

間日則以謂良輔曰：應靈爲故户部正郎漢章之子，漢章以文學政事名于一時，不幸不究其遠業以終。應靈世其經，舉于鄉而進于天子之廷，褎然高等。其家訓之懿、學力之强，何借乎不腆之言而後有得哉？顧其意若有不厭于呶呶者，君子欿然不自滿之意也。人惟自滿而后所謂功名道德者畫焉止矣，謂人不可以加我矣，而不知我之不足以踰中人，奚益焉？若吾應靈，其知此邪！夫持是心以涖政必勤，持是心以臨民必畏，持是心以事上必忠，吾見宣城之治，將庶幾古之循吏以無負于世科與明天子爲民擇令之意，可知也。旌異之選、憲臺之召，在部使者舍李君其誰與歸？本大而末茂，實厚而聲閎，固不易之理也。然則良輔之惓惓于友朋，豈直桑梓之私而已哉！

予往歲受詔省覲，道宣城，望敬亭，涉宛水，宿宛陵書院一夕，愛其山川高深，風土淳樸，與吾新安實相似，故因李君之行而忘其言之複也如此。予既以是畀良輔，俾書寄之，而士夫間聞者漸廣，悉欲附名其後，蓋皆樂李君之爲人而幸宣民之有瘳也。

聖賢像序

聖賢像一卷，故盱江程氏家藏石刻本也。予所見蘇、浙二刻本與此互有得失，名亦小異，皆宋畫院所臨舊本，散行于世者。最後于京師見宋真蹟于陸詹事家，於休寧又見之於汪時春家。較之三本，大有不同。如刻本以東平王爲宋武帝，以曹參爲曹操，以羊祜爲宋仁宗，以裴度爲李勣，以趙清獻、陸丞相爲蔡西山父子，又於凌煙勳臣中摘程盧公爲李臨淮，飲中八仙中摘汝陽王爲唐太宗之類甚多。以今考之，東漢諸王常御遠遊冠，又謂之側注冠，若南北朝安得有此？曹參喜黄老、師盍公，故爲道裝，與横槊賦詩氣象何預？傳稱玄帝神像即仁宗御容，亦非輕裘緩帶者可相擬也。晉公貌不踰中人，而以之爲英公。西山、九峰處士，考建陽家廟本皆作深衣幅巾〔二〕，而乃爲袍笏之像。是皆後人亂其標目而傳者各以所見爲定本也。畢竟畫院臨本爲近之，故輒參考重定一番，且檢名以古今贊辭繫之于右而記其不同之故如此。焚香啓册，歛衽肅觀，仰企聖賢，寤寐千古。而凡一時勳猷節行文學材藝之士，皆得我師焉，豈直寓目而已？

弘治九年歲次丙辰秋八月四日後學新安程敏政謹識。

壽鮑君從遠六十序

歙西多舊家，曰棠樾者，鮑氏世居之。鮑氏之先有父子遇寇難，争相致命，寇義而釋之，鄉人號慈孝鮑家，事見宋史。又曰雙橋者，鄭氏居也，其先在元有循吏，鄉人言于官，表其門曰貞白里。兩家文獻略等，世爲婚姻，非餘姓所及。曰鮑君從遠者，在諸鮑中尤號名士，足不闖公府而修敬于家庭，身不安市廛而殫力于塘堨。其性曠達，不以晚嗣爲戚，而得四男。其行平直，不以長生爲惑，而壽六衺。殆庶幾古之所謂孝弟力田者歟？嗣歲之冬十二月六日，懸弧之辰也。其壻曰雙橋鄭巖以書求予言爲之慶。予家居時，蓋嘗道歙西，溯沙溪，過棠樾，經雙橋，訪先輩之遺跡，顧瞻裴裒而不能去。其父兄子弟見予者，往往謹禮達節，蔚然有文，以是知其慈孝、貞白之遺風，凛然未泯也。然則從遠之壽，予又烏得辭巖之請哉？

從遠之從祖謚齋先生近世老儒，予不及見之，而獲交其子泰，亦究心内學人也。巖之從父璨，隱居力學，好古文辭，與予善，且爲巖致書甚力，予故道從遠之爲人，序以畀之。又緣其所居之義，賦詩四章其後，俾壽筵之上，童子歌之以侑觴而申南山之祝焉。

棠之樾兮，有室有廬。輯而不譁，慈孝之居。彼碩人兮，樂此有餘。

棠之樾兮，有堨有塘。既讀且耕，惟士之常。彼碩人兮，其樂孔長。

棠之樾兮，有子有女。子也詵詵，倩亦楚楚。彼碩人兮，爰樂爰處。

棠之樾兮，有肉有醪。願保百齡，觔骨無勞。彼碩人兮，其樂陶陶。

校勘記

〔一〕本篇自「注湖廣布政司理問」之後，「至贈沈君良臣知南雄府序「夫仕之中外與遲速」之前，北大本皆闕，即卷三十三第九頁，據國圖本補。

〔二〕西山九峰處士考建陽家廟本皆作深衣幅巾　「峰」，原作「華」，「考」，原作「終」，皆據四庫本改。

篁墩程先生文集卷三十四

序

旌功録序〔一〕

皇明有社稷之臣，曰少保兵部尚書贈太傅于肅愍公。當正統己巳之秋，光輔中興，坐摧强虜，以身佩安危于天下，天下頌之。而不幸爲權奸所搆死。死未幾，權奸以次敗戮。我憲宗皇帝奉英廟之志，復官賜葬，加禄其子冕。今上皇帝又廣先帝之德意，贈官易名，立祠墓下，予額曰旌功，俾有司歲時祀焉，而公之忠勳益暴白于天下矣。冕以應天尹致政家居，感列聖之大恩而悼先烈之不泯也，手集褒典及狀碑奠誄之作爲五卷，題曰旌功録，刻梓傳焉，而以序爲屬。敏政待罪史官，蓋嘗得公之首末，因卒業而嘆曰：

當景帝之不豫也，公與廷臣上疏請復憲廟于東宮，期必得請乃已，疏再上，至闕門。而石亨等以是夕奉迎英廟于南宫，復位改元，用大學士徐有貞策，即誣公等以大逆，下之獄。給事中王鎮等爲之廷劾，至言臣等與于某誓不同朝；左都御史蕭維禎等爲之廷鞫，則謂于某等意欲迎立外藩以危宗社。奏上，英廟持之。而有貞進曰：「非此則今日之事爲無名。」由是議決。蓋國史所書，炳如日星，而天下之所共聞者也。

嗚呼！自昔權奸將有所不利于忠勳之臣，則必内置腹心、外張羽翼，蛇盤鬼附，相與無間，而後得以逞焉。若漢太尉李固之死梁冀，宋丞相趙汝愚之死韓侂胄，與肅愍公之死石亨，一也。夫以胡廣、京鏜執政而馬融爲之草奏，李沐爲之疏詆，司刑之臣又相與文致之，而後衣冠之禍成。故竊以爲肅愍公之死，雖出于亨，而主于柄臣之心，和于言官之口，裁于法吏之手，不誣也。首禍之罪，則通于天矣。春秋討賊必先黨與，亦烏可末減而自異于孔氏之家法哉？噫！廣、鏜、融、沐之流，其始特出于阿黨，或鍾于忌嫉，或幸于迎合，以乘時徼利而已。詎知一念之酷，至于蔽主聰、變國是而空善類，如烈火之燎原、洚水之滔天不可拯救也哉？

然敏政歷考載籍，凡權奸阿黨忌嫉迎合之徒，敗戮相踵，縱或偷生一時，亦愧死不暇，得失相乘，不見其利也。而忠勳之報，每有天定焉。冀誅而求固之後，侂斃而雪汝愚之冤，亨族而旌肅愍公之功，善惡之應凛然，而流芳遺臭所以繫萬世臣子之勸懲者，可鑒也。敏政不佞，輒論次其大者于首簡，爲觀者先焉。然則是編也豈直一家之私書而已？

公諱謙，字廷益，錢塘人。勳德之詳具載狀碑。冕字景瞻，辭學政典，不愧世胄。而乏嗣，近擇同宗子允忠爲繼，以奉肅愍公之祀，君子以爲得禮意云。

慶方伯魏公壽七十序

唐樂天居士以詞翰妙一時，而忠言嘉謨，不以窮達易其操，亦有如蘇長公所稱者。然卒以是爲世忌，坐謫江州司馬，起領州麾，歷五朝始得謝，築居香山，結名勝爲九老會，談者謂如冥鴻之不可附。而彼一時柄用饕餮媢嫉，若牛李之黨、訓注之變，往往爲世僇笑，則樂天固一世之豪也。求之近時，若姚江魏公孔淵，亦其人焉。

公少負儁才，舉進士爲御史，事英宗，敢言無所避。眷持憲節，東抵三韓，南走八閩，遠而至于六詔，咨諏決擿，舉刺綏撫，直欲與古人相下上，同時流輩鮮儷之者。憲宗初，遂用林莊敏公薦，合廷議舉公以都憲出撫延綏，命未下，爲忌者所擠，謫判四川崇慶州以去。去幾三十年，中間稍用薦起守嘉定，晉守雷州，參政閩中，司右轄于江西，再爲忌者所擯，得旨復留，以弘治丙辰獲致仕。所歷三郡兩省，皆有惠政，視築堤浚井之利尤多。至其暇日，覽觀山川，懷古命筆，其得意處，視元和、長慶之作，亦無所讓。乃若歸故鄉，放情丘壑，闢亭館以自適，又與龍門石樓之勝相似。而年亦七十矣〔二〕，壽豈期頤，自今伊始。高風美譽，比迹樂天者，人雖欲忌而撓之，得乎？

予以成化丙戌舉進士，公監試于廷，目予策草曰：「君言過直，恐無敢誦于上者。」而予終以迂左無所遇于世。老大蒼顔，追惟疇昔，三十二寒暑矣。南北睽違，不能賦一詩爲公壽，而建德諸生王素敬等適來告，曰公誕辰在歲七月十有八日，請所以壽公者。蓋公之仲子端朝典教建德，致推愛之義也。予以是書之不辭，而并申鄙意于末簡云。

程孺人七十壽序

成化壬寅歲，予家居，倡諸族編刻統宗譜，山斗之程預焉。山斗與予同出忠壯公十四世孫都使公澐，其族有世忠行祠，子孫不下數千指。有名植者，年少而預事，諏其家之詳，則起對曰：「植兩歲而孤，母劉氏年二十七，家窘勢單，志不貳適。謝膏沐，親紡績，上奉祖母終其身，下撫教植爲之娶，獲抱孫焉。我先人一脉之緒賴弗墜者，實母氏之力也。顧植不能自立以白其慈節于世，恒寘憾爾！」予感其言，爲字之曰尚立，且言于縣令歐陽君，畀之斗升之禄以爲養。於是孺人年五十餘矣。歐陽君慎許可，獨愛植勤謹有才諝，爲更名智，每進與語。兩程夫子新祠成，復遣智請祀典于朝。時予方服闋北上，智侍行焉。間日請曰：「母氏之慈節，願藉重一言。」諾之，未暇也。

弘治戊申，予南歸，闢義塾。孺人之所抱孫曰搏亦來就學。予嘗一出，過山斗，宿世忠祠，問其族之老者幾人，孰壽孰賢？山斗人率稱孺人之慈節，年六十益健，將請文壽之。而予又坐病，莫能應也。於是更十易寒暑矣。智之族弟曰天相言：「孺人以今年壽七十，四月十日設帨之辰，而搏適以是日娶，家慶迭臻，孺人甚悦，宗長能復靳一言爲一族之光乎？」蓋智之欲得予文甚久。予職史氏，於異時他姓之賢者尚欲訪録追書之，而况出于同姓之親、接于耳目之近者哉？是誠不可靳矣。

惟天之報施善人，必使之有壽以厚其享，必使之有子以引其澤，夫然後爲善者不惥，而民興于行矣。若程孺人之持家撫孤以節自勵，有烈丈夫所不堪者，脱陂而平，歷否而亨，膺耄耋之壽，樂子孫之成，天之所以厚其享、引其澤者，殆示其漸也。智入官可期，而有司舉旌門之典以諷俗，亦事之不可終已者，然則孺人心益恬壽益增，一鄉儀之，一郡稱之，豈直有光于一族而已哉！

張母吴太孺人七十壽慶序

監察御史祁門張君志學歷兩臺，上其三載之績，得受勑命，贈父處士翰文林郎如其官，母吴氏封太孺人，配周氏封孺人。歸報之日，適太孺人壽開七袠之期，天章下臨，命服在躬，恩與壽符，親以子顯，誠已極一時之榮矣。會志學奉命出按八閩，有過里之便，而太孺人誕辰在九月望後五日。志學以是朝設燕于堂，刲牲擊鮮，考鼓張樂，偕其室人豸衣翟冠恭奉一觴爲太孺人千百歲壽。維時其族之疏戚與鄉之老稚，遠邇畢集，填塞里巷，起居慈闈，瞻望憲節，山川草木，赫然生輝，罔不嘉羡，以爲數百年來未有也，盛矣哉。前此其同寅王君一言輩繪圖致書，請言爲慶。

予於志學同郡，於太孺人同邑，知其詳，不獲辭也。太孺人生流口碩宗，長歸石溪張氏，事其姑節婦汪氏甚孝，相處士甚恭，友其娣姒甚睦，御僮僕佃傭有恩，晝家務、奉時祀、禮賓客、待族姻有緒而不舛。育子五人，其長爲志學，其次曰侃、曰暕、曰朏、曰光，太孺人皆擇師訓之。而志學遂登進士出宰巨邑入官六察，有及民之政，有督奸之績，有匡國之疏，律己奉公，賢稱燁然，太孺人之教居多，蓋慈孝之足以相成有若此者。王君繪圖請言之舉，固出於尚齒好德之誠不能自已者乎！古詩人之頌其人於壽必擬之岡陵，於爵禄必期之遠大，厚之道也。繼始自今，志學之名位益升，太孺人之享其榮養益備，心益休，體益康，由七袠上躋于百齡，由初封馴致于極品，上之人所以褒顯與士大夫所以祝頌，將愈久而益盛，可知也。汪孺人之族姪進士循於志學有中表之義，雅善予，亦爲之申請，因書之。而文字萎薾，不足以揄揚慈壽之美，爲可愧云。

望萱樓詩序

望萱樓詩一卷，諸士夫凡以爲徽郡同守彭公希明而作。彭公世居長沙瀏陽，厥考持衡君仕爲江都簿，中歲捐館，母夫人黎氏以賢明稱于族姻，生公一人，教之孔篤，坐視其讀書，至夜分不寐。公以是學成，舉鄉進士考銓部首選，擢同守徽郡，受大夫之禄，而夫人不及見矣。初，公葬夫人于邑之賀家渡，有別墅焉，爰作一樓，日居之，瞻候塋域，榜曰望萱。既仕，而不能忘也。嘗以行部至休寧，過予，出其卷請序。

予觀檀弓以爲「既葬皇皇，如有望而弗至」，顔丁之反殯也，「望望焉如有從而弗及」。夫子善之，著于禮。蓋望者，思之深而覬其後見之意也。禮，「婦洗在北堂」，而諼、植、堂、背見于詩，不敢斥言母而言「萱」者，示敬也。若彭公，可謂知孝而達于禮意者與！想公之登斯樓也，豈無丹山碧水之佳麗、名花異卉之芳妍，一無所寓目，乃獨以望萱名之，則凡在佳麗者見之適以增其感曰：「吾親之遺體藏其間，可復作乎？」其芳妍者玩之適以濺其淚曰：「安得起吾親于九京，奉之以對青陽而爲樂乎？」推公之心，殆不易此。秉彝好德，人所同然，宜諸君子有發德之什至于盈視傾聽而未艾也。然則公之一樓雖小，卷之衆作雖體裁不一，其所以繫風化而興禮孝者，亦何巨細短長之有？

顧予於是有感焉。公之治徽郡也，以公勤見稱，力于惠政，民愛戴之，歲以屢豐。君子之學，由親親而仁民而愛物，推效考成，不可誣者如此。他日被擢異之典，名位益升，仁民愛物之澤益廣，將受綸命褒嘉其有母，而夫人慈教益炳然四方，其所以爲斯樓之重者，寧有既乎！

李忠文公家乘序

故國子祭酒贈禮部左侍郎安成李忠文公家乘十卷，其第一爲誥命勑諭賜祭文，其第二至第五爲倡詠及贈送文若詩，其第六爲行狀墓表傳，其第七爲請謚諸奏及祠記，其第八爲像贊祭文哀輓。其第九爲附録，録其後之所致也。其第十爲世譜，譜其先之所從出也。蓋公之孫攸縣教諭昂司訓祈門時所編集。嘗奉以見示求訂，因爲之彙次如左而序之曰：

公賢人也，道德有于身，而正學昌言，足以利人之家國，非中古以來功名材藝之士可得而差次者也。昔在文皇初，拔公等于進士中，俾績學翰林，親督教之，所以爲燕翼之計甚至。而公亦上感知遇，自刑曹改侍讀，即慨然疏論天下事，被繫兩歲，不死。洪熙初，復抗言極諫，被廷撲，不死。改交阯道御史。又三上章，下詔獄，不死。宣廟初，稍進侍讀學士，蓋有意嚮用之，不果。正統中，自翰長爲祭酒，又忤權貴人，被首木，不死。於是年七十有四矣。累請，得謝去。去兩歲而有己巳之變，猶手疏選將練兵、獎忠節、正名分三事。蓋天下之人無賢不肖，皆知公名，想見風裁，思執鞭而不可得，非道德有于身如古之人，孰與于斯乎？公没之六年，巡撫都憲韓公爲請謚于朝，詔特謚文毅。成化中，始復有贈官録後之命，改謚忠文。久之，又用守臣奏，並享忠節祠。蓋公之大凡如此。

噫！賢人之生，在造物者未始無意，然往往困阨危辱其身，俾才弗究用而生民不獲被其澤，自昔然已，豈獨後世哉！公與泰和王文端公、臨川王文安公、吉水錢文肅公三五君子在館閣四十年，所職不踰簡册詞翰間，垂老始出而典吏事、教生徒，而公之名尤盛。嗚呼，公名之盛，豈公之幸哉？萬年之舉，竇、董之薦，雖賢者猶不免此，而又奚責乎？抑通塞否泰，天實爲之，而人力固不至此也。考公議之建請，誦制語之褒嘉，與一時元老之贈貽贊頌，非不知公者，而公之完名全節、壽考令終，亦不可謂之不遇。獨有志之士，畏天命而悲人窮者，追論其世有遺憾焉，公則何歉于是哉！

走生晚，承乏史官，及聞之前輩。竊嘗評公直道而行如漢汲黯，立朝屢被譴不屈如唐顏真卿，爲師儒檢身率下如宋石介，自以爲百世之下有賢者論與，或不易此。遂僭書之編首。

公自號古廉，學者稱古廉先生，詩文另行若干卷，兩朝奏議則當時已焚其稿，不可復得矣。

程彦綱夫婦同壽序

槐塘在歙之西，我程氏世居之。其地畛接，其屋鱗次，街巷相通，坊表相望，隱然可當一小邑。蓋自宋丞相吉國文清公盛時分四大房，曰正府，文清公居之；曰上府，公之弟侍郎山窗公居之；曰舊府，曰下府，亦皆公之群從兄弟所居。居數百年，每房子孫不下數十百指，遇慶事則族人畢集，搥鼓張宴，數日不絶，而於稱壽特盛。至於夫婦同壽若彦綱君者，尤不易得焉。

彦綱君爲侍郎七世孫，生辰在弘治丙辰九月廿四日，其配朱方徐氏，生辰在十月十八日，相去半月，同壽六十，無恙在堂，而有子孫以供滫瀡之養甚樂，庶幾古之所謂偕老者。其族弟曰道之、曰式之，以書來，請一言，且曰：「彦綱性淳樸，無幗幅，年十二失其父，哀慕不置，奉其母左右，就養必得其歡，母年將八十乃終，人稱其孝。彦綱以孤子竭力起家，務以亢宗爲志，由是田豐業隆，不替于昔，人稱其賢。彦綱雖有餘積，以自殖爲耻，恤貧周匱事，尤惓惓，人稱其惠。且得徐氏相之，有勤約之行，有饋祀之禮，有娣姒之義。蓋庶幾古之所謂聯德者。惟不吝一言爲壽筵之光，幸哉。」

予往歲嘗至槐塘，槐塘族人迓予甚恭，予觀其山川之秀明、門户之殷盛、人物之瓌偉，處者有道，仕者有聲，庠校之爲士者有學，而閨閫之間，女德婦道，舉有可書者。蓋丞相、侍郎之盛德遺烈、家規閫範有啓于前，有承于後，百世如新也。況彦綱君夫婦在雲仍中表表，若是焉可無慶哉？由六十而七十八十以底于期頤，使槐塘之上稱之曰，「是爲夫婦者，其少也有冀缺䀹餉之敬，其壯也有龐公伉儷之賢，其老也將有木公、金母之壽」，而爲一宗之美談焉，固致慶者之意哉。

地理囊金註序〔三〕

吾郡謝子期氏以成化庚子歲，爲先尚書襄毅公卜葬休寧之南山，嘗以所註雪心賦請予爲序焉。蓋葬之數年，家多盭事，予亦去國，由是議者率咎子期，謂地當有水患，非吉，而予序之不審也。然是地實予與子期論定，考之郭氏書皆叶，獨不叶于世之所謂羅經、星卦者。心鄙其説，弗聽。又數年，家事靖順，予復入朝，既葬先大人，而所虚之壙極燥，有氣蓬勃上騰，距先公之葬十七年矣。由是議者慚沮，謂子期之學不可及，而予序之甚善。噫！何其説之不倫也！大抵學無主見則易惑以變，無足怪者。

子期又嘗註蔡氏發蒙、劉氏囊金，皆據理命詞，有益學者，而囊金未有序，復以見屬。顧予説已見之賦序矣，又奚贅乎？獨念地理之書，純駁不一，而爲其術者恒閟，淺者執所得以自是，陋者誦禍福以諷人，皆規利而已。子期則不然，以郭氏爲經，三家名賢爲傳，初不牽于他書。沈潛反覆，究極旨趣，合所得者爲之註以傳，欲使人曉然知先正不用某山某水之義，而羅經、星卦之異説，殲焉，庶以副人子慎終之孝而歸于儒者窮理之一端，何其用心亦公且厚哉！予以是序之，使讀者知子期之非空言，皆有所試而爲之者也。

知止吴君夫婦偕壽七十序

隆阜在休寧邑西南，據率水之上流，其地獨厖亘爽塏，故以隆阜名。而食其土以生者，多豐腴壽考，若吴君九雲，其一焉。予往歲過吴君，君出其曾大父韞中先生遺稿及蘇太史所爲韞玉山房記相示，知韞中先生當高廟初舉賢良，應制賦鳳凰臺望大江詩，稱旨，授官浙之平陽簿以終。蓋一時名流云。久之，君一訪予至南山，語次，復請予爲知止之詩，則君所自號也。因賦一詩，君以爲知己。後不相聞者數年。君壻戴世曨氏忽以書抵京師，謂將有以壽君夫婦者。知君生辰在明年六月二十七日，君配金孺人生辰在十月三日，同閲七十甲子矣。世曨求善繪者爲圖，諸搢紳大夫爲詩，而屬予序焉。

君長身玉立，美髭髯，家殷碩而性簡嘿，自幼至老，不入城市。金孺人復以賢淑相高，樂子孫之養而心恬力健，論者謂有鹿門之遺風焉。夫仁者樂山，故好静而能壽，静其德，壽其驗也。鹿門之遺安、平陽之韞玉與君之知止，雖所就之風猷德業小大不一，乃若恬退而以履險爲虞，廉靖而以躁進爲恥，守分而以出位爲妄，則皆有得壽之道矣。君夫婦之偕老，豈無由然哉？

吾方承乏詞林，汩汩仕途，不得一舉觴爲君壽。然追思故鄉山水之間，與老成人相晤言，則未始一日不往來于懷也。尚俟得請歸南山，放舟清溪，訪君隆阜，訂晚歲之盟。君年益高，德益劭，執筆以頌君夫婦之壽，由七十而踰八望九以進百齡，有日矣。

三叔祖母汪孺人八十壽詩序

人生至六十始可以壽言，至七十則謂之古稀矣，而況八十哉？況偕老而樂有子孫之養哉？我三叔祖母太孺人壽躋八十，無恙在堂，明年冬十月二十有三日，始生之辰也，於是坐閱甲子五百一十有餘矣。敏政官京師，不克奉一觴拜壽膝下，乃取長生之物可備養者爲題十四，分寄舊所從遊諸子姓，俾各賦詩一章，至日爲慶，且序其事曰：

禮稱百年爲期頤。頤者養也，言飲食起居無不待于養也。賦詩致慶之言如此。太孺人汪氏，西門碩宗，歸我三叔祖處士公，逮事曾叔祖尤溪府君及王夫人，以孝聞。處娣姒友愛，與處士公伉儷白首無間言。生丈夫子二人，曰彦英君、彦華君，並以才俊起家，既碩而豐。太孺人不以老焉怠、富焉侈也。有孫三人，擇其長而才者俾游學宫，而紡績之勤、服食之素施諸身、誨其家者尤力。敏政以成化戊戌奉詔歸省，始獲拜于家庭，太孺人年六十矣。

弘治己酉被放南還，又獲拜焉，太孺人年七十矣。蓋每見益老而身益强、德益尊，則手額私慶曰：「懿哉！眉壽之徵乎。」矧兹歸然八十伊始，家筵肆啓，親黨畢集，命童子歌一詩、侑一觴致期頤之祝，太孺人固將鑒其誠而爲怡顔哉！

或曰：「此十四詠者，皆難致之物也。雖取備養之意也，而徒以言語相矜，可乎？」敏政曰：「不然。古之養者或以燕，或以饗，燕主愛，饗主敬也。愛則以旨甘供口體而已；敬則酒盈而不飲、肉乾而不食、几設而不倚，達尊之年，示不敢褻也，使民見之者以爲至恭，莫不加肅焉，豈謂虚文哉？取備養之物而詠歌之以爲壽，亦致吾敬而已。」

平盈文會録序

文之用也，大可以華國，次可以飾吏，又次可以賁身而揚先烈，要之，爲不可闕者。然孔子謂文莫猶人，而嘆躬行之難得，則又必有本之足貴乎。吾觀于方氏之平盈文會録，有感焉。

平盈距婺源西二舍許，方氏聚居之，世有文人，且所與多文士，卷帙相傳，自宋而上率散失，由元以來尚有存者。儒學生世良裒其詩若干卷爲内集，名人碩夫之贈貽賦詠若干卷爲外集，竭奉以求序，五年矣，未有以復也。

既予以服闋將入朝，世良力申其請，乃克閲之終日，曰：「富矣哉！」考其小序，知方之先鑑泉逸老者，在元不仕，所題三閭廟有「耻随三姓拜秦宫」之句，和人九日有「黄菊未開孤令節」之句，志尚如此。其後若士毅以身教而有節婦之旌，文粲孝其親而有百感之集，文皖睦其宗而有積善世譜之續，月同之善言春秋，性顯之垂意雅樂，他所論著，亦恒出于懷古感時惜陰憫雨，而於箴規友愛畊桑漁釣之作尤多。蓋其出處之嚴、家庭之懿、詩禮之承、節義之守有足稱者，然後致此，豈必詞之妙、意之工而後爲得哉？

嗚呼！三曹、諸謝，詩則美矣，君子不能無議焉。若石建之憂譴于書「馬」，王休徵「不在能言之流」，而篤行純孝，亘古鮮儷，文之爲用，誠有不可相無者。矧方氏之賢，萃一門，出一時，其富若彼，而加之有本若此，將必有賞識之者，亦何患于無傳哉？後之人，因斯集而益求之以進于古作者之域，貢其身而揚先烈，小之以飾吏，大之以華國，使人稱之曰：「是不獨平盈一鄉之文而已！」此非世良之志乎？

貽範集詩序

予當成化中，編刻程氏貽範集三十卷，大抵皆文也，諸宗家請附刻詩爲續集，且各以所有者相付。編次未竟，而入朝之期迫，不果，因有遺憾焉。邇歲諸宗家復言及之，遂成此編，凡十卷，鳩金嗣刻如左。或疑吾黨近作與先正時賢並列，惡能免魚目混珠、蒹葭倚玉之誚？是誠然矣。顧此之所載，或述祖德，或志先業，慶有頌，哀有辭，餞有言，行有紀，或贈貽，或倡和，感時而興，進修寓物，以示箴警，多以存考實、備省循，俾後之人仰先正之高古以爲法，因予輩之淺陋而加勉，乃爲一族計爾，非敢公其傳于四方也。或憮然曰：「良是。」書以識之。

黄山圖并詩爲羅君夫婦偕壽序

黄山爲東南巨鎮，跨數郡之境，而在新安者特雄秀，每閱圖經得其概而心飫之，不及往遊也。弘治丁巳冬十一月六日，決策一遊。自湯口以入，涉益深境益勝，三十六峰上插天表，而飛橋亘兩岸，怪石參聳，巉巖壁削，有珠砂之泉、丹霞之溪、白龍之湫，軒轅、浮丘采芝、煉藥之遺跡，往往而在。陰晴頃刻，變幻萬狀，遊者率相顧愕眙，不類人境，真天下之奇觀也。因留詩寺中而出。

出之數日，客有汪充者，携黄山圖及分題之詩來謁，云將以壽羅君夫婦，請予一言。辭不獲，啓而視之，則其山水歷歷，皆予目之所近觀也；誦其詩，則又予口之所欲言而不逮焉者也。因進而詢羅君夫婦之爲人。充言羅君名斯義，文獻之後也，以資雄里中，徙實京師。至君尤好善秉義喜施予，以最樂名其所居之堂，鄉人服其公、感其惠。蓋其質近仁而慕靜，得樂山之説，故充之有是舉也。君之配吴孺人，世家溪南，性慈儉，佐君子綜家政，人稱其賢。有子二人，曰元孫、良孫，皆孝謹，能拓其世業，而充，其眷家也。

予觀古人有所頌禱多見于詩，曰「如岡如陵」也，又曰如南山之不騫也，其致隆如此。然則斯圖也，斯詩也，固得古詩人頌禱之意乎？孺人之壽在是月之二十八日，羅君之壽在明年三月之十三日，皆六十矣。壽筵既張，親朋畢集，俾童子歌諸君子之詩以侑觴，羅君夫婦樂而有之，心益休，體益健，自六十而馴致于耄耋期頤之境，可期也。

雖然，予考之郡乘，羅氏居歙之呈坎，其先世有仙人焉，居獅潭得道，跨白狼超潭東巨石，輕舉而去，是固有得于軒轅久視之説而與浮丘翁往來兹山，不可知也。然則羅君固所謂壽種，而足以副諸君子之所祝頌者與？惜予之不足以知之也，姑序之云爾。

巖鎮謝氏家譜序〔四〕

謝氏在周以王舅申伯受封得姓，世居陳留，蓋中原之望也。至晉永嘉末，子孫從元帝東渡，遂望江左，爵禄勳猷，德業文學，與六朝相終始，而莫盛于太保文靖公。公長弟西中郎萬，傳六世曰諼，仕梁爲東陽内史。又六世曰傑，仕隋爲歙州教授，因宦而家歙之中鵠鄉，似續蕃衍，姓其地曰謝村。蓋歙有謝之祖也。

傑十三世孫彦章兩子，並仕唐季，曰門下侍郎端、金吾將軍詮。詮別居祁門，端之後分處休、歙。傳再世曰泌，宋太平興國五年進士，歷諫議大夫，史有傳。上距中郎，二十七世矣。而史以爲太保者，本其族概言之也。泌長子衍，爲太常奉禮郎。傳三世曰玘，遷邑之曹溪。玘傳再世曰仁智，又遷邑之梓木坦。仁智傳五世曰伯潤，當宋南渡，出贅邑巖鎮左史吕公家，遂留居焉。蓋巖鎮有謝之祖也。

伯潤子一人，曰勝祖。勝祖傳四世，其可見者一人，曰天佑。天佑子一人，曰善祥，始有子四人，有孫十一人，曾孫二十五人，其胤之來者，未艾也。善祥之季子曰文達，季孫曰廷懋，議爲續譜以合其族倡其後，未竟而謝世。廷懋之弟曰廷春、廷彝、廷馨，思繼其父兄之志，而譜克成焉。乃奉以謁序。廷馨子昭近被選爲儒學生，而廷彝之壻程鵬實祖宋丞相槐塘文清公，予族孫也。還往既稔，乃不敢辭而告之曰：

凡有姓于斯世者，孰非古帝王及公侯卿大夫之苗裔？特其世遠而莫知其所從出爾。盛衰顯晦之靡常，有國者不免，而况奉失爵之後，隸編氓之餘，相望于百世之下哉？惟積善以基之，好文以輔之，庶乎墜緒可尋，而先德可徵也。謝始于申伯，盛于太保，中興于諫議，其後散處而盛且顯者，計尚有之。若巖鎮之族，特其一焉爾。基之以積善，輔之以好文，子孫相承，自今伊始，安知不有亢宗之士出其間，使爵禄勳猷、德業文學炳炳斯世，與向之諸謝相高而爲斯譜之重者乎？古之人于其鄉之名宦碩儒非其姓者苟有所慕亦且致高山之仰、維桑之敬，而況同所自出之赫然者哉？禮曰：「君子反古復始，不忘其所由生也。」詩曰：「君子是則是傚。」謝氏後人，可不勉諸！

休寧流塘詹氏家譜序〔五〕

流塘詹貴存中奉其所修家譜一帙以告予曰：「詹之先出周宣王次子文侯之裔，世望河間。西晋末，有諱隗者，避地南陽。隗孫三，曰康邦、成邦、敬邦，隨元帝東渡，散處江南。而康邦子良義官至侍衛將軍，居建安。良義子洗爲福州侯官令，生宣。宣之後有諱敬者，由建安徙歙，又傳而至黄公者，再徙婺源之閭坑，族最盛。黄公傳四世曰小八公，復自閭坑徙慶原，又十二世曰百一公，始遷休寧。百一生初，仕宋爲太學録，定居流塘，迨貴十五世矣。子孫不下千指，而譜未續也。貴爲是懼，爰輯舊聞，以成斯帙，敢請序之以示我後人。」

予善存中，諾而語之故曰：族之有譜，非徒以録名諱、備考實而已，一家之禮樂實繫焉。世降俗漓，而知其爲重者，鮮矣。孔子曰：「樂，樂其所自生，而禮，反其所自始。」譜之作，其緣于斯乎？又曰：「樂者爲同，禮者爲異。同則相親，異則相敬」，故曰「禮樂之説，管乎人情矣」。夫譜成而族之位奠秩然彪分，可謂異矣，異而後有敬，曰「此諸父也，此諸兄也，不敢忽也」。譜行而族之情睦熙然春洽，可謂同矣，同而後有親，曰「此當愛也，此當恤也，不敢盭也」。一家之禮樂既興，推之一鄉，可知也。進而推之邦國，可知也。夫是以尚譜，謂其有益世教也。

詹氏之所積，遠矣。所居流塘，有佳山水，風氣厚完。生其間者，畊而勤生，不必泉布之侈也；讀而躬行，不必衣纓之華也。胤系蕃昌而爲之譜以統其宗、聯其支，非求以自附于三代之民已乎？今聖天子御極，循大卞以燮和宇内，而一邑之間，一廛之下，有若詹氏，可謂賢矣。雖然，竊有告焉。記曰「仁近樂，義近禮」，又曰「禮樂不可斯須去身」，然則求以無愧斯譜者，必自其身始，身脩而後一家之仁義可崇，仁義崇則禮樂幾矣。不然，所謂録名諱而備考實者，在在有之，譜之實何如哉？存中喜問學，善爲詩。詩者，禮之媲、樂之章也，其知之矣。

五箴解序

聖門之教，莫先求仁，而求仁之要，又非遠人以爲道也。禁止其視聽言動之非禮而敬以主之，則日用之間，表裏交正，而德可全矣。顧其爲説莫詳于顔、冉氏之所聞，又莫切于程、朱氏之所箴者。惜乎後學不能體而行之，則其群居之間，徒有講習誦説而已。江浦教諭開化吴景端氏嘗取四箴及敬齋箴爲之箋釋，號五箴解，以示學者。其學者雙溪李謨問從予遊，因奉以請序，曰：「景端之志也。」

嗚呼，洙、泗遠矣，心學晦而功利之説瀾倒于後世，伊、洛勃興，考亭繼之，由是墜緒可尋。而謂夫子之所以告顔子者，乾道也；告冉子者，坤道也。夫乾言誠、坤言敬，聖賢之學於是焉分，而敬實後學之法守也。一不敬則私意萬端起而害仁不可勝道。誠何自而致乎？敬而安焉，則無己可克而仁矣。仁則一于天理而誠矣。此希聖之功也。五箴之所由作也。

景端生百世之下而知所用力，又思以及人，非能篤于爲己之學有是哉？聖訓在目，遺矩凛然，孤陋無聞，豈勝寤嘆？輒述所見以付謨，俾致之景端以求益焉。

太傅兼太子太傅平江伯陳公壽詩序

弘治戊午春三月哉生明，皇儲初授經于文華殿，前期加恩文武大臣若干人。惟時太保兼太子太傅平江伯陳公加太傅，仍兼傅青宫。又五月而受誥，贈其曾祖平江恭襄侯至其父黔國莊敏公三世皆保傅，涣號崇階，前所未有。又兩月而爲公初度之辰，逆其甲子之所經，三百有六十矣。駙馬都尉樊公於公爲親家，重其上壽伊始而寵數之迭臻也，合諸勳戚播之詠歌若干篇，將以季秋廿有八日舉一觴慶焉，屬予爲之引。

惟天眷皇明，畀之世臣以光輔熙運，比于隆古，盛矣哉！而予竊有説焉。寵榮壽考，世豈無之？而君子所重者，名與實副之爲難爾。不然，雖歷遐算、沐殊寵，人將指議之不暇，奚貴焉？公生而沉雄負志略，事英宗、憲考暨今天子，出入中外三十年，凡軍國重務及大典禮，必參預計行。禮成，上倚爲重。而其大者，鎮二廣則宣國威靈，冒險阻勦賊數千，還所掠萬餘口，扶畸拯憊，嶺表載寧，其功甚偉；總漕十二年，善撫士而究心于國用，前後所陳百餘疏，興革之際，其利甚博；河決張秋，績屢壞，公相度事宜，溯原窒罅，爲安流，人免于墊溺，其惠甚久。此三者，壽之基也。然不能不沮于見忌，而忠恪自將，不易其守，肆公議歸之而聖眷加焉，以殿巖之尊兼台輔之責，視古舊勳宿德之臣，殆無與讓，非名實相副之爲難哉？

恭襄公當文皇徙都北京，首總漕府，裕國足兵，號良將，其漕規踵行至今；莊敏公嘗將偏師靖閩寇，一時大將多賂敗者，獨莊敏得進侯封賜嘉奬。蓋其先所以培其家脉甚遠，公嗣其遺烈而光大之若是，豈偶爾倖得者之可比哉？崧高之章、「壯猶」之什、「對揚王休」之作見于三百篇，尚矣。雖近代聲律不可以差次，而本於貴齒好德、感上戴恩之誠，一也。然則諸公所爲致慶者，豈直游從之好、姻婭之私哉？祝公之壽，上佐天子、整六師、讋四夷、保丕平之緒，以昭上天純佑有明之心，如漢營平、如唐汾陽、如吴之延州萊季子，則公所重于天下後世者，又不啻今日而已。

公自號雲谷，通經史，妙詞翰，辱與不佞交良厚，非一日雅，且在宫僚，誼不可辭也。遂僭書于簡首，爲觀者先焉。

奉送少師兼太子太師吏部尚書華蓋殿大學士徐公謝政南歸序

三代而下，號平世君臣之相與者，多出于體貌，而或全或否，繫其逢焉。其出于心相得乎而進退兩得者，其盛也。若今大學士宜興先生徐公之歸，固昔人之所願而不可得者歟？

公以進士及第，事英宗、憲考、今上皇帝四十有五年，位三孤，總百揆，贊密命，輔青宮，官階之峻，付託之專，寵命之優渥，前是未有也。計公之體國圖報，殫力不足，豈肯求暇逸于一日之爲快哉？然壽逾七十，自今歲來，疾疢日侵，視履孔艱，誠有不可出者。遂三上章求去，得請乃已。此古大臣之心，審己保節，非面騰巽牘而陰復覬留者也。上以公四朝元老，勳茂望隆，睿學之所資、儲德之所養、民生之所奠，皆藉公弼成，有不可一日釋者。故於其在告也，遣國醫，賜尚食，存問周悉，冀其速愈。而公疾未可瘳，乃體其去志之決，至三請而後從之，賜勑加驢，遣廷臣一人乘傳衛行，命有司供月廩、給僕從，仍官其一子于朝。此古聖王之心，尊賢貴老，非姑以備禮文、塞故實，豈非進退兩得哉？命下之日，蓋有悵然謂一時良輔而不獲終其太平之功爲朝廷惜者，亦有驩然謂一代盛事而以得謝爲公榮者。於是太子太保刑部尚書武進白公合同郡之仕者餞公于郊，授簡不佞，請所以爲贈。

辭不獲，則爲之言曰：公之行，所繫大矣。天子之璽書、士夫之公議，褒錫而嘉予之，備矣，亦何俟不腆之詞而爲是曉曉哉？惟公以青年歌鹿鳴而上京師致通顯，髮種種矣，功成名遂，還政而歸焉。鄉人子弟遲公之來，瞻丰采而聽緒論，曰「吾邦之先達若是，聖朝之耆舊若是，名臣之進退以道若是」，企慕興起以力于學，是公之出處雖繫重輕于天下，而一鄉之觀感先焉，宜不可無述也。雖然，昔人之爵禄榮名與公相似者，不少也，或弗謹于官常而以事去，或中露其所不韙爲上所厭斁而後去，求全夫體貌且不可得，況心之相孚、恩禮始終無纖芥之隙如公者哉?·盛矣！

不佞在詞林，從公後餘三十年，荷教益爲厚。今元良出閣，復被薦與宮僚之選。抵京師五月而公去之，故於白公之請有慨于中不可已，爰述公之所以事上與上之所以待公者復之，而因以爲天下後世道焉。

送于千户序

新安衛千户于侯文遠年六十即請于朝，以官授其子應。應時年尚幼，馴謹自牧，無聲色之習，觀者策其後之將弗替乎。既而當比試，來京師，其年長矣。性淑而不鑿，處己接人，禮縟而不舛，視昔爲勝。於是兵部請于上而試之閲武場，獲中選焉。其將歸也，鄉人在京師者丐予贈之言。

予與于氏，交再世矣。應之祖武略君和易淳篤，其居官約己奉公，不朘削其下人以自殖；其治産節浮費、勤課藝，田廬之盛甲一州。然未始以豪侈自矜，周窮賑乏，無間疎戚。凡有所焚券，皆惻然不出于要譽，德之足以起家者也。文遠儻爽通達，嘗充儒學生，習經史，好詞翰，於先業督視惟謹，不妄費，惟庠校、圖籍、祠宇、津梁諸利人垂後之舉，雖捐至數百金不惜。其涖職最久，戎務修明，於事可否，必毅然以義爲前却，才之足以保家者也。然則應之居官理家，亦惟於是乎取法，足矣，奚俟他求哉？

雖然，身者，居官理家之本也。能謹其身，使無慝于其心志、無疚于其膚體，則德可進、才可成，宦蹟可升而世業可托也，孰禦？憶成化中，予訪武略于郡城，時年八十，而文遠初得男，抱孫飲客，樂甚。予爲之賦詩，有「老境看孫夢亦安」之句，蓋指應也。今二十年矣。邇者家居，應數省于南山，見刻新安文獻志及胡子知言諸書，請其父助費甚力。予與文遠遊黄山，應騎馬侍行風雪中，左右益恭，人不知其富家子也。其向好且知重若此，其後所成，安知其不有契于祖父哉？

先尚書襄毅公孫女四人，應長弟恩爲少壻，方以儒學生需次秋闈，第三弟允忠擇繼少保肅愍公爲嗣孫，以特恩授杭州前衛千户，世主祠事。蓋其先之流慶，未艾也。而應發軔仕途，爲鄉人所期愛若此，可不勖諸！

送潘君玉汝同知金華府序

玉汝舉成化甲辰進士第，授知湖廣之蘄水縣事，凡入覲及初考者三，被行臺獎勞者再，旌異者一。其處己之公、蒞事之勤、聽訟之明審、卹荒濟涉百度之修舉周悉，求不負所學，上副聖天子爲民擇令之盛心，亦可謂良有司矣。弘治戊午夏，進同知金華府事。廷謝日，吾鄉之人有言者曰：「玉汝性伉直，不能逢迎上官，於事可否以義争，雖臨之利害，不卹也。故恒懼其爲人所陰中。今獲升大夫佐上郡，宜賀。」又有言者曰：「近著令，有司之九載考績者進二階得旌異者，乃以次召入，備臺察之選、子部之擢焉。今玉汝旌異在考績之後，雖以推擇進四階，而不獲備官守于闕下，宜惜。」是二端者，皆非也。夫士君子之仕，在行其所學而已，豈崇卑中外便己與不便己之足計哉？利不以喜，鈍不以戚，古之人所以自律而考人以爲定本者也。

潘氏世居婺源，至玉汝尤好修謹禮，以尚書舉于鄉而策于天子之廷，其不爲便私計也，可知矣。婺源，子朱子之闕里，流風漸被，既久且深，而尚書者，治天下之大經大法在焉，推所得者而見之行，其何有于郡邑？然則其施也益博，其成也益遠且大，又可知矣。夫金華之爲郡也，與新安接壤，文獻之盛甲東南，若東萊呂公，實與子朱子相望而起，倡斯道以覺後進，流風漸被，亦尚有見于今日者乎。玉汝勉之，不以人之所惜與所賀者爲重輕，使學道愛人之政出于先賢過化之邦，斯鄉人所望于君子者，餘不足道也。

玉汝嘗從予講習，故贈言者以是見委。然予固將有言以致愛助之意者，故書之不辭。

送鄭君萬里知南城縣序

弘治戊午冬十月七日，吏部奏取選人注官，而萬里之銓期未當也，以特選與焉，廷注江西之南城知縣。今少宗伯張公，縣人也，待漏之際，以問予曰：「鄭君何如？」予曰：「鄭君治春秋，其學以古人爲師，其志勇，其識正，其才核，使治南城甚善。」張公聞予言，爲之輾然曰：「吾邑之幸邪！」大宗伯金溪徐公曰：「吾向在南監，六館之間若鄭生者，甚少，誠科目遺才也。」又明日，退直文華殿，大學士長沙李公曰：「昨除南城尹鄭某是歟鄭某邪？」予曰：「公何自知之？」李公曰：「吾向考南畿秋試，御史上饒婁君方提學南畿，以期小試十三府首士姓名相畀，曰：『請驗之。』既而揭曉，其所失者三人，鄭某在焉。以是知之，不知其跡之滯此也！」相與嘅嘆，且以爲人生出處，其遲速利鈍固自有定數邪？

萬里將辭朝而南，置酒爲别。酒半，起曰：「鄉先生獨無一言以惠鵬也？」予曰：「子何如人，俟鄙言以爲加損哉？予往來家山，或出或處，子未嘗不相我以道義。而游從觴詠之樂，又不足言也。其大者，若倡立考亭祠于郡學，上書巡撫大臣請罷徽郡代輸糧八萬石，事關教養，議者不能奪，予甚壯之。其餘舉措繫一鄉之利害重輕者，又不可縷數也。」

雖然，此豈所以取足萬里哉？鄭爲歙巨宗，其先若令君之能活民廟食至今，若貞白先生之廉吏被旌其異，若師山先生之道學忠義名著史册，一鄉之人，孰不仰之，况其子孫若萬里者哉？所讀者師山之書也，所居者令君、貞白之官也，推其世學以見于百里，使無忝于先烈，庶幾於朝家作養收録之恩與諸老先生平日期待之意，無負矣。矧屈之久者其伸必遠且大，他日由一邑之政而馴致焉，其又孰得而禦之哉？

壽封翰林編修吴君七十詩序

南夫以翰林編修上其三載之績，得賜敕命封其父可晚君文林郎如其官。命下而君之年正届七十，南夫過予言曰：「一鵬不佞官詞林，實庭聞所及，而汪濊之寵、壽豈之適，兼得之一旦，不勝其爲私慶也。爰以吴郡名蹟分題求賦詠之，寓歸爲壽。而詩不可無序，敢布以請。」南夫舉進士入翰林爲庶吉士，予被命教之，聞可晚君，不及識也。戊午春服闋，過吴門，識焉。是歲夏，君來視南夫于京師，復解后寓邸，其爲人樸厚謹願，老而賢者也。君子惟南夫一人，教之孔力，南夫亦奉訓惟謹，遂克以文行顯于時，賢而有子者也。其有兹涣命與壽相高，福履所臻，不可企也。致慶之際，聲詩不揚，其何以昭宣國恩、駿發世祥？宜諸君子之作，渢渢洋洋而不能自已者乎！

夫古之論壽者以樂山樂水，而詩人祝壽亦比興于川、于南山，尚矣。吴中山水甲天下，今掇其名勝而播之詠歌爲君壽，其亦有得于風人善頌之義者歟？君誕辰在歲之八月廿有六日，壽筵肆啓，風日清妍，郡官偕來，親黨畢集，命童子歌諸君子之詩而侑觴，觀者以興，聞者以慕，曰：「吴中山水如此，鍾而爲人，有壽若可晚，有文行若南夫，固一時之盛哉！」雖然，吴之名蹟固莫有如泰伯之爲顯矣。其子孫遍東南，而延州季子獨年百餘歲，人傳以爲仙。吾固疑其胤系之多壽種也，安知君之不仰希遺躅而爲盛世之逸老哉？矧季子以知詩名春秋，襲其遺聲而爲君壽若南夫，又非出于繼美養志者之所爲哉？

南夫清才妙器，詞林翹楚，其學益邃，其名位益升，而君之心益休、體益康，享其子之榮封益進而未艾，諸君子之詩所以爲壽異時者，不昉于此乎？輒以是致隆于可晚君父子，書之以竢。

東海遺愛録序

南安人以其故守張公之有遺愛也，其去則相與留像于城北金蓮山之高明所，最其德政而爲文勒之石。其歿則以瞻奉非便，徙祀于郡治，又集其祠記、奠文、民謡、士詠之類爲遺愛録以傳。其言曰：「公治南安六年，養有資，教有慕，死者有所塟而生，餓者有所恃而飽，居無困役，行無病涉，而士不惑于異教。凡尚賢、興學、劭農、澤物之政，蓋不可縷數。公以詞翰名一時，郡佳山水及古蹟，必約寓公臨觀，嘯詠竟日，道郡下者，往往欲得其草書與字而去，罷誅求焉，此録之所繇作而序不可闕也，敢因所善以請。」

噫！予與公同年進士，知其人。方其出守南安，士多惜之，以爲用枉其才者，孰知其政之若此哉？夫文與政，在孔門亦不可得兼也，故歷代史「循吏」、「文苑」別立傳。其所書文人而有治行，惟謝宣城、李北海尤著。當時思之，後世頌之，以姓配郡，弗敢忘。而謝公之亭、名宦之祠，至今名實所在，不可誣也。張公守南安遺愛若此，而詞翰之妙，亦莫能掩，高情逸韻，固將與二公者相望于百代之上乎。公六子，皆賢。曰弘宜，舉進士，爲監察御史。

曰弘至，舉進士，爲兵科給事中。詞翰並有父風，可擬諸謝，是固遺愛及民而裕其後之一驗歟？諾而序之，匪獨以答郡人之思，亦將以慰吾亡友于地下。

公諱弼，字汝弼，世居松之華亭，東海其别號云。

蓀溪程氏族譜序

所貴乎世家有賢後者，謂其能補前人之闕略、訂遺文之失墜，使其名黯以光、其世衍以昌，不貴而榮，不富而豐，斯可矣。而世之能力於是者恒寡。若蓀溪之族續譜之事，其殆庶乎。

始成化壬寅歲，予作統宗世譜二十卷，會者四十四房，而山斗之程與焉。程之先蓋得姓于周大司馬程伯休父，望安定，自晉忠誠君嬰至漢歷簡侯黑更望廣平，下逮吴盪寇將軍都亭侯普始渡江，居建康。都亭四世孫東晉新安太守元譚始居郡篁墩，太守十二世孫梁將軍忠壯公靈洗廟食于鄉，子孫始盛，蓋新安諸房所共祖也。

忠壯十四世孫唐歙州都知兵馬使檢校御史中丞澐，又别居休寧汊口，生三子。曰歙州牙將檢校户部尚書仲繁，居祁門善和；曰歙州兵馬先鋒仲節，居歙古城；曰左領軍大將軍南節，居休寧陪郭。兵馬三世孫迪仕爲休寧縣簿，卒葬小東門。子照又別居下宅林，則山斗之祖也。

又譜云迪生二子，其長曰大公諱碩，其次曰察公諱照，同遷山斗。碩生行仁，行仁生諸四，又遷蓀田。當會譜時，察公子孫自譜其所出，而大公之後以事不克會，遂失書之。蓋於今十年矣。諸四五世孫璨、玠兩房號最盛，子孫不下數千指，顧譜未有續者。於是璨十二世孫泰亨等始議續之，且深懼夫世愈遠、名愈湮，以予之嘗主斯會也，乃奉其所續者，請序其故于篇端。

予閱之一過，則愯然曰：「於戲！葺其闕文而加詳，引其墜緒而不失。微顯闡幽，而前乎其有源；補罅苴漏，而後乎其有據。是誠知先務之爲急，而異夫世之力他途，以爲其先人之榮侈者哉。」或疑統宗之成譜也久，此本之不可以追入也，奈何？予曰：「不然。世之所可按而爲者，誠而已矣。事出於誠，則正之實足以服人，苟出於誣，則遂之不足以行遠。昔者孔子少孤，不知其父墓所在，久之，問于聊曼氏之母，始得合葬于防，亦獨以其言之足諒，事之當爲有不可已焉者爾。然則決諸理而勇于義，庶乎所謂世家賢後若泰亨者，非其人邪？嗣是以往，子孫孫子，將與山斗之族相峙永存，孝敬益廣而崇，昭穆益修而明，要其同，合其離，正足以輔統宗之不及，而可憾其補訂之爲難哉！庸略之，以明告我同姓者。

慶孫君士寛六十壽序

郡學二程生道休寧以請曰：「孫氏居巖鎮者仕寛君，蓋履善樂分之士也。今茲壽屆六十，其始生之辰在歲之九月廿九日，不佞與其二子忠顯、忠弼有同窗之好，有麗澤之益，輒繪壽意圖，託諸君子詠歌之而虚其上，敢乞序一言。」且道其詳曰：「君性甚孝友，謹身尚禮，事其父文斌及其母病，衣不解帶，湯藥必嘗以進。昆弟七人，君行四，處之一於和。由是衆議胥叶，産益拓，業益振。然君雖富而不自驕，益敦樸，尤拳拳以鬬勇侈靡戒其家，好義樂施，遇弱不能存、貧不能葬者，量力給之，每恨其不出閭里間而所及不廣。會有詔勸分，即大發粟賑民，得賜冠帶，榮其身。然榮亦非君意。君少嗜學，勉于家務，乃命其二子爲儒學生。二子者甚俊穎，學業甚充，每行臺下郡邑課士，忠顯率居首選，蓋有決科之望，而忠弼亦奮志思亢其宗者。」

予聞而嘉之曰：是固宜壽哉！洪範諸福，壽居首，富次之，康寧好德又次之。蓋非壽無以享諸福，而非富無以養，非康寧無以樂，非好德無以爲壽之基。顧世之獲是者恒鮮焉，獲之有偏全厚薄大小不一，而均之不可無慶也。若仕寬君力孝友之行于一身而施之一家者，固已效矣；進而表于鄉，則有救荒之勞；又進而廪于公，則有業儒之子。歲律一週，而體益健，心益休，階此以踰耄耋而底于期頤之域，可知焉，豈非一念孝友之所致哉？宜諸君子圖之以彰其樂，聲之以宣其美，而致夫尚齒貴德之心，有不能已邪？古語云「年彌高，德彌邵」，非徒以企夫世之達尊者而已。德，固人之所同有也，隨其分之所及而取足以爲善焉，獨不可乎？吾知仕寬君所蓄益厚，則所施益博，所以裕其後之人者益盛且久，慶之者，益將有不一之書，孰能禦之哉？

二程生曰縉與材，皆一時之秀而文者其，言可徵也，故序之不辭。

五城黃氏會通譜序〔六〕

自宗法不明于後世，凡通都大邑之間，號巨室能僅譜其家者，蓋不多得矣。若進而能譜其族，則加鮮焉，況又能推而譜其所同原異流者哉？是非其心之仁、志之遠、力之健，固不能有此。而或一二見于吾鄉，則亦以其居之僻、俗之厚，用能保其典籍丘壟于兵革之餘乃克爾邪？若五城黃氏，其一焉。

黄之先本嬴姓，出自陸終，受封于黄，世奉黄帝之祀。逮周而見録于春秋曰黄人，與其有尊攘之功，後爲楚所并，子孫因以國氏。而春申君實顯于楚。曰東明者，春申之族，從番君起滅秦，居江夏，子孫始盛。由是江夏之黄，遂望于天下。其顯于漢者，若魏郡太守香，香之子太尉邧鄉侯瓊，瓊之孫司隸校尉陽泉侯琬，世以忠孝聞。琬之後曰積，仕晉爲新安太守，卒葬郡姚家墩，子尋因家焉。殆今新安之黄所共祖也。

尋十七世曰儀，仕唐爲祁門尉，因居祁門左田，生二子，遜、謙。謙别居休寧西湧，生一子，思聰。遜生三子，思誠、思道。思道仕爲盱眙尉，又因家焉。三世曰元之，爲鈞州判官，嘗修盱眙黄氏譜而序之。思誠再世曰瑰，生三子，叔宏、叔仲、叔季。叔仲徙婺源横槎，叔季徙浮梁勒功。思聰五世曰文漢，自西湧别居五城鎮，生一子，晟。晟生四子，舉、温、抃、季昌。舉生四子，宗義、宗禹、宗明、宗和，則今五城諸黄所共祖也。

季昌三世曰侃，嘗修五城黄氏譜而序之。宗義自五城徙溪口，三世曰何，以乾道進士歷大府寺丞，爵休寧縣男，贈通議大夫，爲時聞人。蓋商山安撫吴文肅公其舅、汊口端明少師程公其甥，而會里程文簡公其師也。宗禹、宗明四世諸孫最盛，其顯者曰拱、曰焕、曰暎、曰應龍、曰發、曰卓、曰珏。焕生司户雷復，中陳文龍榜進士。發生雷益、雷豐、天錫及提幹雷奮，中方逢辰榜進士。卓生制幹雷利，中文天祥榜進士，槐塘丞相程文清公亟稱之。珏生若皐。若皐生行叟，入元授紫陽書院齋長，爲時宿儒，始續舊譜而著其異同之故。

雷益生常甫，號草牕，陳定宇先生實師之，而定宇亦嘗書其譜之續者。拱三世曰元珪，娶吴氏，有婦節，子清夫，以孝聞，元天曆中旌其門曰節孝，見青城虞文靖公之銘。雷豐三世曰仲瑾，娶吴氏，復以節聞，國初旌其門曰貞節，見浯村春坊貞一汪公之傳。

應龍六世曰昂，當洪武乙亥再續其譜，而鄉先生曹東白序之。至天順壬午，暎九世曰雲蘇續作一覽圖，逮弘治辛亥，同其族弟曰禄、曰濩大會諸黄爲通譜，自江夏而新安而盱眙，自新安而歙之石嶺、祁之左田、休寧之五城、婺源之横槎、黟之古城横岡、浮梁之勒功石斛，又自横槎而德興、茗園、樂平、監溪、鄱陽、鑪山，自五城而溪口、星洲、嶺南、龍灣、商山、汊口、潛川、陳村、閔口、績溪、翬嶺、嚴城諸派。

自天順以至今兹，幾三十年，所謂心之仁、志之遠、力之健若雲蘇者，殆非其人歟？然求之四方，他姓豈無其心及其志與力，而處孔道之下，經蹂躪之交，典籍蕩于烟燼，丘壟陷于蕪没，顧欲聯其族而合其同原異流者于一旦，豈非事之甚難者哉！於是取以鋟梓，踰年而告成，奉以請序其首簡。予閲之累日，得其大端而書之曰：

惟黄氏之先實以忠孝有開厥家，故爲其後人者，或學古勵行以淑其身，或聯科世禄以延其澤，或高閎接畛以拓其産，中世以來，男以孝，婦以節，旌其門著于史者，又足以上昭祖德、下啓孫仍。而況諸譜既同，則宗盟益篤，宗法可尋，所謂新安之黄者，將由一郡而顯于四方，且與江夏之望相高于數百載之上而無替焉者，亦將兆于斯乎！詩云：「無念尔祖，聿修厥德。」又云：「雖有他人，不如我同姓。」黄氏子孫，其尚勖之！若夫謹昭穆之稽、徵文獻之守、詳真贋之別，則前人之序已備，玆不待贅云。

校勘記

〔一〕旌功録卷首此序署：「弘治九年歲次丙辰冬十二月廿四日立春節賜進士及第嘉議大夫太常寺卿兼翰林院侍講學士同修國史經筵官兼修玉牒新安程敏政序。」

〔二〕乃若歸故鄉放情丘壑闢亭館以自適又與龍門石樓之勝相似而年亦七十矣　「若歸」、「龍門石樓」、「七十」，底本皆漶漫不清，據國圖本補。

〔三〕地理囊金集註卷首此序署：「弘治九年歲次丙辰九月朔日旦甲辰賜進士及第嘉議大夫太常寺卿兼翰林院侍講學士同修國史經筵官兼修玉牒新安程敏政書。」

〔四〕古歙謝氏统宗志卷四巖鎮謝氏家譜此篇署：「弘治十年歲在丁巳冬十月下澣賜進士及第嘉議大夫太常寺卿兼翰林院侍讀學士同修國史兼修玉牒詔充國典副總裁休寧程敏政序。」

〔五〕休寧流塘詹氏家譜卷首此序署：「弘治十年歲在丁巳冬十月下澣賜進士及第嘉議大夫太常寺卿兼翰林院侍講學士同修國史經筵官兼修玉牒詔充國典副總裁同邑程敏政書。」

〔六〕新安黄氏會通譜卷首此序署：「弘治四年歲辛亥冬十月望賜進士及第中順大夫詹事府少詹事兼翰林院侍講學士兼修國史經筵官致仕同邑程敏政書。」

篁墩程先生文集卷三十五

序

少師兼太子太師吏部尚書華蓋殿大學士徐公壽詩序

天將啓清明之治、興長厚之風于熙洽之朝，必預生哲人擬其時而錫之壽以就其久大之業，可徵也。若今詞林諸君子奉壽少師義興徐公先生之作，敏政竊誦之而歛衽曰：「休哉！」

公初以第一甲進士入翰林爲編修，值英廟復辟，選輔憲考于青宫暨嗣位三十年，五轉而亞六卿，兼翰長，柄用之望寖隆，然忌者日甚，弗果。今上御極，乃合廷議，召入閣贊宥密。當是時，上甫親政，罷出憸壬，登崇俊良，却貢獻誅異端而逐貨利之臣，凡成憲之散于百度者，一時舉措略盡。然位次左揆，恒懷隱憂，善類岌岌，屏足以竢，而公端委其間，窒其罅而折之萌凡五六年，内外晏然，底於大中，使清明之治成而盩者消，長厚之風行而澆者革，天下倚公爲重，而公亦有不能釋焉者矣。惟昔若有商阿衡、有周畢公及丙相在漢、房公在唐、文富二老在宋，式相三四主，或壽幾于百齡，令德茂勳載經史者，莫之與京，皆所謂擬其時而生者。求公之所操存與其所樹立，寧不埒於斯乎？夫清俊不群之資、邃碩不華之學、博雅不撓之操，如易之「大人」、書之「元德」、禮所記之「休休樂善」者，公所有也。負赫赫之聲威以爲功，矜沾沾之智術以爲能，締私以自固，斁善而揚己者，公所恥也。豈惟恥哉，方且悲其人欲拯之而莫可得也。由是觀之，非天注意哲人而終沮于見忌，則烏足以致若是之盛哉！然則比跡摯、高而與丙、房、文、富四公相後先，若公之壽，天也。

公之輔政以來，由大宗伯、司徒進太宰，歷三孤，總國典，領經幄兼宫師，加殿閣大學士者三，位益崇，德益謙，身益健，弘治丁巳七月二十一日，初度之辰也，其春秋七十矣。諸君子以生申令旦播之詠歌兼祝風雅，體裁不一，然祝公以師傅之尊躋期頤之壽，福蒼生保善類以光輔我聖天子撫熙洽之運于億萬載而無疆，衆口一詞，無不同者。然則是卷也，豈直爲公一身之慶而已哉？敏政不佞方家居，不獲預壽筵之末。其入朝也，將圖嗣慶，乃特書其繫天下國家之大者如右爲觀者先焉。

贈參政龐君之任福建序

凡今臺省及方嶽大臣有闕員者，吏部請于上而以名聞，且疏其下曰：「某也賢，某也勞，事宜進補。」疏上，即報可，雖間有再擬者，不常也。刑科都給事中天台龐君元化以成化甲辰進士筮仕工科，升都諫，久之，進擬大理丞于兩京，不果，又進擬參政于福建，不果，至再上，而後從之。廷謝日，有言者曰：「龐君嘗奉命督造于盧溝，迄工而民不擾。覈邊餉于兩川，嚴禁法而兵食足。丙辰會試，請分考而所取士號得人。其在刑科，狀疏旁午，時加論駁，重輕惟所當。以賢以勞，其孰尚之？然進擬恒不果用，豈嘗劾中侍、斥異端、指言貴戚、扶植善類，義之所激、盡言不諱而致然哉？」

君之疏誠懇切，每一出衆即危君，而未始以利害自沮，其學之正、識之卓、操履之慎，求之一時若君，可數也。而進擬再三，豈終不果于用哉？惟聖天子嗣位以來，勤政畏天，求賢恤民，日不暇給，其於龐君有聽納無貶損，則其緩于用君者，殆留之諫垣，藉其忠言廣治道以自輔耳。夫知之審而後用者，古哲王官人之要也，疑者遂以爲置君弗之思也。然予有告焉。

福建，古閩粤地，負嶺海之險，去京師七千里。其所轄郡邑數十，户口數百萬，士卒之屯戍、番舶之所遠集，承平既久，弊端日滋。然自宋南渡而真儒出其間，文獻所徵，比隆鄒、魯，大藩也。參政居使之次，秩三品，食上大夫之禄。征科考閲、理斷輸作、養兵惠下之務，無不當預。其所屬群吏，環視内向而受約束，動數十百人，重任也。龐君在上左右，勤事而納忠，久矣。久而後升，其名益盛。夫其名益盛則君子之爲責也益備，不有以副之，可乎？君往哉！履此大藩而當重任，持之不矜，行之弗懈，職思其憂而無忘于諫垣，以考亭爲吏師而無牽于流俗。其吏與民，將畏而愛之，曰「是嘗以直道聞于時者也」，賢益彰，勞益宣，澤益弘，而爲上之所知益深。士夫之有所責備于君者，蓋不出此也。於是六科諸公以君有遠别，求所以爲贈，而予素重君，輒一言之如此。

或又疑爲不足以盡君之才也，是誠然矣。顧君子之所以力學，體諸身而見之行者，豈爵禄高下内外之足計乎？才猷茂而爵位榮，在異時將有不可辭者，不預道之以瀆君也。

休寧東門邵氏族譜序

邵氏出周太保召康公之後，子孫因以召爲氏，世望博陵。其後胤之可見者，或加「邑」

或不加「邑」，則猶郈、郕、鄱、邾之類，從其便稱也。晉永嘉末，有隨東渡居潤之丹陽者，有爲始新縣令而留居者，始新即今淳安云。至諱仁祥者，生有義烈，廟食嚴之烏龍山，歷代神事之，奉以王爵，事見邑志。其族甚蕃，名之見于宦牒者，炳如也。宋靖康末，有官判潞州而隨南渡者曰珥。珥之子全，爲休寧稅司提舉，遂居邑東門，實自淳安之諫村來徙，全之子堅，猶自署曰桐江老人，紹定中記其事于譜。堅七世孫曰孜、曰誼，當元時並有盛名。孜爲邑之醫學録，以世家東門，取秦東陵侯故事，自號青門生，卒不污于寇亂以死。誼值興運被薦爲邑之儒學訓導，改黟學，始重輯舊譜，而序之者，春坊司直浯溪汪公也。誼四世孫曰翱，喜文史，樂見名士，自以先世圖籍多散于兵燹，力收復之，而又續其譜以傳，請予爲之引。

予觀邵氏之先，遠有端緒，康公以聖德輔周，見尊孔子，然則邵氏之譜成而所願乎後人者，取則康公之遺矩而已，無容外求也。康公之言見于書，一則曰敬德，二則曰敬德；見于詩則曰「有孝有德，以引以翼」。若是者，天下後世所當取則，而況出于得姓之後者哉？敬則能守其身矣，孝則能養其先矣，引則有所啓導而業可興矣，翼則有所扶翊而宗可睦矣，無所取則以迓承其先德而徒曰記名諱、備故實，亦何貴于譜哉？

考汪公之序在洪武丁巳，而翱之續譜則弘治丁巳，歲律一周邵氏之譜一續，非其家運來復之一兆乎？黟學弟昆力善好學，仕不大顯，賫志以没，然食其報之未盡者，將不在其後之人乎？翺從叔永隆，予從叔之壻，故知其家爲詳而引其端。邵氏子孫，其尚勖之！是歲冬十有二月上澣。

棠樾鮑氏傳家録序

歙棠樾鮑以潛氏奉一帙來予所居之南山堂以相視曰：「此光庭之所輯録也，自宋抵今，凡以爲鮑氏而作者咸萃焉。蓋前此多已失之金革、燬于回禄，有不勝其追悼者矣。光庭是懼，爰發所藏及蒐之群從，欲以備一家之言，顧未有訂之者，敢拜以請。」

時予將北上，辭之，而請益堅，寓宿僧舍，以必得爲期，因諾之。而卒業則爲之嘉嘆曰：「懿哉！鮑氏之所積，遠矣。慈孝之事，著于宋史而見于我文皇之聖製，昆弟子孫，宦學相承，閨壼相師，名一鄉而聞四方，久矣。」然非有紀述以備考索，則名不相通而人無以睹其全，固一家之闕典也。迺爲之彙次爲卷十四，爲詩文若干篇，題曰傳家録以授之。而以潛復以序請屬。予治行戒徒御矣，不能執筆，則又使人尾舟竢焉。若以潛，亦可謂知所重而篤于顯祖者哉！

棠樾在歙西，予嘗過之，山谷回環，林樾清邃，堂皇櫛比，綽楔相望，皆鮑氏一家，無異姓焉。所居不下數千百指。老者淳樸，少者馴謹，誠盛德之後而文獻不可以無徵也。彼世之巨家所計以傳者，率以田宅貨財花石玩好相夸詡，而能保其一再傳者，斯已幸矣。求如鮑氏以慈孝開先，碩儒遺老、義夫貞媛繼繼不絕至數百年之久，昭乎簡牒、播于賢人君子之詠歌贊頌若是其盛者，豈多見哉？是可傳矣。

雖然，高山之仰、維桑之敬，古之人於同鄉異姓之賢者尚知所景慕效法，況先世哉？誦其言、師其人、撫其事、履其跡，在鮑氏後人，可不勉焉以增輝斯録，求無負于編輯者之意哉！

壽封吏部稽勳郎中周先生七十序

山積土而崇，水積流而深，人積德而高壽遐福從之，理也，君子之所貴也。突焉而山于平地，潰焉而川于大陸，見者必駭之矣。世豈無壽與福者，而不必其德之能積是，奚足貴哉？若封勳部郎中石屋周先生之獲壽與福，可驗矣。

先生家蘇之常熟，其上世所積甚遠，至先生嗜學不仕，爲善孔力。其大者，全溺嬰于歲侵，免繫囚于妖火，損門地而不忍湮井以病汲，燔逋券而不忍迫人以自殖，義故章章，播遠邇。其又大者，訓成其子木近仁入官于朝，享禄養者二十年，逍遥林間，與造物游，壽豈康彊，七衮伊始，若先生之所積，豈淺之爲丈夫者可得擬哉？近仁雖起進甲科，篤志聖賢之學，自副南京行人司歷參政淛江，凡所建白舉措，一師古人。嘗請以延平入從祀，以童訓基正學，其在淛公務之餘，立義塚以勸孝，求鄂王之裔、修睢陽之墓以勸忠，手校五經、四子録行以示後學，實皆先生庭訓啓之，而近仁亦可謂以善養者，非直禄養而已。其所積若山增而崇，若水增而深，毓靈秀以蕃衆植，普潤澤以惠下土，皆理之常，不可誣者。然則先生樂其子之善養，心益休，體益豫，登期頤之壽，膺金紫之封，使人知實厚而聲宏見貴于君子者在此而不在彼也。

先生誕辰當歲之二月望日，不佞於近仁有道義之雅，故緣其情、論其所積以致慶，因以爲世勸焉。

萃英集序

都憲李公德馨以其所編萃英集十四卷者示予而屬之序。予與公同出南甸，且相知，辭不可。閱之累日而嘆曰：「懿哉，其得之富也。」想昔盛時，名卿士大夫之相與還往，非詞則不足以宣，而其可見者，贈言著于禮，賦詩載于春秋，肆周之文，號稱郁郁，而行能器業敷賁當世者，往往可考而知也。中古以來，斯道不廢，然治産者謹于券曆，居官者壹于簿書，考圖籍、志藝文若世禄、家乘之類，非仕優而學者，亦有所不暇矣。

公世家姑孰，早負大志，學于采石書院而舉于鄉，登成化己丑進士第，拜給事刑科，屢疏時政，嘉聞日興。出佐藩江右，丁歲侵，而所隸湖東獨稔。行部九江，至高良山值烈燄之逼而反風，泰和大暵禱而雨。爲方伯山西，政孚譽隆，遂用廷議被簡知，晉副都憲，有督餉南京之命。一年而總漕兩淮，撫列郡，再晉右都憲。興革所加，兵民交濟，且終廣惠河之役以永利來者。其才之宏、識之達、操履之慎，著望于中外久矣。宜中外士夫之於公也，宦有慶，政有紀，行有餞，平居有倡和，宅憂有哀輓，雖其體裁音節不一也，而因以考見一時善治之成、雅言之宣及師友賓從之盛，此萃英之所由集而名焉者與？公宣力四方，勳猷茂矣，入坐廟堂，合衆彦以輔天子而收治平之功也有日，其所得益富，則凡備采録于國史、作矜式于鄉邦、衍慶澤于子孫，皆將有取焉，豈徒示侈于聽觀而已？

公名蕙，字德馨，所至揭浣靈二字于齋居，因以爲號。其所得于麗澤，在集中尤多，意公之所自致于遠大者基此，是爲序。

明威李公哀輓詩序

予被召北上，道出山東，時都閫李公奉勑守德州，迓予舟中，拜以請曰：「先明威之捐館也，銳將解官送葬，而以情白大司馬，大司馬謂非令甲所載，宜準古制墨縗從事，盡境而返，禮也。銳忍慟，令孫子奉襄事而告哀于士夫，得哀輓若干篇，集以成帙，敢請爲之序。」

予重其孝，諾之。公復使人尾舟以俟。行少間，乃披閱事狀，知明威公諱慶字惟善，滁人，早入保定武學，習舉業，兼通諸史及兵略占候之說，有志用世，而丁家之艱，世其禄，以千户督戍紫荆關。天順中舉將才，上京師策時務及論邊防事宜各一通，發九矢皆中，遂魁武舉，詔進指揮僉事，總練士伍軍營，有白金寶鏹之賜。成化初從征荆、襄，亦策功有彩幣之賜。其爲人慷慨英發，以功名自許，而中歲得疾，不可出矣。都閫公在德州，尚無恙，乃以安車迎至幕府，甚樂。久之，而疾復作，瀕死不亂，命都閫守官以忠，送葬以禮，卒年七十有六。其大致如此。

嗚呼！「三良」之悼、八哀之賦，尚矣。繼是而有作者，雖其辭不可以班，而出于爲國惜賢之意，一也，矧明威公一時夙將而並事乎俎豆櫜鞬之業在所當惜者哉？邇者殘虜跳梁，邊報孔棘，聖天子於將帥之臣往往撫髀而思下詔而求之四方，則士夫之體國而懷疆埸之憂者，亦烏能已于言哉？都閫公負器甚偉，加之親賢嗜學，累膺論薦官都指揮同知，譽望日隆，非流輩可及。異時被登壇之選，收靖虜之勳以終明威之志，使其名列彝常而書史册，其爲孝當有大焉，又不特見之哀輓而已。

怡静居士葉君八十壽序

尚齒與養老之禮通于四代，當其時，由朝廷以達州閭，禮行而俗厚。降及後世，先王之制泯焉。其可見者，鄉射而已。然州閭間相與爲壽猶情殷而義縟，豈非老老之道，自古已然，而禮之在人心者，自莫能已邪？怡静居士葉君之壽八十也，黄門魏公及其所親善者偕請予一言，將以其誕辰賀焉。予與魏公及葉君所居實同巷，不獲辭而諏其詳，則知葉之先居維揚泰州，至君之父始起材武官正千户，隸府軍而占籍京師。君嘗業詩書，不樂仕，出遊江南，其所積豐、所履嶮、所與遊必謹厚者，於孝友睦婣任卹六行，蓋惓惓焉，思宅己而裕人也。子珍，能本其志，捐粟以濟荒，用恩例授官，視七品。從子琦，尤精于藝業，官百户。有孫五人而見曾孫焉。其大致如此。因嘉嘆曰：

七十之年，昔之人以爲古稀，况八十哉？壽至八十則于公有常珍之奉，于家有專養之子，賓于射以明尊，杖于朝以示異，蓋先王尚齒與養老之禮如此。若葉君雖不獲仕于朝，而天爵在躬，其奉之常珍與子之專養者，蓋不煩官而足以自致也；雖不獲賓于射、杖于朝，而所居輦下以衣冠之族抗公卿之禮，其所以爲尊且異者，無歉也。然則君之致壽與諸公之壽君者固親黨之私，而於勸善敦俗之助，豈不兼有所得哉？雖然，祝其年者非致隆不足以盡老老之意，禮稱百年曰期頤，蓋人壽以百年爲期，而老者飲食起居動作無不待於養也。自今以往，君心益休，體益康，享其子之養也益備，由八十而上極于百年也，亦幾矣。抑孔子謂仁者靜而以壽歸之，靜者，壽之基也。君居闤闠間，日處于紛華之境，乃以怡靜自名，其中之所存，不有異乎流俗哉？南山之祝，歲一爲之，計當有不一之書擬其後，而予言特爲之張本爾。君誕辰在歲之冬十月四日。是爲序。

遊黃山卷引

予往來家山二十年，恒思爲黃山之遊，不果。弘治丁巳子月之三日，至郡城，決策往焉。府公衛侯及士友期同行甚衆，值冬霖不止，有輿至潛口而返者，有進至楊干寺一宿而返者，惟清流、時習、鏡山三人佐予甚勇。冒雨行兩日，抵湯口，陰曀四合，微雪交下，予亦索然，以爲不可登矣。至山麓，雲氣忽晴，循兩崖而入，怪石參聳，飛橫虹亘，三十六峰出没天表，湯泉沸石屋之下，而嶺外石潭古木陰翳，有龍宅焉。其境幽敻，其狀偉絶。四人者相顧愕然，疑不類人世。乃小憩祥符寺，留四詩出山。又明日，清流作長卷，請并道中所賦者各書一通。

或疑黄山之爲景也，非太白之句不能當其勝，非摩詰之圖不能盡其變，顧此半日之遊，僅見其一二，且短章寂寥若此，惡足以自侈乎？是大不然，譬諸嘗鼎食者得其一臠，餘品可知，所得益新則所飫益甘，若盡得之，終身之頃無餘味矣。然則兹遊，特啓其端耳。他日謝事還山，裹糧而來，分榻而卧，希塵外之高蹤，續古賢之逸響，必有其人以挈予而名後世者，若今所得則亦出于一時良會，不可以無紀也。

清流爲于明文遠，時習爲鄭鵬萬里，皆予友。鏡山爲李訊彦夫，從予學。既遊之七日，篁墩居士程敏政克勤父識。

滿道清風圖卷詩引

憲副談公時英之赴官于蜀也，凡同年友在京師者，醵餞于學士李公世賢之第。酒半，出墨竹一卷，副以二律，曰滿道清風，蓋少司空史公天瑞所作以贈行者，自宫傅太宰屠公朝宗而下和者七人，退予爲之引。

予竊觀古君子於友朋離合之際，必有飲食相酬酢焉，以重相違之難也；又必有圖史賦詠相倡和焉，以致責善之不但已也。吾榜三百五十有三人，自丙戌抵戊午，三十有二年，其間離合有不可數計者矣。夫其群居而會數則視離合猶輕，散處而會稀則視離合爲重，重則其情益親、其言益傾吐而不可遏，況歲月攸邁，各加老焉，而加有萬里之行者哉？

雖然，離合老壯之不可常者，情也；不以離合老壯而爲前却者，道也。時英起留臺御史僉憲于閩、陝，副憲于江右，所至清謹，以廉貪立懦爲己責，髮少變而節逾厲，其比德于竹，宜哉！夫竹之清風足以掃塵煩、消酷暑，其節挺然于晏歲冰霜之餘，又非繁花之競艷一時者比。肆天瑞圖而歌之，諸君子從而和之，相尚以道而不詘于情也，所以重時英之别而親之亦至矣，豈直備祖筵故事已哉？時英公暇取而閱之，如與吾輩笑談于一堂之上而忘其身之歷三峽、行劍閣，則斯卷也，責善之道存焉，其必有以副斯名、酬斯言而爲後會之張本者矣。

地理發微序〔一〕

地理發微十六篇，宋牧堂蔡先生之所著也。先生諱發，字神與，自幼警悟，博學强記，於易象、天文、地理三式之説，無所不通，而皆能訂其得失。子元定既長，即以程氏語録、邵氏經世、張氏正蒙授之讀，曰：「孔、孟正脉也！」蓋牧堂大致見于史及晦庵夫子之文者如此。然則先生其學，粹矣，所謂發微者，殆其學之一事也。今考其旨趣，專以剛柔立説，而謂兆之吉凶由于人心之善惡，誠可以發地理之微，而視諸家所論，直土苴爾。吾郡謝子期氏深好此書，爲之註釋，間補其語之所未究，又可謂有功牧堂者矣。

南山留題詩卷引

南山庵據清溪之上，蔭以喬林，境極幽勝，客有訪予精舍者，必先過之。庵僧惠淨樂以茗爲供，且乞留詩，積歲所得，遂成巨卷。因請予題其首。予觀近世僧之所乞者，大則金穀，小則服用，取自給而已。客有留題者，至以爲疥壁而去之，況知其可寶而乞之者哉？惠淨於是，知所重矣。惠淨逮事先公，及事予甚謹，豈其所接者多文雅、所聞者多聲詩，遂漸染成習而異于世僧之所乞者歟？雖然，吾懼爾之富于詩而窘于自給，其能免於彼之嗤笑也邪？

弘治十年歲次丁巳季冬三日篁墩老人識。

壽封太子太保吏部尚書松窗屠先生詩序

弘治丁巳秋，太子太保吏部尚書四明屠公之父松窗先生受誥封榮禄大夫如公官，時年八十有五。命下之日，縉紳畢慶，在吏曹官屬又各賦一詩爲壽，將致之先生，未有序者。嗣歲春，聖天子以儲皇出閣，特進公太子太傅，而不佞亦以詹事召，獲從公後。於是少卿儲君瓘、郎中孫君交等奉其詩相閲，以求序。

竊聞之：京官無小大，必三載乃獲封其親。令甲之所著也。公之拜宫保也不數月，以松窗先生老而請焉，此豈私其親之爲急哉？以致孝也。聖天子不下有司諏故實而報可，此豈私其臣而示之寵異哉？以勸忠也。一舉錯間，所繫之大若此，夫人能知之，其何俟于鄙樸邪？然公與先生之所以致是，則有未之悉者。

今中外百司各職其職，讒慝不行，士風日厚。聖天子端拱于上，而蒼生受福于下，要必視隆古盛時無與讓者，公志也。國家養士餘百年，求魁碩傑特之才共天下之務、當太平之責若公幾人？成公之志而泝其訓育之所自孰齒焉？先生功也。功巨則享厚，故出于上爲異恩，獲于天爲高壽，集于躬爲盛福。凡龍章奎藻之褒其德，朱衣玉帶之華其身，松齡鶴算之引其樂，在東南近代，一人而已。其先生之謂乎！天下之人聞其風、道其事者，孰不嘉嘆興起，而況公之官屬目擊盛舉，得之歆慕尤深？宜其詠歌渢渢洋洋，出于忠孝之所發越而不能已哉！傳四方，播來世，知一時君臣父子間非常之遇有如此，豈獨一家之爲幸哉？

先生受封爲都御史嘗一造闕下，凡公同榜士在京師者進拜于堂，奉一觴爲壽，不佞與焉。窺其貌甚偉，步履正健，能詩禮容，竟日不解，知其所厚未艾也。今奉别數年，不獲操几杖聽緒餘，有私憾焉。故於諸君之請，不以辭，而因以自附于通家之義。

奉送張公之任徽州府序

天下事之治否，謂非有數存其間，不可也。姑以十干相循而策之，則吾徽郡之治，將昉于今乎？吾郡自聖天子嗣統十年間，更守七人，其來或間歲、或不終歲，其人或尚嚴、或以寬、或喜事、或不事，而吾吏民之疲于奔命，則甚矣。乃今戊午之夏，銓部按籍計徽州守，將以借考去而難其選也，屬平度張公國興以起復至，即奏補其任，非天有意于惠吾人而公克丁其會哉？

夫徽，南畿一郡也，環山爲治，程、朱之故宅在焉。吏簡于送迎，民重于轉徙，長吏有方伯之尊，恒以爲易治。而民性樸而好義，其弊也，性樸則近愚，好義則近争，故訟起于杪忽而至于不可遏。究其極，又非有奸宄武斷若昔人之云者〔二〕，其争不過産與墓、繼之類耳。夫産者，世業之所守；墓者，先體之所藏；繼者，家法之所倚也。馭之失其道，株連累歲，至傾家不卹，其難治亦不可掩。使蒞之者通而弗拘，守而弗徇，烏見其難哉？

張公起進士甲科，通經學古，筮仕行人，遷御史。其立朝論事，偘偘自將，不苟爲趨舍；其治鹽兩淮、按兩浙，明足以燭奸、敏足以濟務，本之一公而利害弗能奪，守而弗徇者也；擢知鳳陽，其學益邃，政益理，知憲體之與牧守異也，不徐以弛，不亟以威，蓋未幾而困者甦、廢者興，通而弗拘者也。兹之往也，以不群之選當數易之後，出其所夙負而弘其施，俾吾吏民之疲于奔命者一皆措之衽席，愚者一諭之而悟，争者一決之而解，政成譽興，上荷褒寵，則升藩臬以進廟堂，皆昉于此。此吾黨相祝之意也。雖然，豈待祝哉？所謂十干相循而一周，天有意于惠吾人者，殆其時乎？若以徽爲安富之區，其長吏簡送迎而得便私爲易治，此流俗之見，非所以告公也。

吳興陸氏族譜序〔三〕

吳興陸氏族譜一帙，進士崑之所編也。陸之得姓自齊宣王少子通始〔四〕，世望平原。至漢有諱烈者，爲吳令，子孫留居，更望吳，爲巨族。其後散處南北，分八枝，吳興之族，太尉枝也。自吳令十四傳爲晉揚州别駕續，續十二傳爲侍中司徒贈太尉康公玩，玩七傳爲梁臨川王長史丘公，丘公生陳黄門侍郎琛，琛季子豫章尉玄之，生唐平章事贈越州都督元方。元方五子，其最顯者，丞相兖國文貞公象先、監察御史景倩、工部尚書景融。景倩四傳爲侍御史賓虞，生龜蒙，天隨子也。景融再傳爲蘇州司士參軍孟儒，孟儒再傳爲左僕射文公希聲，凡見于史，皆云吳人。而吳興譜以丘公爲始遷祖，其有所據邪？抑子孫散處三吳間，史特標其故郡，而遷居之細不暇書也？

吳興譜云：天隨子五傳爲宋真、泗二州兵馬都監圭，以禦方臘死而爲神，追爵廣陵侯，廟于石塚，賜額協順。子孫環居之，益衍以盛。都監六世孫熹，號漁莊，始葺其舊譜以傳。熹三孫，潤、福、與齡。潤之孫殷，仕爲三河丞。與齡之孫敬，又自石塚遷菱湖，再遷歸安。

其仲子震以鄉進士知瀘州暨殷取漁莊譜續之，未竟也。震四子，崑、崙、嵩、崗，並崇儒。而崑、嵩以弘治丙辰同舉進士。蓋吴興之陸入國朝，其盛昉此。崑字如崑，試政之暇，追念祖德而續之，則今譜是也。譜取法歐陽氏，系其世次，疏其行略，凡器田之疏、祭器之等，上而褒予之制，下而贈頌記誌之文，悉附焉。異派之顯者，闕以存疑。子孫之不肖者，黜以示戒。其密且嚴如此。蓋致其譜之必行，而宗法之可尋也，亦可謂賢矣。

雖然，古人之學，必自其身與家始，身治而推之人，家理而移之官，固儒者之世守而不可舛者哉！譜也者，謹其身之所自出，合其家之所由分也。其事若緩，所繫則大，然非文獻之冑有開其先而承其後者不能，如崑之所志，遠矣。他日二惠競爽于時，推之人則善其所可及，移之官則霈其所得施，振陸氏之世風而增輝其祖牒，獨不繫其人邪？與斯譜者，心如崑之心而弗蠡，亦庶幾此帙之不止于别昭穆、紀名諱而已哉！

譜舊本頗多刓缺，予稍爲訂之而序其編首。

布政李公輓詩序

國家承平久，有司者守黜陟之典以恒，而不敢昧其明且公焉。蓋雖有異材被薦達，亦爲循資以進，而黜者不待其成也。必有所諉以爲明，必有所避以爲公，故仕者亦守其官常以俟，而不敢盡其才與識焉。若隨其所任使以自見，不以待我者之恒而自畏歛以竢其進之亨者，非君子莫與也。若李君文明，非所謂難得者歟！

君舉進士即官刑曹，歷主事員外郎，善於其職。嘗奉命按事于諸方者四，擢知岳州，受薦者七，得賜旌誥。參政陝西不數年，進河南按察使。值南臺以都憲闕聞，吏部以君兩人名上，不果。乃進淛江左布政使，視篆僅四日而君疾作，不可起矣。訃傳京師，無不驚惜之者。君之子衮方上禮闈，告哀于縉紳士夫，得輓詩若干篇，奉以屬予序。

噫！天之生材，甚難也，而又靳于中道，豈獨士之不幸哉？當今之時，長廉察于諸道，位左轄於一藩，非宦履之慎且久者不與。蓋由是而參六卿、貳都憲，皆取具焉。使君稍後不死，雖無所諉與避而用之，人孰不以爲明且公也？廣其謀猷而大其設施，其才之良、識之卓，必有補于公家以與佐承平之業而爲民福。今則已矣，宜哀輓之出于知聞者，若是其富也。

夫位崇庳、進亨否固非君子所宜論，然而抱憫時、惜賢之感者，豈能恝然于斯而不爲之畫然也哉？君之上禮闈也，予適閱藝，每每以得士相慰愜，而君事予最恭，竊意其材局履行過人而又好學不已，遠到之器也，豈謂其止此哉？衮以序屬頗久，每一執筆，輒爲之憮然不能下，蓋踰時而後成，非所爲緩也。衮善居喪，又世其學，思有以顯其親于異日，則天之生材而靳于中道者，固將大發于斯邪？

贈遂昌訓導陳文元序

弘治戊午春，天下儒學生以貢上京師，願就教職者七百人，吏部汰其半以請，詔試于翰林，又汰其半，而吾郡陳鰲文元與焉，亦可謂難矣。吾郡六邑之來貢者皆願就教職，與者獨文元一人，獲廷授遂昌訓導，不尤難乎？

文元吾休寧世家，其先弗齋先生爲宋宿儒，定宇先生號「朱子世適」。其子孫皆業儒，而文元質龐厚、性穎敏，治春秋，得胡氏肯綮，作爲文章，辭㓦而氣充。然屢上秋試不偶。值予家居，來從學南山書院，在衆中力學甚勤，而於民情世故及古今人所行得失，能究知情狀舉錯之宜，蓋其才可用世，特困于場屋不克自見也。今茲之來，將賈其餘勇以畢志京闈，又阨于例，謂南士不可占北選，乃始就教職，裒然出群衆之中若此。

文元將治任而南，請于予曰：「願加惠一言！」予與文元相處幾年，其相講習、相告語每更僕不盡，豈待今日而後有所益於其行哉？雖然，不可以終嘿也。嘗觀弗齋之說，謂

「弗」字一弓二矢，象射者之未發而期其至，已發而決其中也。其警學如此。定宇之於六經、四書悉有著述，我朝取之以行世，學者習焉，況出於其流裔、將有所持循以爲人之模範者乎？

遂昌在淛東，山水秀明，號文獻之邑，而文元往據其師席，將何如以副其選哉？亦惟懼其難，闡其所得于先者，迪其人，俾立志則求如弗齋之不晝，知言則求如定宇之不盭，謹自修，中程試而效用于盛時，使人稱曰「是先正之後之所教育者」，雖以予之迂樸，將與有榮焉，文元勖哉！

賀推府王君母葛夫人壽序

弘治十有一年龍集戊午孟秋三日，今天子萬壽聖節之期，凡宇内制閫藩臬州郡之臣之入賀者，舉集闕下，而新安推府王君顯道與焉。禮成將歸，新安之仕于朝者過予言曰：「王君之母夫人年今七十有五，仲秋之望後三日，初度之辰也，宜有辭爲之慶。敢具以請。」

方予之宅憂于家也，君受命來官新安，時方以闕守告，遂綰郡符，政行訟理，嘉譽翕然。

然恒懷思其母夫人不置，爰遣人奉迎于故鄉柳城。不日戾止，郡人聚觀，舉手嘉嘆曰：「君子之爲政也，仁民愛物必自親始，若王君者之學術有本哉，而吾人之被其惠休，將不自兹始乎？」暨予禫終，報謝入郡，君廳事之榜曰榮壽，則其僚寀所共署以樂君之有母，而致其尚齒好德之誠者也。起而諏其詳，知夫人葛姓，爲玉齋衛幕公伯堅之配，孝敬賢淑，有子三人。其長處士繡，其次上舍繼，皆不禄。又次則推府君，而夫人教之尤力。蓋其家食則有夜課之勤，在官則有平反之問，且撫訓其庶子惟均，推其慈孚其一族而陰及于吾邦甚厚，然則今日之爲是慶舉也甚宜，而予又烏可得辭乎？

竊觀洪範之嚮用五福，壽焉莫先，然又必上有建極之君，乃能以是福而敷錫于臣民，所謂堯、舜之民多壽者，可徵也。今天子以峻德至仁嗣大歷服，恒恐天下一夫不獲其所，或罹于憂疾殀瘥之域，如己責焉，堯、舜之主也。四海臣民，共祝皇釐於萬億載而無疆，則凡有德善于一鄉一家，而獲在嚮用敷錫之中若王君之母者，抑何幸歟！君之歸也，升堂拜慶，道及京師士夫所以祝願之意，母夫人心益休，體益康，由七十而底于百齡，有不難致矣。矧君之才識穎卓，洗冤澤物之政日新而不窮，旌異之典，不日有也。然則貤封之榮上逮其母，天章賁臨，命服在躬，昭推府君之孝而播慈訓之美于四方，顧不韙歟！

西堂雅集詩序

弘治戊午秋，衍聖公以賀聖節來京師，禮成，將東歸，大學士長沙李公於公有姻婭之好，以七月九日燕于西第之新堂。與席者九人。是早炎暑孔熾，赴者以爲難。既午而雨，纖塵不驚，清風徐來，主賓之情大洽。司徒太原周公即席賦詩一章，太宰四明屠公倚而和焉。明日，二公再疊一章，而成國朱公、司寇武進白公、少宰鄆城侶公、少司徒華容劉公、少宗伯新喻傅公、學士泌陽焦公及不佞亦次第和焉。書以成卷，將致之公，而屠公題曰西堂雅集，屬予爲之引。

惟周之時，名卿才大夫於會合間，必賦詩一二以相遺，連類吟諷，不必己出，其見于春秋，可考也。若群起而爲之，則自鄭卿始。晉韓宣子之聘于鄭也，六卿送之，宣子請皆賦以見志，於是子齹而下各賦一章，或道其德業，或堅其交誼，或喜于一見，或愛樂其爲人。宣子拜謝，以篤燕好，文獻蔚然，可誦而傳，亦叔季之一盛哉。今主上膺眷命嗣大曆服十有一年矣，而公聖人之後也，抱美質，謹禮嗜學，每屆節期，奉表入覲，非宣子聘于侯國者比。李公以清德正學參宥密、掌制命，亦非子產可倫。而屠、白、周、侶諸公並以材傑位六卿、居法從，篤斯文之雅，更相倡和于一堂，將以鳴國家大一統之盛，豈直規規乎一國之風者而已？天子萬壽，公歲必一來，諸公翕然一時耆德，所以太平而樂休休者未艾，然則西堂之集，固張本于斯乎？不佞庸猥不足以齒諸公之後，然於公兄爲友壻，義不可辭也，序而歸之。

兵科給事中王君二親壽詩序

弘治十一年戊午冬十二月朔，兵科給事中東莞王君文哲受命持節之安南，封其國嗣王，前期過予言曰：「縝之有茲役也，獲便道過里，而家君以明年壽七十，母陳孺人壽六十有三，不肖得奉一觴候顔色于堂上，甚幸。士大夫之厚善者，又詠歌之，至盈卷矣。顧不可無序也，敢奉以請。」予誦其詩而嘉嘆曰：「懿哉！士之限職守，勢不得歸，與將命四方，苦于冀、越之相閱〔五〕，徒興于靡盬〔六〕、馳思于瞻雲而不能已，求如文哲之獲壽其親也，非千百之十一哉？南山之篇、嵩高之什，遠矣，尚齒好德之義本于人性而放于古者，奚間哉？」

王氏系出太原，至宋始遷于閩，達于廣。君之父淡軒翁起鄉進士，筮仕同知廣右之慶遠，有却金之操。易地閩之泉州，有救荒之仁，有清戎之績。用薦擢知湖廣之寶慶，政益閎而譽加美，然卹困鋤强，不遺餘力，雖坐讒忌以去，不自沮也。家居却掃，遠外聲利，鄉評高之。陳孺人復以勤儉好禮佐之。而文哲奉公訓惟謹，遂擢賢科官近侍，清才讜論，取重一時，所以爲顯揚之地者，實有大焉。兹之往也，駐節里門，衣冠畢集，誦諸君子之詩以侈上恩而昭其親之德，使見者企、聞者興，釋瞻雲之思，罷靡盬之嘆，一舉而忠孝之義具焉，豈若昔人之誇衣繡、矜負弩于巷陌而已哉？翁夫婦目其子之宦成而享其養，心日休，體日强，雖由耄耋以臻于期頤也孰禦？然則播之聲詩、託諸比興以致尚齒好德之私于異日者，未艾也。

曩予被旨教庶吉士于翰林，文哲在焉，有一日之長，且雅聞其二親之壽與福兼也，序而歸之。

王氏二親哀詩序

哀詩一編，皆以爲松軒處士王君及其配鄭氏而作，其子濟南同守從鼎之所輯録梓行者也。予北上道出安德，同守以理餫事在焉，則奉以序請，且令人尾舟以竢。披閲一再而得其大端焉。處士世家台之黄巖，所居曰徐山，早失其父愚隱君，能力學自振，敦古禮而不伍流俗，顓儒業而不惑異端，究醫術而不事祈禱，作先祠以報本，闢家塾以迪後，卜地爲壽藏以佚老，所履正，所守堅，故自號松軒以見志。卒年七十有五。鄭氏，鄉先生靜庵君女，性貞敏而輔以家學，佐松軒以明淑見稱。卒年七十有七。夫以君夫婦聯德偕老而又有賢嗣人若此，亦庶幾無憾者，其奚以哀爲哉？

然竊聞之，禮始乎脱、成乎文、終乎隆。蓋仁人孝子之慕其親者，無已也。初，同守與計偕上京師，連得家訃，號慟幾殞，亟歸而奉襄事，不及視其賵殮也，其跡類脱。既顯矣，而昭潛垂後之急，於是乎追志有銘、最行有表、嗣書有碣、寓哀有詩文矣。而猶未也，於是乎宦成有褒贈之典焉，大夫之銜、宜人之號榮加于先祠，澤及乎漏泉，求之一時，不可多得，斯不謂之隆乎？人子之慕親而至于隆焉者，寡矣。然禄養之不適口，命服之不逮躬，則雖至于隆焉，而思益深，哀益切，此其惓惓于諸君子之詩而不能自已者歟？君子之學，修身以事親，而仁民愛物之澤必自親始，不可誣也。同守之律己惠民，有嘉聞矣，政成位升而致隆于顯揚之地以增輝此編，亦尚有日哉！

贈太子洗馬兼翰林侍講梁公使安南詩序

弘治戊午冬十二月朔，禮部言安南國王死其陪臣，表上請封其嗣王，按故實，宜得侍從舊臣一人充正使。事聞，上以命太子洗馬梁公叔厚，特詔兼翰林侍講賜一品服。命下日，傾朝謂之得人。有嘖嘖其傍者曰：「聖天子方崇睿學御講筵簡宫僚夾輔儲極，而梁公在上及青宫之左右，其職親，且上注意稽古禮文之事，詔修國之會典與宗府之玉牒，而梁公坐兩館日從事筆削，其任隆。乃今輟之而命使海外萬里國也，何居？」予曰：「不然，綏遠馭夷，帝王之要略，不可忽者。安南境越裳，古南交地也，頗有文采飾其遠陋，而其人實狡焉弗共，每視中國之政爲向背。當周之盛也，重譯而獻白雉；暨宋中葉，則大入邊〔七〕，作露布以聲新法之罪。其善偵若此。矧其嗣王受初命、繫國體，綏之馭之，實其志而懾服其有衆，非職親任隆若梁公，孰當其選哉？」

公舉禮闈第一人，先帝時擢上第入翰林，其名之聞四方，久矣。世家南海，去安南境僅踰月，山川險易道理遠近，其知之稔矣。四牡載馳，遄至其國，宣布聖天子之德威而授之王，使其畏仰，永堅臣節，不敢萌善偵之戎心，以奠我南服，且知中朝侍從之賢有梁公焉，固無事乎自晦以沮其快覘顧識之誠如李揆也，亦無事乎過慮以折其迂途見紿之詐如劉敞也。使節來往，朞歲間爾，睿學之資，國本之佐，秘省著作之成，孰不有待于公乎？然則重其行有所嘖嘖于公者，弗思也。

公前此受命主秋試于南畿，號得士，其第一人曰姑蘇唐寅，合同榜賦詩以贈公，屬予序。予與公同事相得，其文學之昌、才識之卓、操履之懿，蓋畏友也，於其行，固將有言以致區區，而況重之唐請哉？

贈知歙縣事熊君南還序

出而有治跡于官，歸而獲恩典于朝，此士之所欲而不可得者。凡今之仕四方有治跡者幾人？考諸薦剡之上于行臺者，可數也。獲恩典者幾人？考諸綸命之頒于中秘者，可數也。若熊君之歸，斯君子之所見與者乎？

君以成化辛卯舉于鄉，七上南宮弗偶，謁選銓曹，以弘治庚戌廷授知徽之歙縣事。老學通識，蓄久而未施者，一旦見諸舉措禁戒之間，政平訟理，嘉譽翕然。不兩歲而侍御涂公下獎勞之令，越三歲而侍御方公舉旌異之典，又三歲而侍御連公有覈實之奏。於是君心益殫，政益成，凡一邑之間民産畸贏、倉廪豐耗、鄉俗澆淳，君知之如一家、理之如一人。上之所委，必竣其事，而勘牘無再三之虞；下之所質，必得其情，而刑書無詿誤之失。官雖涉于異縣，事或懼于難集，有下君者，君一一應之而無少盭且隳焉。蓋九年于此矣。人皆謂若熊君，内參九卿、外佐列郡所宜有者。己未之春，乃以其髮種種而倦于行，得致仕歸其鄉。

凡徽之人仕京師者，蓋莫不悵然其去而惜其不能留也，相率請一言爲贈。

予觀熊君三受行臺之薦，而獲聖天子之制命，所以賁其身者有賜階之榮，推之二親及其配者有褒封之寵。天恩汪濊，龍章烜赫，所謂出而有治跡于官、歸而獲恩典于朝，兼士之所欲得而見與于君子若熊君者，非其人歟？君世居豐城，生一歲而失恃，其父毅齋處士最勤教子，故君克自樹立以有今兹。兹之歸也，掃其松楸，行視其丘壠，以盡蒸嘗之思；退而燕其父老及其族人子弟，以叙桑梓之雅；又以其暇日登眺山水，一觴一詠，尋童子釣遊之處，以自足于林泉之適。仰先德而歌聖化，樂宦成而娱晚景若熊君，誠可數也。彼學而無以爲治術，老而無以歸榮者，其相去何啻倍蓰哉？予家休寧，與歙隣境，蓋嘗悉熊君之政，故序之不辭。

林下清風卷引

林下清風詩一卷，吾同年友題墨竹以贈南京工部侍郎徐公。公所居，海虞者也。寫竹而倡以詩者，工部侍郎餘姚史公天瑞。和者，太子太傅吏部尚書四明屠公朝宗而下若干人。初，公肅之以都憲改官留都也，覺有所齟齬，即上疏乞歸田。詔不允，勉就任。一再朞，復上疏，不允。乃以考績來京師，既陛見得疾，卧朝邸，未一月申前請益力。於是三疏矣。聖天子憫其情懇切，許之，仍給驛歸其鄉。而吾同年有是舉焉，所以致其不可跂之意也。

夫植物之當酷暑泠然其風足以滌煩解愠者，惟竹爲然，故君子比德焉。若吾公肅之所謂清風者，嘗一見之洛嵩，再見之江漢，而今則見之林下矣。夫吴産多竹，而徐碩宗也，池亭之間，將與此君結歲寒之好，腹飽其清味，耳飫其清響，其所得多矣。涼陰之下，時一披卷，取諸公之賦詠扣瑯琊之節而歌之，疾日益平，樂日益增，而清風之所播者益遠，將使污者廉、暴者革、憊者甦而與伯夷冥交於百載之上，不亦快哉！然則是卷也，豈直以伸友朋之私、備祖道之故事而已。

太監陳公榮賀序

弘治十年夏五月望前二日，詔以午門正陳公爲内官監左少監〔八〕，提督巡察光禄寺事。未幾，詔兼入侍乾清宫，賜大金彩幣甚厚。明年夏五月望後三日，御筆書大監陳永安五字于牙牌以賜。又三日命下，升太監，僉書監事，仍兼提督寺事。甫一歲而蒙聖天子寵眷知遇若此，盛矣哉！

光禄卿李公與其僚寀以蒞事者得人，可相濟也，請一言以爲慶，且道其詳云：「公字一寧，涿郡人。景泰中入内廷，英宗初以俊秀送司禮監書堂，從故閣老保齋先生劉文安公、眉山先生萬文康公讀書習字，以聰穎得名，同舍多不及。久之，送御用監學琴。而公不以自足，讀書勤，字益工，尤善鑒别古法書名畫，詞林諸公多愛敬之。憲宗初，命司筦于午門，升奉御，進副與正，幾三十年，勤慎不怠。暨于今上，遂知公賢勞而進用之，有提督監察之命焉，豈一日之積哉？公之在光禄也，以興利祛弊爲己責，凡九廟之祼享、三宫之膳饈、公卿百官之節食、經幃東宫之講宴、四夷朝使往來之賜饌，務致豐潔，以副主上敬先事親、禮下綏遠之至意。又以餘力剏天鵝之浴池二，寶裝果樓并膳盒之庫廳二，葺大官諸署倉庫、溝渠、井亭之類幾百餘〔九〕，規措有方，不勞而成，功日著，譽日興，上眷日隆，而公圖報之忠日切，宜諸公之有斯慶也。」

惟高廟定制，宫府一體，既設臺部百司以敷政于外，又設諸監局以治事于内，内外相峙，庶務畢張，事相涉者，然後參用以相成，其大要得人則事濟，非其人則事盭，不可不慎也。若陳公以瓌偉之資、闓爽之才，本之以好學，加之以久事，當上心而服衆望，其職安有不舉者哉？雖然，光禄所司，金穀之出納，甚重且劇。然終一事耳，功之所及者，宰夫饔人之屬而已，未足展布也。他日荷殊寵、預宥密，責益大，功益閎，士夫之嘉羨于公者益盛，而皆于光禄勳卜之矣。

予在詞林識公，每史館之暇，與朋輩造焉，啜茶觀畫，聽琴對奕，恒至終日，知其遠到之器也，故於諸公之請辭弗獲而書以授之，俾爲慶之張本云。

校勘記

〔一〕蔡氏九儒書卷一此序署：「弘治十年丁巳十二月書。」

〔二〕又非有奸宄武斷若昔人之云者　「奸」，原作「好」，據篁墩程先生文粹卷十四改。

〔三〕吴興陸氏族譜卷首此序署：「時弘治十有一年戊午秋七月上澣賜進士及第嘉議大夫禮部侍郎新安程敏政書。」

〔四〕陸之得姓自齊宣王少子通始　「始」，原作「姓」，據吴興陸氏族譜改。

〔五〕苦于冀越之相閧　「閧」，四庫本作「鬩」。

〔六〕徒興于靡鹽　「興」下，四庫本有「懷」字。

〔七〕則大入邊　「入」，原闕，據篁墩程先生文粹卷十四補。

〔八〕詔以午門正陳公爲内官監左少監　「左」，原作「尢」，據四庫本改。

〔九〕葺大官諸署倉庫溝渠井亭之類幾百餘　「溝」，原作「講」，據四庫本改。

篁墩程先生文集卷三十六

題跋

書諸葛忠武侯傳後

右漢丞相諸葛忠武侯傳一卷，宋南軒先生張宣公之所訂者。板刻在南京國子監，有甲乙兩本，皆殘缺不完，文亦小異。予嘗攜入史館，請閣本參校之，手自鈔補如上。而乙本殘缺爲甚，不復成編矣。然乙本有附録一卷，得可屬讀者，南軒先生論、記、贊、詩四篇，論雖復出，而不可芟也，輒校以附甲本之後。予嘗見朱子有與何叔京書及武侯贊跋、卧龍庵詩，多與南軒此傳相發，輒録以附。宋季有清江胡洵直者嘗考訂出師表中脱誤數處及補亡七字，見蘆浦筆記，而人多未之知也，又録以附，將寄南監補刻以傳。

惟南軒先生以丞相忠獻公之長子當宋社之南，力排和議，倡復讎之舉，其心事實與武侯同，故惓惓訂此傳以見志。且力非武侯之子瞻身兼將相，不能力諫以去黄皓，又不能奉身而退冀主之一悟，兵敗身死，僅勝於賣國者爾，故止書子瞻嗣爵，以微見善善之長，而餘固不足書也。爲法嚴、立義精如此，是豈陳壽輩所能窺其萬一？至求其旨意所在，直將以拯天綱、紓國難而不墜其世烈，不撓于一毫功利之私，則去今雖數百載，而讀之猶有生氣也，非有得于聖門正誼、明道之説，惡足以與此哉？朱子以韓侂胄柄國殺趙忠定公乃注楚詞傷宋國之亡；以蔡西山之竄決道之不行乃注參同契，致長往不反之意，皆大賢君子之心事，非得已者。而世猶疑其長詞華之習〔二〕，倡導引之端，所謂淺之爲丈夫者，類如此。因併及之，以見斯傳之非徒作云爾。

題明良慶會卷後〔二〕

明良慶會一卷，績溪程氏之所藏也。卷之爲石刻者七，爲真蹟者一。其石刻之第一紙宋理宗御製詩三首，蓋和其先世祖少傅右丞相兼樞密使吉國文清公元鳳者也，楮尾識以御書之寶。第二紙即公之詩，蓋寶祐丁巳禋禮告成，公上此稱賀，故理宗用韻以答公也，詩後有公自序。第三紙以後皆御劄。其一當在景定庚申，蓋公罷相後起拜觀文殿大學士判平江，故中有「吴門爲股肱郡，非股肱臣不足以居」之語。其二則答公辭免平江召命，故中有「不必辭吴門之行以孤朕意」之語，二紙皆在是年之八月。其三則答公第三疏辭免者，故中有「朕欲煩卿以政而非以是寵卿」之語，又引向敏中之事以況公，當在辛酉之七月。考之庚申五月，方召賈似道還朝拜右揆兼樞使，故公三辭而後受命，蓋忠邪不能並進，從古然也。其四則自平江召公爲特進醴泉觀使兼侍讀者，當在是年之十一月。故中有「報政輔藩，趣還經幄」之語。其五則答公辭免侍讀召命，依所請提舉臨安府洞霄宫者。考之家傳，至此蓋三疏矣，故中有「累詔趣發，辭則如初，勉遂雅志，俾奉外祠」之語，當在壬戌之四月。蓋去年七月似道方進位太子太師爲經臣首，故公力辭召命奉祠而去。觀諸御札可見，而史傳於侍讀之召若曾供職然者，誤也。紙尾皆有「付程元鳳」四字，加以御押，而旁復有四字，與押皆同者，外封也。宋制，凡群臣有所陳乞就章後批之則謂之内批而不用寶，别降手詔或有御製詩文賜予臣下則謂之御筆，其字内嬪代書者則用詔書之寶，或自書、或代書者，則雜用御書之寶，或親筆則用押而不用寶。此卷前三詩用御書之寶，後五札有押而無寶，在當時必親書，而更代以來亡矣。其三蹟一紙，則公在講筵時所上備邊劄子，以「朝請大夫行右補闕兼侍講」繫銜，當是寶祐癸丑之五月。考之是時，元兵方日寇漢蜀荆淮之地，故公拳拳以方田、遊擊二事爲言，議論不回而區畫有道，蓋鑿鑿乎可行者，終篇復引孝宗謂輔臣之語曰「士大夫於家事人人理會得，至於國事則諱言之」，蓋不特當時爲然也。劄之後有墨書「依」字一，蓋即所謂内批。考其時與事，亦莫之能用也。宋制，凡臣僚奏疏由都進奏院而上聞者謂之奏狀，面陳及徑至御所者謂之劄子，宰執兩省及内外官登對與夫帥漕郡守武臣有事涉兵機者，許用劄子，餘則皆用奏狀。公之此劄，蓋所謂登對者也。其結銜之上帶「行」字者，蓋階高而官卑者謂之行，階卑而官高者謂之守，官階相等則無之，蓋階所以序品而官所以寄禄也。劄之前有「二十八日未時七刻降」九字者，蓋自御所下之中書省，省吏誌其時日且著之籍以憑稽對，然後下其事於所司。今此劄乃藏之於家，蓋有不可曉者，豈公入相時自以爲己物因取而藏之乎？公之七世孫孟嘗集公家傳之類爲一帙，而好事者題曰明良慶會録，此卷蓋蒙其文者。録所載視此增御製詩凡四，御札凡三十有一，奏議凡八，蓋雜得諸別集中，而此卷則當時石刻故本與真蹟，尤可寶也。

「明良慶會」，予不知所以名之意，豈以理宗詩尾有「賡歌之後可無詩」之句，故好事者摘此四字以弁其首乎？夫以理宗御翰及公之奏議、君臣詞章萃諸一卷之中，固亦有若明良相遇者，然以予觀之則不然。公之相理宗也僅十月而罷，既罷而起也，嚮用之意雖勤勤焉見諸詞翰之間，然前則爲丁大全之所睨，後則爲賈似道之所軏，故公終不能安於其位以盡其所學，遂翩然爲長往之舉。考公之平生，豈不願爲良臣者哉？古之明君任賢勿貳，理宗其有合乎？甚哉！明良相遇之不偶也。

公子孫皆居歙之槐塘，而從子浙西發運司主管機宜文字贈新安郡伯宏祖始分處績溪，生元浙東宣慰副使相，相生同知梅州燧，燧生淳安簿景高，雖更異代，皆用公蔭入仕，而同知五世孫太學生傅實藏此卷，來京師館于予，出以相示。予與公皆梁將軍忠壯公靈洗後，而傅於昭穆當字予爲叔，因題其後而歸之。嗚呼！傅也尚無忝其所生者哉。

題續文章正宗後

浦陽鄭柏續文章正宗四十卷〔三〕，其去取精審雖不逮前人，亦不甚猥褻。自勝國以迨洪武初，凡名家世臣，其文之可見者，蓋不能無賴乎此也。其後義烏王稌、盱江張光啓校而刻之，因各入其私集，遂爲此帙之累，觀者病之。暇日輒命侍史伐去二氏所增詩凡二十三首，文凡八篇，其中若王國博紳、王贊善汝玉、王學士英、鄒庶子緝、陳侍郎璉固皆一時文章巨家，但不宜先置於此，當與方正學、楊文貞諸公別爲續集以附，庶乎得之。永樂二勑，原無代言者名氏〔四〕，今亦不敢登載云。

林月鑑江湖勝覽卷跋

泉南林君諭精相術，以薦爲其邑之陰陽官，凡三入京師矣。每至而名益奇，或以月鑑號之者。間因武進陸君廉伯以見予，袖出一卷詩，曰江湖勝覽，皆朝之名公卿投君之好而予之者也。

予觀世之達官貴人，類能爲君以自重，雖賢者以公務見至累日，終以事辭者。有之幸一見，或不交一語以退，蓋雖負天下之志者，亦無自而吐其尺寸焉。惟挾風鑒、禄命諸術者，不獨走門下即見，至折節傾倒，惟恐不盡焉。或聞其名而物色之不獲，則悵然以爲失士。予以此蓋竊羨夫負奇挾藝者之遇，而亦不能不嘅夫爲人上者，其下士盡言，不在彼而在此也。若林君之見遇於公卿，豈不以其言之多中哉？顧其相予乃獨以爲異日當大顯，夫人豈不自知？予以此又竊懼其言之不中，將自予始矣。

昔嚴君平賣卜，各因其勢道之以善，而言之中不中弗計焉。今出入公卿間得行其言者，蓋莫如術士。林君往來江海之上、巖穴之下，與夫邊州僻郡，目所經者，將無遺才隱處、守道履貞之士，而力不能自通者乎？如見上之人語及之，使天下之賢者或因君而有聞焉，則予又將重嘅夫月鑑之名在此而不在彼也。

題文公梅花賦後

文公舊有前、後、續、别四集行世，而後集亡矣。此賦見事文類聚中，固後集之一也。公九世孫永年丞棶出梅花圖相示，因語及之，遂請録置其上，用補家乘之闕云。

題先世文清公贊御書儒碩字後

右宋吉國程文清公贊理宗所賜「儒碩」二字者也，字與贊當時皆刻石于家，而更代以來，贊頗刓缺。九世孫鄉貢進士傅請名書者録之，以配摹本之字，間持示予。因敬誦一過而告之曰：「吾與子幸俱業儒以不失其世守，則夫君子小人之際如文清公所致謹者，可不重加之意乎？」

跋宋嘉定十三年直學士院莊夏誥後

宋制，凡公移則官高者居左，制誥則官高者居右。蓋公移乃官府往來之文，具署名及觀者皆南面，故列銜得以左右爲尊卑；制誥乃臣下受之君上，署名及觀者當北面，命詞在前，故列銜者悉從其後也。惟中書省牒略與誥身相似而實不同，在宋時已有誤認之者矣。而張駕部汝弼復以是致疑，予恐觀是誥者因駕部而以爲贋，故一訂之。

題所校脉經後

走以先襄毅公賜葬恩自新安入謝，道出淮陰，會河冰不能去，借宿驛中。居鬱悒，病痰，從淮醫朱鑑借書得王氏脉經十卷，蓋元泰定、隆興翻刻宋熙寧閣本也。有宋長樂陳孔碩序，序稱脉訣出而脉經隱，比之俗儒知誦時文而不知誦經史，切中近世之病。自泰定及今，餘百年，此書復亡。淮進士畢君舜脩始得鈔本刻之，然其間脱誤尚多。驛舍無事，取朱本參校，終卷勘其誤凡二百六字，補其脱凡十七條，因畀舜脩，使刊正之，以便世之慈孝者。

題錢尚書爲劉御史作奉思堂記後

監察御史高唐劉君士元出奉思堂詩文一册以示予，爲之哽咽而後誦之終篇曰：「嗚呼！若吾士元，可謂孝矣。」

士元起家春秋，奉廷對爲名進士，出知贛榆、盧龍兩邑，有遺愛，爲賢令尹。既入憲臺，按兩淮及按吴中皆以風節聞，爲才御史。古人所謂顯親揚名者，士元蓋庶幾矣。矧有恩命焉足以光父于地下、榮母于堂上，有禄焉足以具生者之養、供死者之祭，而又何憾？雖然，奉之則求有以樂其心志、祝其壽考，思之則求有以謹其封域、守其訓言，此士元之所爲名堂者與？

走與士元同年友也，不幸先襄毅公近棄諸孤，而亦幸母太夫人無恙，其心事蓋與士元同，故有感焉不能自已而題其後。

題唐張旭草書真蹟

鄙性最劣，于書凡古人墨蹟往往莫能别其真贋，甚以爲恨，思學之而未能也。此卷爲吾友李武選貞伯所藏。武選博學好古，而尤以詞翰妙一時，其所鑒定，必真蹟與。是可寶也。

書懷古録後

懷古録一編，毘陵謝應芳子蘭之所輯也。子蘭當元末避地中吴，得晉侍中顧元公榮之墓于吴城之東，言于縣令，封表之，又復其祠之侵于雜祀者，又輯史傳及諸賦詠以爲此編。夫晉名士出中吴者多矣，子蘭獨惓惓于元公，何哉？子蘭蓋有微意焉，惜人之弗知爾。永嘉之亂，廣陵陳敏據江表以叛，自稱楚公，封十郡，加九錫，兄弟姻婭，盤固州郡，威逼士庶以爲臣僕。元公亦嘗受其官爵，既乃與諸義士畫策改圖，誘而誅之，撫定六州以資東晉之興。考元公一生，勳猷蓋無出此。

至正之亂不類永嘉，張士誠之叛不類陳敏，而士誠又非廣陵之産乎？當時三吴之士從士誠者，豈無元公其人，而無元公之舉，此子蘭之所爲拳拳者與？夫懷古所以悼今之不逮也。或乃謂子蘭徒以桑梓之故表章之，至謂元公出處有可議者而不必録，皆非知子蘭者。子蘭他所著述，其言實而不靡、正而不撓，自訊而不惑，蓋布衣中奇士也。由此録觀之，則其志有弗伸者焉。吴人朱性甫將校刻之，稍加釐正，間奉以視予。予竊窺子蘭之意如此，又因以知古人作事非徒云爾，不可以不白也。

題沈生作時感烏卷

養口體之孝，烏之僅同于人者，而人有弗能者焉。非不能也，弗爲爾。若養志之孝，烏烏能之。人能之而弗爲，則失其所以爲子者矣。沈生勖哉，吾於是乎有感。

題宋李龍眠白描淵明圖後

右歙人朱克紹所藏宋龍眠白描淵明圖，圖凡十有二，此其一也。

淵明之事，有程、朱二夫子定論，後學宜無所復置喙者。吾友翟少卿廷光忽大書一跋，并和歸去來辭，欲自學孔子而以「不仕無義」責備淵明。予讀之爲之大駭。夫淵明自以晉朝世輔，耻復屈身劉宋，故始終託詩酒以自晦，而人莫之知也。朱子綱目大書晉徵士陶潛卒於南宋之朝，可謂得淵明本心於千載之上者矣。淵明平日詩最冲澹，至於詠荆軻則激烈之氣奮然如不可遏，以秦諭宋也；平日與物無競，至於檀道濟餽粱肉則峻却之，以道濟事宋爲心膂也。此其心事，當何如哉？而以孔子「不仕無義」譏之，大失言矣。朱子楚辭深罪楊雄而右淵明，雄之罪，正坐以孔子自任而誤認「不仕無義」之語，遂失身於莽爾。惜吾友生程、朱之後而爲此言，故不得不一訂之。

題宗老學可所藏元人卷後

此卷自虞文靖公伯生、汪文節公叔志、達忠介公兼善、狀元陳公祖仁而下，率皆知名之士。詩中稱楊公志行乃翰林待制楊剛中，其子翮，字文舉，以文名，嘗主休寧簿，故吾郡之人多從之游。鮑伯原，歙人，名深，仕爲紫陽書院山長。程文，婺源人，號黟南生，字以文，仕爲禮部員外，虞揭亟稱其文。汪克寬，祁門人，字仲裕，號環谷，有春秋纂疏傳學者，皆吾郡一時宿儒。朱德潤，吴人，字澤民，有文集行世。徐舫，嚴州人，字方舟，以詩鳴，宋濳溪銘其墓。他如張公純仁、端木公孝思，皆嘗仕於吾郡，風流文雅，談者尚之。

噫！元季至今百五十年，諸廢毁澌盡者何限？顧夫書史字畫猶爲好事者珍惜，何哉？重其人焉爾。然則人豈可不力於善哉？善固有出於書史字畫者矣。予過宗老學可獲觀是卷，因跋而歸之。

卷内虞公書名模糊不整，蓋虞得罪毁目，後凡製作多門生代書，惟自署其名示不僞爾，觀者悉之。

書亡弟克寬所贈族姪貢士佐時詩後

亡弟克寬舊與佐時同學相得，嘗同試丁酉京闈，而佐時先捷，故賦此贈之，未及録也。佐時恒語予，不能忘，因請書入卷。俯仰今昔，爲之泫然。成化壬寅春正月晦日篁墩志于保復堂。

書趙松雪千文帖後

得之於心，應之於手，書字者渾然不啻如天成，鋟梓刻石者亦渾然不啻如己出，則兩者之難恒均。趙松雪每有所書刻石，必付茅紹之，蓋事有相輔而後可傳者如此。吾鄉鋟梓刻石必歸之歙仇村黄氏，黄氏之彦曰文敬，尤以此得名，予刻先塋碑及鋟貽範集，皆文敬率其子弟爲之，因獲見此帖。惜文敬生今之世，未有若松雪者鑒賞其人，使與紹之並稱也。

跋績溪仁里程氏譜

右績溪仁里程氏所藏宋都官程氏世譜三十卷，考其所自序，譜初成，東南族人輒傳鈔之，家有一册，而都官後來復加修改，往往與舊本異。又有續譜一卷，舊本亦多失之。予所見本三十卷既終，獨吴門房一支，蓋續譜之首也。惟此本係吴門、開化二支，其後亦有脱簡，視其紙墨當出于宋末元初之交，比諸本猶號精的。予之爲統宗譜，有取于此本爲多。仁里之程分自歙槐塘，槐塘大顯者有宋丞相文清公，仁里之祖則文清之從子也。今鄉貢進士傅方以經術致身於時，其弟儒尤博學能文，佐予爲統宗譜甚健。夫人能尊祖敬宗而保有其手澤，皆孝之大者，予以是嘉之，爲書其譜後。

書汊口宗家承德堂後〔五〕

右吾休寧汊口宗家之先在元有以舉德名堂者，至其子以承德易之，所得一時名公詩文甚富，發輝其先德者甚詳，不容復贅也。中更兵燹，失之。其孫曰志端，力學好古，訪求之累年，以次繕寫，卷以復完。嗚呼！是亦可謂克承者矣。夫名賢之製作，先德存焉，誠不可不加之意也。然實其言踐其行，豈不益有光於斯卷也哉！

題族祖宋端明公所爲范可起字説後

予會宗譜于南山庵，有范生福臻者實預繕寫之列，間諏其家世，則知博村人。其先曰器之者，爲吾宗宋端明殿學士贈少師洺水先生之姊之夫，因居汊口，至生，九世矣。器之之子震，端明嘗字之曰可起，爲説以勉之。説凡四十一言，其真蹟故在也。鄉先生如胡雲峰、唐筠軒輩皆有跋，蓋不容贅矣。而福臻必請予言。予觀端明公以「可起」望其甥者，其意甚遠，然可起卒隱居求志以終，疑若未副端明之望者。是大不然。人之所以起家者，豈必簪纓軒冕之足貴乎？可起之族，自宋以來，敦尚詩禮，以不失故家文獻之風。在元有壽明者爲醫學提領，與胡長孺諸先達游。在國初有平仲者，從學朱楓林、趙東山、汪蓉峰三公，以薦至工部主事，爲時宿儒。今生之祖父昆弟亦皆襲其遺芳，誦詩讀書爲里塾師而不從事于管商，不胥淪于流俗，不瀾倒乎魚鹽闤市之業，則可起之興家，固有在此而不在彼者。彼簪纓軒冕之貴，或興於前不能保其不仆於後，視吾所謂詩書之澤取之不窮，享之而莫吾争也，以彼較此，將孰多乎？生質美好學，所以亢宗於異時者，或在於此，尚勖之哉！

跋婺源環溪宗家思家録後〔六〕

右思家録一帙，婺源環溪程氏之所藏也。環溪程氏本朱韋齋先生母家，其後允夫先生復以中表從文公先生游，允夫弟冲夫六世孫本中當元季之亂，以陳有定方爲元守八閩，乃避地依朱氏于建陽，不能復返桑梓，手書家事三十四條授其子文仁，俾歸婺源。凡祀先、睦族、持身、保家之説，既詳且密，蓋非學力精到者不能有此。然考其時，當在國朝已定江南之後，方是時，鄧愈、王克恭前後以勳戚開府新安，居民按堵，流亡復業，本中蓋可歸矣，而不歸，卒以客死，觀者不能無憾焉。然吾於此則深悲夫仁人志士之見各有所在，蓋之死而不悔也。

初，元季紅巾盜起，婺源人汪同建義保鄉閭，一時賢豪多起應之，本中之兄敏中實與共事，又有子女姻戚之好。未幾天兵下新安，愈執同送金陵，高廟壯而釋之，俾還守婺源，以克恭監其軍事。久之，同北走燕，復受元命，至兩淮經略南事，爲張士誠所招，死姑蘇。趙東山先生爲同立傳，以比漢關羽，蓋確論也。然則本中之不歸，殆以是歟？不然，何其當歸而不歸也。

考之本中素與箬嶺宗老禮部以文先生及歙鄭師山先生友善，其避地于閩，又與尚書貢公師泰、秘書揭公汯友善。本中先嘗捐田五百畝建遺安義學，師山記之，後燬于兵，而貢公爲之跋，其言曰「治平有日，尚當拭目盛事」；本中祖母死，貢公銘之，而揭公爲之跋，其言曰「俟四方之寧，歸而刻石」。嗚呼！觀諸君子之言，則夫海桑之感、黍離麥秀之悲，在當時必有不病而呻吟者矣。此本中之所以不歸也。載考史及傳記，師山死于歙，貢公死于閩，以文死于浙，揭公死于燕，皆凛如秋霜、皎如烈日，至今讀其事、想其人，竦然髮竪，肅然心警。而本中皆獲與之相游處，聽其論議，矧又出爲大賢君子之姻黨，薰陶漸漬之有素，則其所養之深、所得之粹，從可知已。

惟我高廟之興應天順人，汛掃胡孽，其功雖武王誅紂、漢高滅秦，蓋不是過。然有爲元盡節而死者，必嘉予之，所以勵臣節爲世勸。而夷、齊之餓，兩生、四皓之隱，亦不能無焉，則夫天理民彝之在人心，固有不依形而立、不隨死而忘者，此吾於本中之録爲之三復不能已也。

題王太守所和宗姪逸民詩後

此新安太守王公而勉所和休寧耆儒程君逸民詩四章。夫逸民一介之士耳，以詩倡其守；而勉二千石之貴也，以詩和其民，皆近世所偶見者。噫！有所挾而不能以禮下人，有所徼而不知以道自重，此古風所以不復而俗益澆也。易曰：「君子上交不諂，下交不瀆。」先正亦謂孟獻子忘其勢，樂正、裘牧仲忘人之勢，若而勉之於逸民，殆庶幾乎。予故兩賢之而題其後，使觀者有所考且有所警也。而勉名勤，武邑人，逸民名隱，與予同宗。

書程氏統宗譜後

噫！譜之成，難矣。凡預宗盟，有自百里之外者，有自千里之外者，裹粻來會，有一再往返者，有五六往返者；正訂異同，有一再易稿者，有三四易稿者；參考稽對，有居月餘者，有居數月者；鳩金刻梓，有捐十餘兩者，有捐數十兩者。夫然後乃及其成。以板計之餘七百，以字計之餘三十萬，以白金計之幾二十斤。噫！譜成之難如此，豈有所强之而然、有所利之而然？良皆出于一念尊祖敬宗睦族之心，故有不約而同者。

凡各族得譜之後，祀先掃墓之時，宜相覺察，不昧其本，不雜其流，則庶乎祖德不墜而宗盟可續也。或守奉弗虔而失之，或貪慕勢利而鬻之，爲族長者聲其罪于衆，追還原本，乃罰白金二十兩入忠壯行祠，或始遷祖祠，或膳塋公用。不服者，聲其罪于官，追還原本付族長收執而黜其名于譜，生不得入先祠，没不得入先墓。有能悔過自新者，族長録其善于衆而還之。嗚呼！立法之嚴者，立愛之深也。凡我族人，敬聽毋忽！

敏政書于南山堂會譜處。

書蘇氏古史朱子漫記所載程公孫立孤事後

按：程公孫立孤之事見司馬遷史記、劉向新序，而蘇轍古史以左氏不載辭而闕之；朱子亦疑子華子爲贋書，而立孤之事頗見其中。由是二公危忠苦節幾不白于後世，甚可惜也。夫左氏失之誣而蘇氏專用之以駁史遷，固已不能無偏聽之蔽矣。敏政近讀邵子皇極經世書，而後知蘇氏之果於不審也。經世書謂趙朔以屠岸賈之亂而死于前，趙同、趙括以莊姬之譖而死于後，本兩事也。而史遷誤書爲一，若分而書之，其事自明。經世書乃朱子所信重者，惜當時偶未之深考爾。觀其載此之事，以漫記爲名，則固出于一時偶爾之説，豈若蘇氏手爲信史而無辨訂之力，反疑忠賢之妄者哉？然蘇氏之可憾者不特此焉，象謀舜、益避啓皆出孟子之口，而一切辨之以爲無有，則其他尚何責哉？金仁山通鑑前編專主邵子，决擿愈明，而仁山則朱子之正傳也，觀者自是可以釋然無遺憾矣。嗚呼！是豈獨以慰同姓之親？凡讀其事、想其人，慨然有感于斯而興其愛君死友之念，其於倫理世教，豈不大有所補哉？

書方虛谷所撰先太守墓碑後〔七〕

噫！徽之一郡六邑之人及我同姓之親，無不知忠壯公當侯景之亂、越國汪公當隋末之亂、忠壯十三世孫巖將公當黄巢之亂，各有保捍州里之功，相與傳誦之不忘，而不知我太守公之爲烈也。夫大業之亂固不過于永嘉，而侯景、黄巢之賊虐亦豈若鮮卑、胡、羯、氐、羌之爲甚哉？公當是時，奉鄍虞之主，守鮠舭之郡，撫瘡痍之民，乃能使下之人愛戀其生而攀挽其車馬，上之人悼惜其死而惠錫其子孫，則其綏輯之功、防禦之策、子諒豈弟之政，必有大過人者。史失書之，無以盡見，此仁人志士所爲永慨者與？獨其一坯之土百姓守之至今，名宦之蹟郡志尊爲第一，非其功德之烈，則固不能有此。拜掃之際，竊誦虚谷此記而有感焉。敬書其後，以告夫觀風者，使即墓所爲專祠，以示四方守牧之勸，繫百年父老之思，其於風教，豈不大有所補也哉？

書先忠壯公贈誥後

按：黄墩之名敏政既復「黄」爲「篁」，其後觀世忠廟所藏宋誥凡五通，皆稱「黄端」，尤莫知其所謂。載考婺源譜，乃知宋光宗諱惇，故當時以「端」易之，然則此名不獨復「篁」，而并復「墩」也。惜記中未見此意，因附著之。

書元呂中丞所撰藏山祠記後

按：山西通志：藏山在太原府孟縣北五十里，春秋時程嬰、公孫杵臼謀藏趙氏孤兒於此，故名。其藏處巖壘環堵淮鎔，旁有聖水出焉，每遇旱禱雨輒應。以記文不述「藏」字之義，因附著之。

書宋嘉定中請立忠壯公祠狀後

按：此段出績溪仁里宏祖房所藏都官舊譜中，當時槐塘宗老文實先生刻世忠事實源流録，意必見之而漏書也。今會統宗世譜，得之于宏祖七世孫傅、儒兄弟，而又於諸譜中考其出處名字，謹録于右。所稱知録旂者，丞相元鳳之叔父、主簿旃之弟，而旃之孫瞻祖、辛祖實與宏祖之後同居績溪者也。内翰珌即休寧汊口程氏。樞密卓、太卿覃，皆休寧會里程氏。掌書璋、將仕瑜，皆休寧陪郭程氏。俯仰今昔，將三百年，諸房子孫復會宗盟於此，豈偶然哉？惜樞密之世已絶，太卿之後今居湖州，而掌書之後亦無傳矣。

將仕公十一世孫敏政謹志。

書先忠壯公封王宣命後

按：舊譜忠壯公宣命封忠烈顯惠靈順善應王，近於琴川壺溪譜得其全文，乃封忠烈王，漢字及蒙古字分行書之。考宋、元制，凡封贈諸神祠，五等之爵以次而進，其封號自二字加至八字而止。忠壯初累封至八字侯，遂累加封至八字公，至元始封二字王，而舊譜云即封八字者，蓋因宋封八字公而牽連誤書也。又按勑牒與宣命所施不同，此本勑牒而謂之宣命，疑當時可以並行，亦猶宋制拜使相者或降麻或止用制之意云。

書先輔烈侯贈誥後

按：越國汪公隋末據新安稱吴王，以弟鐵佛、天瑤爲左右相，休寧程富爲太尉，歙任貴爲總管。蓋越公保有六州，多四人之力，故唐初送款，高祖特降勑褒諭，而越公廟食亦與享焉。考陳留譜，富爲忠壯公五世孫，新安之程皆其後也。

書先太守公及忠壯公夫人長子忠護侯追封三誥後

按：建昌譜稱新安太守元譚公追封忠佑公，婺源譜稱忠壯夫人董氏追封惠懿夫人，黄墩譜稱都督文季公追封忠護侯，然皆失其誥牒。敏政編貽範集嘗會諸譜，亦無所見。近乃得于琴川壺溪譜中如此。又考世忠事實，忠壯公廟從神二，左曰孫璟，右曰趙銘，亦云當時俱有侯爵，其來歷，誥勑年遠無考，因附著之。

書李北海所撰先長史府君碑後

按：李邕此碑作於開元十六年，而林寶所著姓纂在憲宗元和之際，相距百有餘年爾，不見此碑。碑稱重安侯嚮即忠壯之孫嚮，嚮生育，育生皆，皆生弘，弘生大辨。而姓纂乃謂大辨居中山，雖言五世祖忠壯而不知其所從出，疏脱如此。鄭夾漈謂「寶不自知其姓之所從來」，其不深考，無足怪者。宋太宗厭館閣所貯六朝暨唐人文集浩瀚無統，命學士宋白等選爲一千卷，賜名文苑英華，其間所取李邕之文甚多，而此碑在焉。下至仁宗至和初，上距太宗之朝，不過七八十年，而歐陽公作先文簡公父冀國公碑，止據姓纂，不見此碑。又下至哲宗紹聖間，上拒太宗之朝，亦僅餘百年，而宗人都官祁撰程氏世譜三十卷，其定著中山譜亦止據姓纂，不見此碑。雖曰文苑英華在當時卷帙太多，人所難致，編選未精，人所厭觀，然歐陽公辨博考索之功，亦容有如劉原甫之所少者。彼其定著歐陽氏譜與唐世系表，本出一手，而自相矛盾，則亦何有於他人哉？至於祁之世譜，上下千有餘年，凡程氏之見于載籍者，錯綜而附麗之，事靡或遺，而文足以發其辨博考索之功，要以爲難。顧乃妄爲忠壯公五世孫名以著于譜，而忠壯五世孫名載于邕碑而未亡者反不之見，則其餘所定著，又可知矣。

獨以此碑沉埋閟伏數百年，當其本朝如林寶者號通姓氏之學而不及見，當宋之時如歐陽公者以譜牒名家而不及見，如都官祁者定著一宗信譜果於必傳而不及見，沿至于今，上距此碑世愈遠而言愈湮，如敏政孤陋本無所知，而乃於館閣之下獲見於緡閱之頃，是豈獨文章之顯晦固自有時，而家世之真贋遂由此決，謂非一宗之大幸，不可也。謹拜手而識之，其餘曲折已辨譜圖下者，兹不贅。

書舊唐書横海藩鎮列傳後

一

按：宋都官宗人祁據元和姓纂及唐書爲兩譜，謂大辨爲中山房，謂元皓爲滄州房。敏政少讀之，則已疑大辨之孫皓與此元皓者，當爲一人。蓋定州即古中山郡，而元皓之子日華特仕于滄爾，其實家定州安喜，未可全舉其族以歸之滄也。其後考唐代宗、德宗實録，於日華小傳曰：父皓，爲定州刺史，始居定州；於史朝義小傳曰：朝義既死，其僞署定州刺史程元勝等悉舉其地以降。乃知皓與元皓果一人，而修史者不審，徒見定州有兩程刺史，遂誤以元勝之事移屬于皓，而又更其名爲元皓也。跡是觀之，舉八州之鐵不足以鑄其錯矣。所最幸者，新舊史於日華本傳俱曰元皓，於朝義本傳俱曰元勝，有若天誘其衷而不泯其迹以爲後人尋疑勘誤之地，使其改而從一，則豈可以復正哉？

左傳田恒與闞止争政，田恒殺之，而闞止實字子我。太史公作孔子弟子列傳，遂言宰予與田恒作亂，夷其族，孔子耻之。使非後賢因事考言，以訂太史公之失，則宰予蒙惡名於千載之上，不可雪矣。元皓之事，何以異此？敏政因定著家譜而爲之説，非獨以幸一宗，亦使當著作者因之而有警也。

二

按：執恭一也，舊傳以爲懷直之子，新傳以爲懷信之子，通鑑考異從新傳。而今譜定著從舊傳者，蓋嘗聞之，舊唐書之例：凡將相大臣書其出入年月、壽歲短長與其子孫承傳、典禮褒卹者，皆據當時所上碑誌而修入之者也，故其法詳〔八〕；其不書者，則止據所存案牘與得諸傳聞而修入之者也，故其法略。考懷直之傳，謂其貞元九年因畋獵爲懷信所拒，遂入朝，既而懷信死，懷直子執恭知留後事，乃遣懷直歸滄州，十六年卒，年四十九，廢朝一日，贈楊州大都督，執恭代襲父位。苟非據懷直碑誌，則固不能致詳如此。以別傳證之，可見矣。此舊傳所爲可從者也。至於實録，但見當時藩鎮父死子繼，習爲故常，因以執恭爲懷信之子，實未足爲據。

考異謂懷信既逐其父，安肯復授其子？則亦以事勢度之，而未究其所以然者。夫横海二州，地狹軍寡，非若三鎮之强，相傳四世，皆籍朝命以爲之重。若懷直被逐而德宗始終優禮之者，實念懷直之父日華當三鎮拒命之際，獨挈一軍以歸朝廷，而懷直既領父衆，又願析兩縣置景州，請除吏。時河朔刺史不廷授三十年，德宗深嘉其忠，以徐申爲景州刺史，特陞横海爲節度，首以懷直爲之。而懷直自請入朝，德宗寵遇踰等，且有大第宫女之賜。其後懷信以疏屬而逐之，德宗於此，蓋未始不爲之畜怒焉。第恐啓釁納戎，姑容之爾。觀其以虔王爲節度使，而以懷信佐之，意可知矣。然則懷信既死，遣懷直歸鎮而擢用其子，必皆德宗之意。考異疑之，殆不審之過矣。

或者又疑今所定著之譜於元皓之事方以實録爲可據，於執恭之事又以實録爲可疑。是大不然，凡論事，惟視理之所在何如爾。一書之中，固有此得而彼失，亦安知無此失而彼得者？若膠於一而盡廢之，非善於讀史者矣。

書韓義賓所撰先别駕府君墓誌後

按：此誌出趙明誠金石續録。考明誠與都官祁實同時，而明誠集此録數千卷，在當時最名博雅。祁不相聞，乃用他書雜定宗譜，而無取於是録，失之矣。予得此誌而據以訂祁譜之大失者有三〔九〕：誌云「君諱士庸，定州安喜人」，「高祖皓，定州刺史；曾祖日華，横海軍使；祖懷直，歸誠王；皇考權，邢國公」，而末云「子巖、孫秀」。秀即文簡公太中，兩房之所自出者也。是足以證秀雖出於皓，而非荆杞之子。等而上之，又足以證皓即元皓，而非元勝，以裨唐録；又足以證權父懷直，而非懷信，以佐舊史。然此誌在明誠録中，考其跋語，實不以文爲足傳，亦不以其事爲可采，特以其間字與今異者三十有四，姑存之爾。然有關於吾宗則甚大，故歐陽公集古録跋尾恒曰「集此非以備玩好，其間往往足以訂史之闕」，殆謂是歟？

考新舊史，程氏兄弟子姪在朝列宿衛者三十餘人，而士庸乃仕于鄉，禄秩微甚。竊考邢國公開府滄州，賜第關中，子孫必多，官爵必顯。而士庸者，豈支子或庶孽，受命北歸以奉塋墓而守桑梓者歟？又文簡、太中兩房並起中山，遷河南，舉目署其籍曰博野，而此誌云家定州安喜而葬博野先塋。考歷代志，博野或屬定州，或屬深州，程氏大族，在當時必有贍塋之田、析居之子，故安喜之後無聞，而博野之後反盛也歟？載考唐季，定州屬義武軍，節度王處存之所治也；深州屬成德軍，節度王鎔之所治也。是時兩軍輯睦，隣境無虞，其下之人各得以保丘壟、結姻媾，故誌後書士庸之婿梁公孺乃成德軍内中門樞密使，而子巖則義武軍都知兵馬使也。公孺之名，間見于史，而歐陽公集古録載其碑，且云樞密使本唐内侍之職，其後藩鎮僭置，於此見之。巖之名，亦一見于史，後梁乾化元年云晉王李存勖使大將周德威會成德將王德明、義武將程巖合兵攻劉守光，如此而已。誌稱「韓義賓撰并書篆」者，義賓，乃丞相魏公五世祖，實事成德軍爲判官，魏公家集有脩復塋域記，考其時與事亦正與此合。誌尾稱某年月日「重立石」者，蓋此誌銘士庸殁時已瘗之壙中，其後子、婿並顯，乃復樹之墓上也。考巖之爵位，應得贈典，而此不書，或另有石刻，或附載碑陰，蓋未可知，而今則不可考矣。又按：士庸，譜誤作「世庸」，今訂於此。

書唐人所撰先都知府君碑後

按：此碑見唐朝類苑，考其事，與金石録所載別駕府君誌尾具銜相合，且中有「懿尔巖哉」之語，尤足爲證，謹録以附别駕誌後而考其詳以諗觀者云。

都知兵馬使在唐與押衙先鋒爲節度使將校之職，皆其所自置，其序進官位如銀青之階、柱國之勳、縣伯之爵、尚書大夫之貼職，則皆請於朝而後命之，大約如今之總戎自選其坐營、把司之類，而指揮、千百户之官，則非有朝命，不得擅進也。持節諸軍亦謂之建節，自藩鎮專制之後，多以其將校分典之。蓋義武所領易、定兩州，此時爲節度使王處直，即碑所稱「太原王」也。「趙王」乃王鎔，爲成德節度使，領鎮、冀、深、趙四州。「賊温」即梁王朱温，起宣武節度使，篡唐稱帝。「燕寇」乃燕王劉守光，爲幽州節度使，領幽、薊諸州。「晉」乃晉王李存勖，爲河東節度使，領澤、潞諸州。「天祐」，唐哀帝年號，此時梁已篡唐，改元乾化矣。惟河東及成德、義武三鎮，猶奉唐正朔，朱子綱目予之，可考也。

史：乾寧三年，朱温遣兵攻定州，節度使王郜奔河東，兵馬使王處直力戰拒之，温不能克，反表爲處直求節鉞，詔以處直爲節度留後。故碑稱「賊温搆亂，朋毒中夏」，王「越在東土，受制宇下」，而碑稱「公敷聞帝庭，奉若元命。帝曰：『休哉正侯，良哉厥使。』」則處直爲留後，實遣公入奏于朝而得之，初不繫温之請也。自天復元年以後，温取河中，殺王珂，又取河東沁、澤等州，遂舉兵大梁，逼帝如鳳翔，取華州，還攻晉陽，未幾進圖鳳翔，取鄜坊，挾帝還長安，殺宰相崔胤，遷洛陽，竟弑帝。太子即位，是爲哀帝。故碑稱「越兹元惡，明肆虐群，大侮王度，擅殺無人，薄三川，威五長，縉紳管管，不自即乃工」者也。碑稱「王勢在厲階，罔弗祇命，命我亞旅，咨我近藩」，「歸于本朝，朝廷嘉茂功」者，意必處直嘗訪於公，因遣公入覲，故有尚書、大夫之命。所謂亞旅、近藩，皆指公而言，蓋兵馬使乃節度將校，故謂之亞旅；義武節度治定州，公分守易州，故謂之近藩也。

天祐四年，温篡唐改元開平，而碑不著者，意方鎮隔越，不得其詳，且惡温，故削之，而特以天祐紀元，與晉、趙合兵，則其志可知也。庚午乃天祐七年，即梁開平四年，是年温遣兵攻成德軍，處直與鎔共推存勖爲盟主以拒之。明年梁將王景仁進軍柏鄉〔一〇〕，存勖自將東下，處直遣將將兵五千以從，至趙州，與晉將周德威合，屯于高邑，相拒踰月，遂薄柏鄉，破梁將軍，河朔大震。故碑稱「温益逞凶，自汴襲趙，殍軼殫竇，虔劉暴骨〔一一〕，公乃贊王，輯睦爾隣，推功于晉」，屯高邑，鏖柏鄉，「執忠奮威，罔敢加害」者也。史稱處直遣將而不著其名，以碑證之，即公也。史稱是歲劉守光僭稱燕帝，出兵寇易、定，存勖及鎔合兵救之，晉將周德威與趙將王德明、義武將程巖會于易水，攻燕祁溝關，下之，圍涿州，守將劉知温降，梁主救之，大敗走還，晉遂克幽州，執守光，誅之，鎔乃與處直共推晉王爲尚書令，置行臺。故碑稱「賊臣守光」，「與温濟惡」，「伺間來寇」，公「請于王，合從晉、趙，會王師于易水之上」，「破祁關，下涿鹿，二豎偕遁，執其大醜，馘于軍門」，「請偕六州，允奉于晉」。證之於史，無不合者。公在此時，與周德威、王德明共事以拒梁、燕，其功名蓋已不小，而獨一見其名于史，餘無聞焉。則史之闕略，可知也。

嗚呼！唐之季世，方鎮擅兵，蓋偃然不復知有君臣之義、上下之分，而義武一軍，地狹人微，獨依晉以自立，而公適當其時，贊輔其主帥，以尊主復讎爲志。觀碑之所載，首以君臣爲言，而温與守光則聲之爲賊，凛然天經地義之不可僭，而公又於剗剥殺戮之餘，養民救荒，不遺餘力。論一時之純臣良將，公蓋有焉。此易之人所爲感之而有勳德之頌歟！然則斯碑也，實足以備史之闕，而不當以諛詞例視之矣。敏政於公實同所出，故不敢以一家之私文爲嫌，而論著其大者如此。

校勘記

〔一〕而世猶疑其長詞華之習　「疑」，原作「凝」，據篁墩程先生文粹卷十五改。

〔二〕程氏貽範集甲集卷五此篇署：「大明成化六年庚寅夏五月吉日翰林國史編脩文林郎晚生宗人敏政識。」

〔三〕浦陽鄭柏續文章正宗四十卷　「柏」，原作「相」，據明刻本續真文忠公文章正宗改。

〔四〕原無代言者名氏　「原」，原作「源」，據篁墩程先生文粹卷十五改。

〔五〕程氏貽範集乙集卷十九此篇署：「成化十八年歲次壬寅冬十有二月立春後一日休寧陪郭宗人敏政書于南山之思孝軒。」

〔六〕篁墩程先生文粹卷十六此篇署：「成化十八年壬寅秋九月三日敏政因會譜于南山堂書。」

〔七〕程氏貽範集乙集卷一此篇署：「成化十八年歲壬寅夏六月既望休寧裔孫敏政拜手跋。」

〔八〕故其法詳　「法詳」，原倒，據篁墩程先生文粹卷十五正。

〔九〕予得此誌而據以訂祁譜之大失者有三　「以訂」，原倒，據篁墩程先生文粹卷十五正。

〔一〇〕明年梁將王景仁進軍柏鄉　「柏」，原作「相」，據篁墩程先生文粹卷十五改。

〔一一〕虔劉暴骨　「虔」，原作「處」，據篁墩程先生文粹卷十五改。

篁墩程先生文集卷三十七

題跋

書族祖文清公所撰古城宗祖墓銘後

按文清公此碑稱仲節、南節爲都使公澐之子，最得其實，但謂仲節爲休寧古城祖，則恐未然。碑稱仲節生焕，焕生蕙，蕙生承議等三人。考祁譜，諒公保下嚴生沇，沇生恩，恩生令，令生承議等三人。而富溪元朝印本譜於此承議下注云「兄弟並遷古城及歙横干」，蓋得之矣。疑古城不知所出而誤屬仲節之下，文清公亦從其説而不暇諦考也。又刻本比家藏録本多世次一段，與前後文不相屬，疑刻石時古城人自增入者，今删之，餘已見譜辨中，兹不贅。又按：各譜及碑本藥或以爲萬，或以爲芳，宜以藥爲正。

書先文簡公宋史本傳後

按蘇轍、軾龍川志載先文簡公一事〔一〕，云當仁宗幼冲，章獻劉太后垂簾時，有方仲弓者上書請立劉氏七廟，如武后故事，章獻覽其疏裂而擲之地，曰朕不作此負祖宗事。公亦嘗獻武后臨朝圖，而人莫之知也，王洙侍讀實與聞之，然仁宗性寬厚，故公卒至宰相。而宋史本傳取之，且曰人多以此薄公。嗚呼！事有出於一人之私意而信史書之，孰不以爲誠然哉？亦有卓然謂事之誣爲不足信者，必其僞之淺不足以欺人也。

考魯宗道之傳，仲弓上疏請立劉氏七廟，章獻以問群臣，衆莫敢對，宗道獨進曰太后欲立七廟如嗣君何？其事遂止。爲仲弓者初未嘗一字及武后也。又考之章獻之傳，公爲三司使嘗上武后臨朝圖，章獻擲之地曰「吾不作此負祖宗事」。然後知仲弓所陳者劉氏七廟之疏，公所上者武后臨朝之圖，一佞一忠，事實相反，故章獻於仲弓之疏頗欲藉衆議而從之，於公之圖直怒其諷諫太甚。而轍乃欲因之以誣公，遂反以擲疏之事及不負祖宗之語歸之仲弓，而雜置公獻圖之事，其間又相混以成其誣，而不知其作僞之淺、不足以欺人也。

夫擬人必擬於其倫，故稱君上必以堯、舜，苟以桀、紂，未有不以爲誹謗者矣。頌大臣必以伊、周，苟以莽、操，未有不以爲譏斥者矣。章獻在當時如御正殿受嗣君之朝，服儀天冠衮衣而祀太廟，群臣之附己者進，不附者黜，天下之人知有太后而已。其漸至於廢君稱制，無難焉。公預知之，以爲太后婦人也，諫之以言則難入，證之以事則易見。武后之罪惡，人所共知者也，太后欲稱制，則武后矣，因爲圖以獻，即世之所謂影子者也。其所以警之者，深矣。夫其以庶孽僭亂之容上擬母后，此章獻所以裂其疏而有不負祖宗之語也。元文宗嘗欲觀古名畫，學士巙子山取郭忠恕比干圖以進，其事正與此類。子山一代賢者，豈願其君之爲紂哉？由是觀之，章獻終其身不敢指斥幼主以規稱制之舉者，公之一圖有以陰弭其邪心也。史不以此難之，而反以此薄之，何其取舍之異哉？

然考公一傳之前後，則其誣亦有不待辨而明者。傳之前曰公知開封時有王蒙正者聯姻章獻太后家，子齊雄捶老卒死，貨其妻子，使以病告。公察其辭色異，令有司驗得捶死狀。太后謂公曰齊雄非殺人者，乃其奴嘗捶之。公曰奴無自專理，且使令與己犯同。太后默然，遂論如法。若以獻圖之事爲佞而不忠，則於此宜若承順風旨以説后意，何乃面折廷諍務取其親戚而殺之？彼此相較，若兩人矣。又考之諸傳，參以長編，章獻既崩，仁宗親政，於凡兩府大臣附太后者若吕夷簡、張耆等同日罷政，而仲弓亦自殿中丞貶汀州别駕，凡庶僚之中不附太后者如宋綬、王德用、章德象及公先後並登兩府，當時舉錯之蹟，判然兩途，不可掩也。若曰仁宗性寬厚不以獻圖之事罪公，使與綬等同升而不與夷簡、仲弓等同貶，又何其厚於此而薄於彼乎？此事之必不然者。

或曰「轍之爲此志也，實者亦多矣，且無宿憾也，何獨於公而誣之？」曰：「蓋有由也。轍之兄軾與伊川先生有隙，嘗謂伊川爲姦邪而力詆之，門人子弟遂相植黨爲仇家，公則伊川之從伯父也，所以誣之者，此也。」或曰：「轍之言固誣矣，其引王洙爲證佐，則亦豈盡出於作僞者哉？」曰：「洙之言有無未可知，而竊意其容或有之，何也？史稱洙當至和初爲翰林學士，朋比宰相陳執中，鉤摭非禮，追册張貴妃爲温成皇后，丘園祔廟，置仁宗於有過之地，不爲清議所容。然則投轍之意，肆誣正人，欲同歸不善以分其罪，亦事之或然也。所惜編宋史者不能正其誣而反有取焉，使一傳之間自相矛盾而卒爲後世不信之地者。幸其作僞之淺也，作僞之深而足以欺人者，安知其無邪？」

書宋鑑長編所紀先文簡公事後

按：長編之全文如此，正後之修史者所本也。夫宗女所居之第不敢擅鬻而請御降爲徵，此乃謹之至者，烏得爲罪？然則公之黜，實張士遜所傾，與歐陽公所撰碑誌之言合。作史傳者既不能推明士遜所以中傷諸賢之意，爲後世小人傾陷君子者之戒，至於市材木者程琰、雇女口者龐籍及吕公綽等，而史皆歸之公，鄭戩因李宗肅移鞫于臺，中丞孔道輔謂罪薄不足深治，而史以爲御史按劾得狀，不惟無所推明而反加深文焉，其不足爲信史也已。

敏政嘗承乏編纂續通鑑綱目，熟讀宋諸帝紀，筆削之間，誠爲簡當。至於列傳，則其前後自相牴牾者甚多。蓋雜出衆手故也。噫！原作者之心，豈陰有所向背哉？特欲檃括舊史而詞不足以達意，遂失之爾。曾南豐曰：「史者，所以明天下之道也，故爲之者亦必天下之才，不然，則事跡曖昧，雖有隨世以就功名之君、相與合謀之臣，未有能赫然播天下之口者，而一時偷奪傾危悖禮反義之人，亦幸而不暴著於世。」此言是已。敏政故録長編之文於前，南豐之言於後，使來者讀之是非自見，而亦不能無慨於作史者之難也。

書先太中公宋史附傳後

按：宋史太中公事附明道先生傳，且稱高祖羽，太宗朝三司使，而少師傳乃無三司使一節，殆護見也。又太中傳云世居中山，而少師傳以爲深州陸澤人，考地志，深州陸澤在中山之域，非别有所遷也。第少師事已見文簡公世録，不能重出，今特以太中傳爲主而附見之，以便觀覽云。

書明道先生墓誌後

按：朱子編伊洛淵源録云明道誌文韓維持國撰，孫永曼叔書，韓氏家集經亂而亡。然程氏家譜實載此篇，今秘閣所藏亦有此集，豈朱子一時訪求之未盡與？

書伊川先生年譜後

按：朱子云伊川年譜取證他書，不能保無謬誤，而宋季秀嵓李公心傳嘗輯道命録一書，中有考異數段，深有裨于年譜，謹附著之。

書元勑賜伊川書院記後

按：伊川先生子孫悉從南渡居徽、池二州之間，蓋未始有北還者，故元延祐三年勑賜伊川書院于鳴皋，學士薛友諒撰記，略不言二先生有後在河南。國朝宣德六年，參政周鑑修復二先生父子墓祠，始云得十二世孫子中，而莫知其北還之由。至景泰六年，求二先生之後，有司遂以子中曾孫克仁應詔，即今爲翰林博士奉祠者也，詳具楊文敏公記中。謹附著之。餘見辨譜圖下者，兹不贅。

書朱子所與先世二書後

按：傳之諱先，休寧陪郭人，宋開州團練使全之子，痛父死節于金，誓守先墓，不仕，力學好古，隱居邑之東山，號東隱。嘗以書問道于朱子，朱子嘉之。以老病不能卒業，遣子永奇從學于閩，數載學成，乃還。永奇字次卿，號格齋，兩世著述悉燬于兵燹，惟格齋雜稿一帙與朱子二書猶存。惜哉！考程氏譜，友朱子者二人，休寧會里房大昌字泰之，樂平石城房起宗，嘗知建陽縣；師朱子者五人，婺源環溪房洵字允夫，德興新建房端蒙字正思與其從曾孫珙字仲璧，其二則傳之與次卿也。當時所得朱子文字書簡之類，間載大全集中，今撮爲一卷，以見家學淵源之所自，使後來者有所觀法，知自力于聖賢之道而不墮于俗學之陋云。

書王雙溪楊慈湖書記後

按：程氏師友朱子者七人，已見前跋。考之寧宗居光宗之喪，朱子實侍講筵，婺源雙溪王公炎以鄉後進致書，問古者諒闇三年不言之義，遂與朱子不合。而慈湖楊公簡則象山先生高第弟子，程氏後人間從之遊，其所得皆有非後學所敢議者，漫志于此。

書呂竹坡所撰族祖文清公墓誌後

右宣議墓志，見呂竹坡文集刻本，槐塘文翰所刻者與此大同小異，如孫四人而文翰以爲六人，多述祖、崇祖二名。考槐塘譜，述祖生于淳祐庚戌，上距宣議之卒淳祐壬寅，則宣議捐館十年之後述祖始生也，編譜者以述祖、崇祖本文清公繼子，而誌不載，故追入之。然不知其生卒前後具在，可覆考也。

書建昌宗家草庭先生逸事後

按：建昌之程自宣慰飛卿當宋季以城附元，由是父子兄弟悉擁節旄，至雪樓文憲公復大振之，遂赫然爲一時之望。先生獨當其時，退居池頭，自號宋室遺民，視富貴若將浼焉。高風峻節，邈不可及。而傳宋史者乃不列之篤行、隱逸中，使與兩龔、淵明爲伍，非大闕歟？考先生實與徽庵同事雙峰，得考亭之學而益修明之，其所立卓然如此，敏政故表而出之，以諗觀者云。

書婺源龍陂宗家前村先生傳後

敏政平生於鄉先達最重前村先生直方之爲人，求其世次遺書，累年不獲。成化壬寅，大會諸譜，亦無所見。竊意婺源之程遠近畢會，惟龍陂之程未有至者，先生必出於龍陂。乃發書以問婺源教諭陳君簡，陳君得其譜于文公裔孫儒學生貞轉以寄示，則知先生遺書不幸盡燬于元季兵火，且續譜者又以前村之號及其平生履歷誤歸諸先生從祖崇禮，而於先生之名反無所述，其不幸又如此。夫先生之名見于國朝班賜易經大全書，昭如日星，何可泯也？敏政因録此傳附其譜而歸之。嗚呼！爲子孫者，於上世之名尚有舛誤，則亦何怪夫他人之不以闕止字我爲宰予子我也哉？

書績溪仁里宗家宣慰公誌後

按：宋丞相文清公世居歙槐塘，而有別業在績溪仁里，公兄朝議子運機宏祖，宏祖子宣慰相，相子司丞燧，燧子主簿宗觀，皆用公蔭入官，子孫遂居仁里。今鄉貢進士傅，其後也。宣慰此誌經兵燹，失之。予嘗閲中秘書，得之霜月齋稿中，因書以畀傅，用補家乘之闕云。

書建昌文憲公所受四制後

按：盱江程氏世德集原受封謚制書凡十，逸其四，蓋存者此二制與文憲公夫人二制也。封曾祖父母、祖父母四制，敏政得于富溪程氏譜中，録貽盱江族人，用補家乘之闕。

書先縣尉公所受至元勑牒後

按：宋德祐丙子，徽州招討使李銓、節制徽州軍馬王積翁以徽州降元，以元招降榜文發休寧曉諭。副都統李世達不肯署降，與銓之子漢英率所部迎戰，時謫官朱穎達權知縣事，由是休寧義士亦各起兵應世達。六月，元萬户孛朮魯敬以兵破昱嶺關，下徽州，世達衆寡不敵，道休寧西走行在。元軍下令屠徽州歙、休二縣，歙人鄭安、休寧人趙象元、程隆各捐家貲冒白刃往説之，乃止。於是丘龍友、朱穎達等率衆迎拜入城，榜下休寧，其按甲不下者，分遣收捕，上功行省，以宋故官陳宜孫爲休寧知縣，象元爲縣丞，隆爲縣尉，安爲歙縣知縣，龍友、穎達權同知徽州事。隆未幾卒，行省又以姚鳴鳳爲主簿，張玉爲縣尉，徽州始靖。考海陽諸志得此失彼，今以諸書及家傳之類參訂，撮其要于此，以補郡乘之闕云。

書洪武欽定康郎山功臣廟位次後

按：康郎山功臣廟正殿所祀者十二人，先祖位第七，考甲辰年詔褒贈諸死事者，先祖得贈明威將軍上騎都尉，追封安定伯。當時亦詔南昌守臣上諸死事者賜廟食，先祖位第六，得贈定遠大將軍輕車都尉，追封安定侯。蓋兩不相知也。後有言祀典重復者，詔除去南昌位次，止存其祀于康郎山。至洪武十一年，祀功臣于雞鳴山，以梁國公趙德勝等百九十三人祔食，先祖與焉。時有建議諸在外廟食者宜加褒卹，於是丁普郎等俱進爵賜謚，先祖亦贈開國輔運推誠宣力武臣榮禄大夫柱國，仍封安定侯，謚忠愍。誥命、祝文皆已進御，會執政之臣連獲重辟，詔革中書省，升六部，省中文書皆報罷，褒功之典未及頒行。蓋有司不能決白上請故也。朱學士一齋第三集備書其事，近始見之。因記往時在京師於武靖侯趙公家見其先祖梁國公碑文，尚書陶凱所撰，其題銜用洪武十一年者，後於皇明文纂中見梁國碑文，乃司業宋濂所撰，其題銜則用甲辰年者，當時頗以爲疑，以今先祖碑文觀之，蓋當時褒典雖下而未及頒於廟中也，故今南昌及康郎山功臣廟自趙德勝、丁普郎以下，皆仍用甲辰年官爵。竊恐後人致疑於異同之故，謹詳著之，碑文見乙集第十七卷。

書先高祖萬户忠愍侯碑銘後

右先高祖碑文，據家藏録本鋟梓，近始得一齋第三集，乃知家藏者初本，集中所載者定本也。命工易之，其詳見甲集第六卷康郎山功臣位次條下。

書程氏貽範集目録後

貽範集之鋟梓也，其功力之費始于予而協成于諸房。諸房以近計之在歙者四，曰槐塘、仙源、岑山渡、長翰山；在婺源者十三，曰龍首山、鳳嶺、高安、長徑、金竹、環溪、沙陽、彰睦、香田、香山、周溪、城東、溪源；在祁門者四，曰善和、寓巖、柏溪、程村；在績溪者四曰，程里、坊市、仁里、小谷；在休寧者七，曰汊川、塘尾、率口、山斗、臨溪、富溪及陪郭也。以遠計之，在開化者一，曰玉田；在浮梁者二，曰景德鎮、程山；在德興者四，曰鳳凰、瀘口、南溪、新建；在貴溪者一，曰程源；在樂平者四，曰梅巖、石城、河衝、小彰睦也。河南建昌及樂平、杭橋三房子孫通譜，遠不克至。湖州、吴門二房子孫有無不可知。開化龍山、北源，休寧會里及黟南山四房子孫失傳。婺源龍坡、清源二房子孫世次未詳。然其先德則有不可偏廢者，今併刻之。

嗚呼！於己之上世而思所以暴之者，仁也；於己之旁親而不忍其泯焉者，恕也。惟仁與恕，皆道之大端，而吾宗兩得之，是不可不書以垂法于後來者。鄙樸之文，理不當廁先達著述之左，諸房難之，曰：「文有繫祠宇之廢興、具履歷之首末、謹諱日之書、詳世系之録者，亦惟取其備故實、俟參考耳，初何計其辭之工拙哉？」於是勢不能盡删而爲獻嘲騰笑之資，則有所不免矣。敏政再書。

題先襄毅公與曾叔祖尤溪府君手書後

右先少保襄毅公手書一卷，自正統四年起至成化十年止，皆與先曾叔祖尤溪府君及其諸子者也。初，先曾祖尚書公洪武中坐累謫河間，先公遂起河間諸生登第入仕，故書中自入學以至致政，每有事輒報之，骨肉之情，勤綣如此，不以南北之隔、憂患之嬰而或間也。先世田廬遭難悉毁，書中每以未卜居爲恨。厥後四十年，先公挈家渡江，盡復生業。尤溪府君久已下世，而先公謝兵南歸，未幾，亦不可作矣。尤溪府君長孫俊實藏此卷，間出以示敏政，蓋讀之未終泫然流涕，不能自已，敬書其後而歸之。

書文丞相真蹟後

予嘗與編宋元綱目，考元勑修宋史稱陸公秀夫爲左丞相，文公天祥爲右丞相。然黄文獻公陸君實傳後序謂宋亡之事，典籍無稽，遣使搜訪未至而史成，久之，鄧先薦諸家各以填海録、指南録諸書來上，乃知陸公官止僉書樞密院事，文公官止樞密使同都督諸軍，二公雖嘗拜相，力辭不受，而指南録又文公所自著也。予因反覆參訂，悉改舊史之誤。時同事者見世習稱二公爲相已久，憚于驟更，惟彭文憲公與予意合，遂奏御而梓行之。

予又考洪武三年正祀典詔，謂忠臣烈士豈可復臣異代，凡異代所加贈謚，宜悉罷去，止稱當時官爵；唯孔子爲帝王師，封謚如舊。此高皇帝萬世之獨見也。景泰間，忽有爲文公請謚者，禮官弗察，上請謚以忠烈，既非文公本心，又悖高帝詔旨，知尊之而不知所以尊之。蓋嘗寘憾焉。近過武林，得會亞參安成張君公實，獲觀文公真蹟，景仰之餘，輒附此說，或可備後來修史、議禮者不審之一戒云。若文公忠義大節及翰墨之妙，方伯延平劉君、南安守華亭張君言之已詳，兹不復贅。

予修宋元綱目，因參考史傳，得合州守張珏首末，重其謀國之忠、死國之義，實與文公相先後者，恨舊史書法多晦，而珏之心事不盡白也，因數大書其名于綱，詳其事於目，自謂可補前史之闕，而不知公實爲珏後也，撫卷之際，爲之惘然。

題元李雪庵大字後

雪庵俗姓李，名溥光，以善書遥授昭文館大學士。溥光通儒書，能古文詞，大書視小字尤勝，實有可傳者，不繫其官也。故凡有所書及著作皆不繫銜，其所見亦過人矣。彼負藝不精及非所當藝而業之以躐等倖進者，又此衲之罪人也哉！

題唐賀鑑孝經真帖後

五羊鍾君百福藏賀鑑孝經帖，或以爲真，或以爲贋，卒無所鑒定，而況予最劣書者哉？忠賢之祠，過者必肅，豈獨以其繪塑工拙而已？世所重，固有在此而不在彼者，故於此帖亦云。

題蘇東坡率子廉傳真蹟後

蘇文忠公謫嶺南最久，故遺墨流落嶺南至今，若五羊鍾君百福所藏此帖是已。率子廉傳作於未謫之前，豈嘗書之以示人乎？陸宣公在貶所集醫方，朱文公隸黨籍注參同契，蓋古賢人君子不以世故嬰心而有脱屣全歸之意如此。

題雪梅畫册

觀人者於其所好而得其所惡，則其人之賢否可知也。其人好清則其所惡者必濁，其人好雅則其所惡者必俗，蓋推此以往，而人無遁情者焉。吴君孟瑄方賈于淛之西，又賈于齊之東，日不暇給，而以雪梅自號。大理卿仁和夏公以詞翰名東南，特爲隸古作「雪梅」二字。孟瑄珍之，託善繪者爲雪梅之圖，又得諸名畫山水、人物、花鳥之類附之爲一册，其所好如此。予竊惑之，以爲天下之至清且雅者蓋莫如雪梅，故自昔非幽貞絶俗之士鮮克好之。蓋在唐有詩人孟浩然，在宋有處士林和靖，兩人者之外，未之有聞，其好之難如此。今孟瑄方日走乎舟車、坐乎市肆以爲懋遷幹蠱之計，則凡其服飾之華也，燕飲之盛也，子女聲樂之繁且麗也，孰曰不宜？顧乃翛然有所羨乎其彼，而漠然無所爲乎其此，且託情于畫史毫素之間，將役其心于澹然無營之地而不可得也。則其所好，誠有賢乎人者哉。雖然，使孟瑄而服儒之服，以日從事乎詩書禮樂之場，則其所好又有大者焉；所好既大，則其所惡亦大，其賢乎人益遠矣。孟瑄吾邑巨家子，性格清雅，可與之談，亦能繪事，而不欲以自名也。

書祖筵分詠詩後

國子司業費君廷言嘗賜告展墓還鎮江，館閣諸公及相知者分鎮江形勝爲四十題，賦詩贈別。時予方抱憂而南，不及與。比來京師，廷言將取以刻梓，謂予亦相知者，不可無一言。予蓋嘗往來鎮江，登金山，酌中濡，窮遠目于江山雲物之表，攬諸形勝而盡得之，所恨不能宣諸口耳。諸公能賦，蓋得我之所欲言而不能者，然其間亦有足跡未始窺江而所賦踰于所見，則人之才否與江山之幸不幸，固相求而不相值哉。或曰：「廷言世家此邦，以文翰妙天下，其厭飫山水而增重之必倍蓰往來者，乃猶拳拳于諸公之言，何也？」夫以争售爲可耻而付擅場于退託，古君子之心也。是集之行，把玩之際，江山滿前，應接不暇，則凡意之所適取足而已，又何必己出之爲快哉？此廷言之志也。

題分寧遠溪程氏譜後

右分寧遠溪程氏譜一卷，譜稱出忠壯公次子駙馬文禎之後，唐季自歙徙歷南北，宋繼有編述，而此本則元至正初所刻，國朝永樂中所續者。其裔孫爵間以事來京師，奉質于予。予究心譜學最久，會者最多，嘗得可續者四十四房爲統宗譜二十卷，大抵皆忠壯長子威悼侯文季之後，所居不出新安六邑及饒、信、衢、睦數百里之間，而分寧地稍遠，故不克會也。

考諸譜並稱忠壯公二十二子，獨威悼侯有傳，竊疑之而未敢決，故嘗爲譜辨三十七條，以俟後之君子。跡今觀之，則文禎之後，固自有人，而又竊疑其餘二十人者，或真有後而失傳遂不見于譜歟？或遠徙而予之孤陋不能四出以盡其説歟？皆不可知矣。譜載忠壯公行實頗殘缺，予爲補完，且書其後，俾什襲而藏焉。他日有大賢者出而爲敬宗合族之舉，執此以往，可也。予觀譜中諱以臨者，宋季老儒，自號雲莊山人，所著有周易解、删後正音、飄丸小録、擬古集及東魯、漢東、荆南、浙閩諸集，惜其不傳于世。而意其詞義所指，必有大過人者，後會之際，或傳其一二以爲晚宗末學見聞之助，又非幸歟！

題雪樓遺墨後

右元翰林承旨雪樓先生程文憲公遺墨一卷，蓋送其故人笠峰陳教諭赴舒州詩也。詩在集中稍有點竄，然非大義所繫。公五世孫故太常少卿景伊購而藏之，景伊之子楷來京師，間出示走，請識一言。

走觀元之君，其賢者蓋莫如世祖，然猶徇其國俗，内戎而外華，抑儒而尚吏，重北而輕南。雖魯齋先生許文正公之言，然後漢人獲齒蒙古，儒者獲與吏偕進。既又得文憲公而用之，然後南人獲齒漢人，典章文物，焕然一新。而元之俗不純于戎狄，治不專于吏胥，蓋文正、文憲兩公之力〔二〕，見于史者，可考也。若文憲公詞翰之妙，則其功行論建之緒餘耳。然在當時，片紙寸墨，人已知愛重之，而況後世哉？況其爲子孫者哉？是可寶已！

公之先居新安篁墩，出梁將軍忠壯公靈洗之後。忠壯十世生唐歙州都知兵馬使澐，别居休寧汊口。都使長子仲繁，九世生巽，其一子自成，傳三世生宋端明殿學士珌，其一子緒再遷閔口，傳五世生司徒孝肅公翔卿，始居建昌，是生文憲公。文憲四世生珉，則景伊之考也。都使幼子南節居休寧陪郭，十二世生元江浙儒學提舉榮秀，實伊川先生七世孫之來繼者。蓋伊川之後從渡江而南，居池州，與陪郭之程有宗好焉。提舉三世生萬户安定忠愍侯國勝，忠愍三世是爲尚書少保襄毅公，走之考也。

景伊距忠壯三十五世，走距忠壯三十三世，然文憲實以弟嗣兄，則走於景伊相先僅一世耳。其昭穆，蓋燦然也。汊口宗人與景伊世父翰林侍書南雲公嘗通書合譜，手跡具存，走又嘗至閔口尋文憲公之故宅，往來喬林翠阜之間，但聞溪流有聲，而百年遺老多已澌盡，不可復識矣。乃今獲觀公之真蹟，恍然如奉顔色、聆謦欬于數百載上，亦何所幸快于斯！因竊論公之大凡而詳著其世如此，俾觀者有考焉。

書儀禮逸經後

元吴文正公儀禮逸經一卷，有板刻在太學，事見國朝楊文貞公集中。而文貞别有三禮考注跋語，稱文正公之書爲其鄉人晏壁所竊，又私加删改。走當時即求其書，而太學刻本已亡，文貞之子尚寶公叔簡亦稱其家藏本多散軼。今少司寇何公廷秀博洽好古，間嘗語之，因各加搜訪，凡十數年竟無所得。會友人羅太史應魁重校三禮考注梓行，而篇目注疏悉用晏本，舛駁之跡，居然可見，而恨無文正原本可訂也。

成化癸卯春，自新安起復北上，始得于吴貢士楊君謙之家。間以語司業費君廷言，廷言謂理故書板，嘗得零星者數種於瓦礫土苴之間，蓋所謂逸經者在焉，而亡其半矣。因以君謙原本相付，將刊足之。嗚呼！葩藻之書，板刻遍天下；先王典禮，往往無徵。幸大儒君子者出，每拳拳于斯，而書之行世，顯晦不常者如此，此古道之不復而俗之所以不淳也。廷言方職教化，首葺此編以不廢先正復古垂教之心，其嘉惠後學，豈淺淺也哉！

題四明鮑原禮畫卷後

右四明鮑原禮山水人物花鳥一卷，卷有國子博士臨安錢宰伯均之序，都憲慈溪張楷式之之詩，族伯都憲冰月先生以貽其子存者也。原禮無所見，而伯均在國初與宋景濂諸公俱以文顯，式之在近時亦以詩顯，要之，皆不可得者，宜先生以授存使珍藏之，又自爲説，以示脩省之助而不徒爲玩好之娛也。存後更名鏞，生三子，曰璋，歷官新安衛指揮同知；曰珪、曰珍，皆知好學承其緒。間來京師，輒攜以自隨，而予獲觀焉。

書米元章墓表後

右米元章墓表，予家待制公所作，見北山集刊本。元章襄陽人而寓鎮江，嘗作海嶽庵于北固山下，蓋今蕪廢久矣。郡人户部員外郎趙君夢麟有滄江別墅在庵基之西，間因耕者得元章自寫小像石刻于土中，寶而庋之，知予藏有此表，又請副刻之而傳焉。趙君清才曠識，以詞翰妙一時，殆思與米老相後先者，其可尚也。彼世之人與前賢祠墓接畛，必思巧泯其跡以虞妨己，而又望其愛重表章之若此哉？是可以觀人矣。

題歙陸氏先祠記後

陸君彦功世以醫鳴徽歙間，而又篤于祖烈，觀此記可見矣。古稱醫爲仁術，仁之施，必由親始，若彦功者，豈非難哉？今彦功被召至京師，醫名日著，蓋有進用之漸矣。力以母服辭，仁不遺親，益難。予因託人爲録此記而歸之。彦功服闋北上，將供奉尚方，大著醫國之功，使仁術所施者益廣，則所以發先世之幽光者，不益遠乎？彦功六世祖夢發，文丞相同榜進士，官至太府丞，有曉窻集，予未之見也。方虛谷先生亟稱之。彦功當寫一本見寄，予方輯新安文獻志，仁賢之言，豈可少哉！

書葉文莊公手書後

右吏部侍郎崑山葉文莊公寄其母夫人及其弟與謙書共七通，與謙來京師，間以示走，值與謙將束裝南歸，走有卜築之勞，疾讀一過，不覺慨然思前輩之不可作而與謙之知所寶也。走每見世之好脩者知勉於衆中而略於家庭之間，異乎文正公無不可對人言者，蓋於此可以觀人。若文莊七書，吐真情於家常語中，無非孝友之發及謹身保族之要，殆幾於文正之所爲者，其真可敬也哉。

書朱子鄉約後

鄉約一卷，出于程門高第藍田吕氏，成于文公朱子，蓋酌古今之宜而加損益，使人易行且可久也。古君子之志，未嘗一日不在天下，然推行之必自近始。一鄉者，一國之準也，崇禮讓、黜澆薄以漸復隆古之治，寔此乎昉之。顧後世言政者忽焉，而有志于正學者所深慨也。吾宗姪節之以明經第進士，擢工部主事，分司濟寧，公暇取鄉約手校而刻之，擴先正立教之功以爲朝家興道善俗之助，其志遠矣。彼謹簿書以爲政、集詞章以爲學而猶偃然以儒吏自名，亦盍反其本哉？

書餘杭教諭羅先生墓銘後

右餘杭教諭介毅羅先生墓誌銘一通，其鄉達刑部侍郎魯公翬之所撰也。走託交先生從子洗馬璟暨先生之子教授璧，因得而讀之，爲之向仰不能已。蓋先生爲學務躬行，厭浮藻，其居官安職分、耻奔競，故門人私以介毅爲之謚，而誌以爲稱情者也。走竊聞泰和羅氏孝友之行、清白之操，積非一日，而先生數奇諧寡，仕不大亨，教授君亦獨抱其遺經繼跡横舍，天之於善人吉士，將不恝然於斯乎？然先生有孫二十人，群起林立，意將有大發其後而昭先生之令聞于無窮者，魯公之銘，於是爲可傳矣。

題吴庶子原博所藏放翁帖後

放翁此詩甚流麗，字亦活動可愛，觀詩後所自題，蓋亦自負矣。原博同寅實藏此卷，每齋居必攜至，相與把玩久之，而未暇考翁之出處也。一日檢宋史得翁兩事，云高宗時有中貴人市珍玩以進者，翁奏陛下以「損」名齋，自經籍翰墨外悉屏而不御，小臣乃不體聖意，私買珍玩以虧損聖德，乞嚴禁絶。又應詔言頃者有以師傅而領三衙，有以太尉而領閤門，瀆亂名器，乞加訂正。翁所建如此，而宋史浩以善詞章薦之，豈知翁者哉？

敬題先公薦朱揮使奏草後

右先尚書少保襄毅公手書二十二字，蓋薦今河間衛揮使朱君玘之奏草也。走得之于先公亂稿中，以畀朱君，君寶重之，因裝潢成卷，請志其顛末。記成化初有詔命大臣舉將才爲著令，而先公首以朱君薦，不果用。會先公出督川、貴之師，既又贊留務于南京，柄事者或憾先公以及朱君，故朱君亦偃蹇不得意，然才器則益老且健矣。上即位之明年，屏奸回，進忠良，百度一新，尤注意將帥之選，於是朱君始用廷議出守山東沂州，特降璽書寵其行，而先公亦於是不負爲知人矣。

朱君起武臣子，能刮去豪侈之習，究心武業，其騎射嘗試京營第一。平居讀書史，務知其大義，而又樂聞善言、友端士以自輔，操行廉介，宅心忠醇，蓋雖號儒生者，或愧之也。巡按御史以河間武臣多骫法，前後請還君莅衛事及薦君督戍兵城守，巡撫大同都御史亦聞君智勇，請授偏裨之節禦北邊。蓋朱君有盛稱于一時如此，先君實先倡舉之，今手書具存，君已進用，而先公不幸捐館十年矣，捧誦再三，血涕俱實，蓋不能執筆，而朱君將陛辭就鎮矣。竊聞古仁人志士，必有知己之報，而報之又非有所私云爾。分閫一方竭其智力以無負主上之託，益堅其晚節之守，功成位隆，與古之名將相頡頏，使人稱之曰「此襄毅公所薦士」，則所以報知己者，至矣。而先公亦將慰于九原，豈不偉然烈丈夫之所爲哉？幸朱君勉之無怠，則他日得以功名附書于太史氏者，此固其張本也。

題蘄水程氏所藏南宋録用伊川先生子孫誥後

予嘗見黄州志載程居爲伊川先生之孫，當宋南渡自洛徙黄之蘄水，莫得其詳。以問黄人，亦莫有知者。會潘玉汝以進士出知蘄水，託往廉之。玉汝書來，謂居之後實在境中。其族有名嶽者，嘗中鄉舉，與書俱來，相見之際，出示宋勑牒一通，乃居授將仕郎漢陽軍漢陽縣主簿者。考其時，在咸淳二年十二月，牒稱居籍隆興府武寧縣，且審其爲伊川、明道正派嫡孫，即非詐冒，其言如此。然予考程氏世譜，伊川先生子孫悉從南渡居池州，再遷新安，其世次出處及當時録用恩典告勑文移具存，蓋未有籍武寧者。獨譜稱明道之後不知所在，宋時嘗取伊川子孫繼之，故予竊疑武寧之族爲明道之後，勑牒所謂「伊川、明道」者，伊川本其地，明道本其祖也，否則，不應書伊川于明道之上，豈伊川之後從高宗渡江居池州、明道之後從隆祐太后渡江居隆興，兵革之餘，兩不相聞，朝家録用又不深考以合其族，使聖賢之裔播遷流落于江之東西若燕、秦、楚、越？然當時之政，亦可知矣。嶽上泝居凡六世，能讀兩夫子之遺書，以選授同知潁州，振其家而增光于先世之寶翰者，蓋當昉於此。予家新安，於兩夫子之族最近，實伊川末裔轉繼陪郭房者，故於嶽甚親且特論其世而書其勑牒之尾，固水木本原之情不能自已者哉！

題仇司訓東之所藏雪庵帖後

廣陽趙參議伯顒天順中嘗見此帖于何懷中書家，後有雪庵題名印識，然東之故藏此帖，非新購者。意當時所書非獨一本也？觀者疑爲山谷筆，則不類遠甚。蓋山谷勁而熟，風骨峻整，雪庵勁而生，廉稜太露，然皆名筆也。予素不學書，但以跡推之如此。能書者賞鑒，當別有妙處，予不足知之。

書月河梵苑記後

予記此二十三年矣，深師及其徒得清者俱已物故，而苑之池亭亦多蕪廢，每一過，爲之感慨不能已，然廢興相尋，勢之所必至，因録此以貽深師之孫，俾藏焉。安知無好事者按此記而復之，使人得臨觀之美于白煙涼草之外者乎？

題趙子昂與天台楊處士書後

急于投人緩于報德，蓋世之通病，而況丁家國之難得所依庇者哉？宜趙魏公於天台楊處士叔和有惓惓不已之意如此。魏公於是可謂忠厚人矣。處士四世孫商霖起進士，歷閩、廣僉憲，以文行知名于今，實藏此帖。吾又意處士平生不特庇魏公一事，而積學累行，固有以貽其後之人而勿替也哉。是可寶已。予見魏公書真行多俊逸流暢，獨此卷典重不苟，豈以處士爲前輩人故歟？抑考此書，公年六十有五，雖無復少時臨池之興，然猶自謹乃爾，則視世之未老而偃然自肆以加諸人者，不又異乎？若公出處，則先正固有定品，有不竢乎予言者矣。

題先襄毅公哀范主事詩後

右先尚書少保襄毅公手書一律，哀故南京駕部主事鄞范君時澤之作也。成化初，先公受詔贊留務于南京，官屬中獨才范君，愛賢之，方取以自輔，而范君不久以公務北卒于道，先公爲之驚惜，賦此哀之，且屬同官和之，將成卷册畀其家。而范君子桂尚幼，獨收先生手稿以行，故名銜亦未之具。蓋非出于告哀而應之者也。桂既長，力學思亢其宗，間來京師，出以相示，則范君之卒十有七年，先公之卒亦九年矣。惟中世以來，長屬之間或扞于官之相懸，或難于行之可折，其相顧漠如也，而欲求以濟公家之務，不得則上急其下、下倍其上，或致于僨事弗悔，豈不交失其道哉？跡先公之詩，豈特可以占其人之賢一時？長屬相與之情、相恤之義，所以先公家而略勢分者，可以概見矣。先公以剛直聞天下，慎許可，獨惓惓于范君，意其謀議設施之間有大相契者，惜予僅一識面而不及叩其詳之爲歉也。奉瞻遺墨，不勝泫然，輒題其後。

敬題先祖尚書府君遺像

公以子太子少保襄毅公恩累贈兵部尚書兼大理寺卿，而襄毅公亦捐館久矣，於是眇孫詹事府少詹事兼翰林院侍講學士敏政謹重摹此本，録呂文懿公舊贊於上而寶藏之。

題周院判原已送行詩卷

判南京太醫院事周君原已吴人，世以醫名吴中，至君益精其業，旁通諸經史，工爲詩，號儒生者或弗逮也。以薦起得供御，適士方雲集競進之辰，而君獨退然以親老請分院南京以便養，蓋士之號廉靜者，莫不爲君惜而有愛莫助之之憂。今兹上其三載之績于朝，適天子初政，獲奏最，凡一時取光榮以自詡者多已銷熄，而君巋然如鶴之出群，其居也休休，其去也于于，蓋士之號廉靜者，又莫不爲君慶而自有振得朋之喜。然則君之所存、所立，殆真有過人者，豈獨其醫之可稱與其詩之可録也哉？於是行有日矣，刑科左給事中陳君玉汝於君爲同鄉且厚善，析杜少陵詩兩句爲韵，坐友人賦詩以餞，而予爲之引，俾讀者知詩意之所在，非獨投君之所好而已。

書近作後

予素不工詩，亦不好稿，至于書札，尤非所工者。進士楊君温甫數辱過旅中，索舊作。

束裝之際，漫無以應，命童子檢弊篋，得前數詩，呵凍書之，温甫蓋過聽謂予詞翰可觀也。

瘦竹卷跋

吴郡陸君宗仁宦居京師玉河之東，種竹于庭，以瘦竹自名。士夫間多賦詠其事者，君亦有請于予。予觀古人若沈約之病、賈島之詩、鍾繇之字，皆以瘦名世。而物之瘦者莫踰於竹，長身而堅貞，虚心而勁清，論者蓋以比君子。然則瘦固君子歟？君之身瘦而長，時出其詩，瘦而清，見其字于篆籀圖史〔三〕，瘦而勁，宜士夫之有取于斯而賦詠以畀之也。然則飽冰霜飫清風有與可之饞、有贊寧之癖，異日殆將有不肥之肥，而世之肉食者求分其半席，將不可得矣。惜予放歸江南，不及叩琅玕之節，掃新籜之粉，操管城子爲君賦之。

書率東程氏譜後

右率東程氏譜一帙，起自可知之祖曰顯公，刻梓在正統丁巳。顯公裔孫曰賁者，成化初至京師，奉以示予，因留予所，蓋七八年矣。予嘗會諸族作統宗譜，見富溪元朝會譜云忠壯十六世孫杭公，次子林生揔本，揔本生廣超，廣超生念四，遷草市，即顯公。子孫多葬富登，正可補率東之闕。予又見榆村程氏譜，以爲出於忠壯五世孫綸，考富溪元朝會譜亦云杭公長子溢，四世孫與貴遷黄泥，又三世曰七公遷榆村，七公四世孫應辰、應午之孫淘、金副使景祥，景祥再世生國輔，與率東顯公九世孫國英皆國初名人，且富溪元朝所會之譜生卒及娶某氏、葬某處，兄弟若干人，班班可考，疑有可徵，所恨兵燹之後，回禄之餘，爲子孫者不能旁搜遠訪以求真是之歸，乃遽刊梓成書，並失之矣。暨予會統宗譜，而兩族莫有至者，故卒無以考定之也。予將北上，理所借諸家書，得此譜，因附著所見而歸之。

校勘記

〔一〕按蘇轍軾龍川志載先文簡公一事　「軾」，據後文「而轍乃欲因之以誣公」，「軾」字當衍。

〔二〕蓋文正文憲兩公之力　「憲」，原作「獻」，據篁墩程先生文粹卷十六改。下文「若文憲公詞翰之妙」之「憲」同。

〔三〕見其字于篆籀圖史　「籀」，原作「籍」，據篁墩程先生文粹卷十六改。

篁墩程先生文集卷三十八

題跋

書瓊臺吟稿後

禮部尚書瓊山丘公以學識才氣聞天下，天下之人當公意者指不多屈，然獨心進予爲可語，蓋茫然不知何以得此於公也。公每謂作文必主于經，爲學必見于用，考古必證于今，鄙意適然，遂爲知己。故公有制作，必示予，予得縱觀焉。如所謂大學衍義補者已經進御，他如世史正綱、朱子學的之類，率皆有關于世教人心不可少者，至于詩文總若干萬言，雖間出于應酬之作，然一不求合于時好，直趨秦、漢，上薄騷、雅。故竊評其文如大江長河，一瀉千里，雖析而爲三、播而爲九，顧其原必自岷山、星海，扼底柱、束瞿唐以爲奇，而後沛然東向，莫之禦也。其詩如仙翁劍客，隨口所出，皆足驚人，雖或兼雅俗、備正變，體裁不一，然諦視而微諷之，氣機流觸，天籟自鳴，格律精嚴，亦不失人間矩度。蓋予僭評如此。惜予孤陋方以妄庸見斥于有道之世，去公益遠，將不復聞公之教，而尤獲覩公制作之富，得我師焉。顧其病散淪落之餘，才力不足自振，然以其所得於公者，或綴以爲文，或聲之爲詩，亦足以夸野僧、壽田畯，而與牧唱樵歌争長于寥闃無人之境，獨非幸哉？因書公所謂瓊臺吟稿者以識别，亦以見予之負公所知云爾。

榮感堂詩後

工部署員外郎平陽陳君文德以尊號恩得贈其考柘翁爲工部主事[一]，母方爲安人，繼母黄爲太安人。綸命既頒，存殁有耀。君於是榮上之賜而感其二親之不及身享也，敬以榮感名其堂，士夫間多詠歌其事者。間以示予。予爲之嘉嘆曰：「懿哉！奉上之貺而以爲榮者，臣道也；念其親之不逮榮養而以爲感者，子道也。君於是乎能不忘孝，忠者矣。」君以進士發身，分司河上，甚有所建立，遺規至今。其平日急官務甚于殖産榮利者，而其心又未始一日不在問學，予亟重之，以爲不可及。然則後今之建立，所以爲報上、顯親之地，將不有大焉者乎？惜予得放歸江南，不及登君之堂和諸君子之詩爲侈其事以傳，而特題其卷末如此。

敬書先襄毅公賀馬恭襄公得子詩後

右先尚書少保襄毅公天順間巡撫遼東時聞鄉先達馬恭襄公得男賦此寄賀，今三十年矣。走南歸，道出滄州，會恭襄嗣子鄉進士良弼，即詩所致賀者，然詩已亡失。因檢家集，重書畀之，以見世講之好。追誦手筆，不勝泫然。

書釣臺集後〔二〕

予家新安，往來釣臺下，必登眺裴裒瞻禮，或時誦壁間詩版、廡下文刻，追慕先生之高風，而談者猶以紀載弗完爲憾，然先生豈以是爲加損哉？近過嚴州，始得觀同守鄜君時用所刻釣臺集十卷，則誠完矣，然猶若有遺闕者。提學憲副鄭君廷綱、太守李君叔恢託予訂之，因增入新舊記文銘贊詩辭六十餘篇，而識其後曰：

凡頌先生者，言人人殊，竊意其有未究先生之心者。夫士生百世下，尚論古人，亦徒據史家所記云爾。先生少與光武同學，莽之亡、漢之興，孰不願出以自見，而先生方且變姓名走匿不暇，是豈無意哉？帝思之，至於物色乃出，而就見之頃，謂帝「差增於往」，則先生之平日其不足帝者，深矣。考其時，先生至洛陽年六十有八，帝年三十有四，以師友事之而不可以臣之，亦明矣。撫先生之腹而共偃卧，道故舊曰：我固不能下汝邪？此何爲者？雖不忘于同舍燕昵之樂，而無屈己下賢之誠，宜先生卧不起、語不應而曰「士固有志」也。且帝方委政侯霸，霸之家世素以宦者進，又顯仕于莽，先生將唾惡不暇，而霸反以手書坐致先生，先生責之，而帝笑曰「狂奴故態」。夫不坐霸以侮賢傲物之罪乃共爲戲謔指目之詞，光武君臣之間相與如此，而謂先生仕乎？雖愚者亦知其不可矣。蓋自是而殺韓歆、廢郭后、易太子，又未幾而封泰山、奏祥瑞、頒圖讖于天下，然則先生與帝所同學者，何哉？見幾而作，不俟終日，先生殆計之審矣。使先生爲諫議大夫，於此可以無言哉？言之不聽而去，亦陋矣。

史謂光武通尚書，且有謹厚之譽，其所爲若是，何也？蓋人嘗謹于微時、驕于既貴，況貴爲天子而加以功成志得者哉？其輕士，固宜。然士固有不能爲其所輕者，先生是也。秉彝好德，人心所同，立懦廉頑，蓋有不期然者，先生則豈有意曰吾將以是起天下節義之風哉？雖然，先生以布衣不屈于萬乘，光武始終優容之，至於寤寐不忘，則帝之賢，又於是乎不可及已。惜予舊學荒落，聞見弗廣，無足副三君子之心，客舟匆匆，亦不敢濯纓灘下，以溷先生釣遊之處，謹什襲歸之，而獲附姓名集中，既以自幸，亦以自慚，有不知其所云者矣。

書古穰續集後

先師文達公古穰集三十卷，走所編者，梓行已久。公子尚寶卿士欽及其弟錦衣千户士敬蒐其家之所藏與得之四方者，復畀走詮次，爲續集以傳，敬諾之而未暇也。適者蒙恩納禄屏居山中，始克定著爲二十卷如右。嗚呼！公之殁，今二十餘年，天下之人猶頌其盛烈，思起之于九京而不可得，則公所爲不朽者，豈直文而已哉？士欽昆弟名位日升，知先訓之爲重，相與謹之不遺餘力，蓋君子之澤益衍益長如此，爲善者可以勸矣。獨以走之不肖，行毁業荒，不能副公之教而謬當編次校讎之責，恒懼議者不足尚累師門，每作復止，然士欽之託甚堅，不可以弗盡也，謹什襲歸之而竊識其後。

書朱陸二先生所論無極書後以下並道一編。

按：以上七書幾數千言，二先生所以論無極者，援引擿發，纖悉畢具，後學不容復置喙矣。然陸子第一書云周子「若懼學者泥于形器而申釋之，則宜如詩言『上天之載』，於下贊之曰『無聲無臭』可也」；朱子第一書云「孔子贊易自太極以下未嘗言無極也」，「周子言之」，若於此實見「太極之真體，則知不言者不爲少，而言之者不爲多矣」。竊窺二先生之言，無易此兩端，然猶反復不已者，尹氏所謂「有所疑於心而不敢强焉爾」，是正中庸「辨之弗明弗措」之義，豈若後世口耳之學隨人立説、不復求之心得，而苟焉以自欺、泛焉以應人者哉？抑此皆二先生早歲之事，考兩家之書，陸子他日不復論無極，而朱子註太極圖説首曰「上天之載，無聲無臭，而實造化之樞紐、品彙之根柢，故曰無極而太極」，實陸子語意，豈非二先生晚年有合而然與？

書朱陸二先生鵝湖倡和詩後

按：此三詩，二陸與朱子會講于鵝湖所作，考其時所論皆不合而罷，蓋二陸早年於尊德性爲重，故其詩有「無言」之説，疑朱子爲訓詁，朱子早年於道問學爲重，故其詩有「支離」之説，疑二陸爲禪會。兩家門人，遂以成隙，至造言以相訾、分朋以求勝，而宗考亭者尤不能平，恚其以支離見斥也。然朱子晚年深自悔其支離之失，凡七見于書劄之間，蓋不獨以咎已，又以之警人。而陸子亦有「追惟曩昔，粗心浮氣，徒致參辰」之語，見于奠東萊之文。以是知道無終窮、學無止法，雖大賢近聖之資，亦必盈科而後進者如此。或乃謂朱、陸終身不能相一，豈惟不知象山有克己之勇？亦不知考亭有服善之誠。篤志于爲己者，不可不深考也。

書朱子答呂子約書

按：此書朱子未與陸子相見時語，所謂「脱略文字，直趨本根」與「中庸先學問思辨而後篤行」之説，乃朱、陸最異處。今考陸子與其門人書，亦孜孜以講學爲務，而獨切切以空言爲戒，疑所謂空言者，指朱子也。朱子豈倡爲空言者哉？其説可謂大不審矣。此所以來議者之紛紛乎？陸子之説略附一二，以見其早年所以爲不同者之甚焉。

書朱子答呂子約蔡季通二書

按：以上二書，朱子始謂陸子全是禪學，且嘆其深誤後生之好資質者。今考象山之書，往往以異端爲憂，其於儒、釋之辨亦嚴。蓋朱子直以其主尊德性之説太過而疑其爲禪耳。然陸子與朱子書，則又譏其爲葛藤末説，不知縈絆多少好氣質底學者。殆其言皆出于早年氣盛語健之時，學者未可執以爲定論也。

書陸子與朱子及陶贊仲鄭溥之三書

按：朱子有言，學匪私説，惟道是求。今以陸子此三書觀之，其意未始不與朱子同。而其稱朱子一則曰高明，一則曰英特，真有古者君子和而不同之義，豈若後世操上人之心、執一己之見至於交惡而不可解者哉？宜其德盛仁熟而驩然合并于晚歲也。

書朱子答劉季章書

按：此書乃朱、陸不同之肯綮，蓋陸子方以學者口耳爲憂，欲其以尊德性爲先、以收放心爲要，朱子乃欲學者依文句玩味，意趣自深，又欲其趁此光陰排比章句玩索文理，正與象山之教相左。然朱子晚歲乃深有取于陸説，今摘附于後。

書朱子與黄直卿書

按：陸子之書最尊顔子、曾子，以爲曾子傳子思，子思傳孟子，外此不可以言道，絶不見有推尊琴張、曾皙、牧皮之説，是豈門人流言，朱子一時聽之而以爲實然者邪？

書陸子與李省幹張輔之書

按：陸子前與胡季隨、曾宅之及此四書，皆亟稱夫子之殁，其傳在曾子，謂曾子得之以魯，子貢失之以達，且深有憾于空言多識、務外狥人之弊。今考朱子註「曾子三省」章，用尹、謝二氏之説。尹氏曰：曾子守約，故動必求諸身。謝氏曰：諸子之學皆出於聖人，其後愈遠而愈失其真，獨曾子之學專用心於内，故傳之無弊，觀於子思、孟子，可見矣。然則守約固疑於捷徑，專用心於内固疑於近禪，而象山之學，不能免於世之疑矣。但曾子三省，忠信所以尊德性，傳習所以道問學，而朱子以忠信爲傳習之本，學者宜有味於斯言。

書朱子答劉公度書

按：朱子此書深斥荆公祠記之非，而陸子亦與其門人胡季隨書曰：「王文公祠記乃是斷百餘年未了底大公案，餘子未嘗學問，妄肆指議，無足多怪，同志之士猶或未能盡察，良可慨嘆。」殆謂朱子也。今考其記所云，多與朱子讀兩陳奏議遺墨相出入，而又率本諸司馬温公及明道先生之言，今摘其大略附註諸説以見其語意所從來，亦後學考求探討之不能已者。然朱子讀兩陳奏議遺墨，其詞峻，陸子乃荆公鄉人，其詞婉，殆各有攸當，而朱子拔本塞原之論，尤不可少也。

書陸子記荆公祠略

按：文公語録：門人吴琮問：「萬世之下，王臨川當作如何評品？」曰：「陸象山嘗記之矣，何待他人。」問：「莫只是學術錯否？」曰：「天姿亦有拗强處。」觀此語，則又與答劉公度書不同。語録雖未足盡據，然亦不應牴牾若是，學者詳之。

書朱子答張敬夫書

按：此書謂陸子廢講學而專務踐履將流于異學，然朱子他日又謂「温公只恁行將去，無致知一段」，疑其與論象山之失同。至於滄洲精舍祝文，則云「周、程授受，萬理一原。曰邵、曰張，爰及司馬。學雖殊轍，道則同歸」，遂以温公上班周、程、張、邵以侑宣聖，豈別有見邪？抑大賢之造詣淺深[三]，必歷其域者然後知之，非後學小子所得驟而窺邪？

書朱子與陸子靜書

按：陸子輪對五劄，首言版圖未復，讎耻未雪，願博求天下之俊傑相與舉論道經邦之職；次言漢、唐之治因陋就簡，願益致尊德樂道之誠以幸天下；次言人主莫難于知人之明，不宜信俗耳庸目以是非古今、臧否人物；次言天下之事有可立致者，有可馴致者，三代之政，豈終不可復，願爲之以漸而不可驟；次言人主不宜親細事致叢脞之失。皆不見所謂禪者。然析理之精、擇言之審，百代之下孰有加于紫陽夫子者哉？殆必有毫釐之差、千里之謬者矣，學者諦玩而自得之可也。

書朱子答吕伯恭書

按：東萊先生居父之喪，文公遣子從學，而象山有書與東萊，甚言居憂講授之非禮，此亦二先生相異之一。然於此亦覺於尊德性、道問學各有所從入而致隆之意。

書朱子與林擇之書

按：朱子此書云：「日前講論只是口説，不曾實體於身，故在己在人，都不得力。」又云：「陸子壽兄弟近日議論却肯向講學上理會，其門人有相訪者，氣象皆好。」蓋朱子自是有取于象山，日加一日矣。

書張南軒先生與陸子書

按：南軒先生嘗有書與二陸，論爲學之大端不出致知、力行二者，且稱朱子「卓然特立，真金石之友」。殆聞其平日各主尊德性、道問學之説而爲之中處邪？今録以相次，庶幾一時大賢君子之切劘講肄，學者得有所觀感而爲之法守也。

書朱子白鹿洞書堂講義跋

按：朱子於此始亟稱象山之言。蓋發明懇到者，道問學之效；反身深察者，尊德性之功。學者所當究心也。

書朱子祭陸子壽陸子祭吕伯恭文

按：淳熙八年二月，二先生復會于南康，議論之際，必有合者，故朱子特請象山于白鹿洞，升講席以重之，而又爲文以奠復齋，有「道合志同」，降心從善之語。後五月而東萊訃至，象山奠之，有「追惟曩昔，粗心浮氣，徒致參辰」之語，蓋二先生之道至是而有殊途同歸之漸云。

書朱子表曹立之墓略

按：此表謂以心之所得者爲學，有非文字言語可及，又謂「先期于一悟而遂至于棄百事以趨之」，皆譏陸氏之失。然陸子之學主于孟子「先立乎其大者」，亦未始盡廢窮理之功，其教學者，惓惓以本末先後爲説，其書具存，可以考見。若朱子之言，則實足以拯後學躐等陵節之弊，可相有而不可相無也。

書朱子答項平父書

按：此書則知朱子所以集諸儒之大成者如此，世之褊心自用、務强辨以下人者，於是可以惕然而懼、幡然而省矣。然陸子亦有書論爲學，有講明，有踐履，全與朱子合而無中歲枘鑿之嫌，書附于左。

又按：草廬吴氏爲國子司業謂學者曰：朱子於道問學之功居多，而陸子靜以尊德性爲主，問學不本於德性其敝必偏於言語訓釋之末，故學必以尊德性爲本，庶幾得之。當時議者以草廬爲陸學而見擯焉，然以朱子此書觀之，則草廬之言正朱子本意，學者宜考於斯。

書朱子答陳膚仲書

按：朱子書在前兩卷者曰「子靜全是禪學」，至此始謂「陸學固有似禪處」，且勸學者要得身心稍稍端靜方於義理知所決擇。即是觀之，則道問學固必以尊德性爲本，而陸學之非禪也明矣。

書朱子答吕子約何叔京書

按：朱子此二書謂學者「自家一箇身心不知安頓去處」，而談王、談霸，將經世事業別作伎倆，謂「不察於良心發見處，則渺渺茫茫，恐無下手處」，又謂「多識前言往行」，固君子所急，「近因反求未得箇安穩處，却始知此未免支離」。而陸子與人書曰：事外無道，道外無事，「前言往行，所當博識」，「顧其心苟病」，則「非徒無益，所傷實多」，他日敗事如房琯、荆公，可勝既乎？」又曰「若得平穩之地，不以動靜而變。苟動靜不能如一，是未得平穩也。」蓋兩先生之言不約而同者如此。

書朱子答吴伯豐書

按：朱子謂兩種爲學之人，其一徑趨簡約、脱略過高，蓋指陸子之門人；其一覺得外馳、支離繁碎，殆謂己之門人也。然陸子晚年益加窮理之功，朱子晚年益致反身之誠，取是編前後所書考之，則二先生之學所謂去短集長、兼取衆善者，真入道進德不易之法程也。

書朱子與周叔謹書

按：朱子此書勸學者且讀孟子「道性善」、「求放心」兩章，着實體察，其餘文字未須着力考察，蓋與陸子爲一家之言。而陸子之言已見前卷者，不復重出，間附一書以備參考。

書朱子答呂子約書

按：朱子謂「覺得此心操存舍亡只在反掌之間」，又謂豈可「汩没於故紙堆中使精神昏蔽」而可謂之學；陸子之言則曰「念慮之正不正在頃刻之間」，又謂「非明實理、有實行之人，往往乾没于文義間，爲蛆蟲識見以自喜而已」。朱子前所謂道合志同者，於是益驗。

書朱子答陸子七書

按：以上七書曰「日用工夫頗覺有力，無復向來支離之病」，曰「近日方實見得向日支離之病」，曰「却始知此未免支離」，曰「覺得外馳支離繁碎」，曰「向來説話有大支離處」，曰「向來誠是太涉支離」，曰「若只如此，支離漫無統紀，展轉迷惑，無出頭處」。蓋朱子深悔痛艾于支離而有味于陸子之言，既以之自咎，又以之語人，鞭策淬礪，極其警惻。所謂豪傑之才、聖賢之學，知有義理之公而無彼我之間，百世之下，所當刻骨而師之者也。

書朱子答滕德章符復仲書

按此二書皆稱象山爲陸丈，所以尊禮之如此。前一書稱其收拾身心，有功居敬之益密者也；後一書稱其所言明當，窮理之益精者也。朱、陸二先生於是，將所謂一而二、二而一者乎？

書虞道園所跋朱陸帖

按：朱子此書與陸子有「病中絶學捐書，覺得身心頗相收管，向來泛濫真不濟事」之語，然不見于大全集中，殆門人去之也。明道嘗爲新法條例司官，而伊川作行狀略之，歐陽公記吕、范解仇事，而忠宣公於碑文删之，況學識之下先正者，宜其不能釋然於此也。

書鄭師山送葛之熙序及與汪真卿書

按此二條議論平正，可驗學術之醇，宜其能振高風于一時全大節于叔世也。

書趙東山對江右六君子策

按：此篇曲盡二先生道德之詳，獨謂朱子去短集長之説在陸子没世之後，則恐未然。蓋朱子劾唐仲友在淳熙九年，陸子有書亟稱之，而虞道園考朱子與陸子書所謂「病中絶學捐書，覺得身心頗相收管」及周叔謹、胡季隨二書皆在一時，則兩先生殊途同歸之好，當不出此數歲間，而謂陸子去世不及與朱子合并者，殆未之深考也。

書趙東山陸子像贊

按：此亦因朱子謂「陸學固有似禪處」一句而發，然歷考先正之論象山者，博而費，不若東山此贊之約而該也。

書兖山汪氏族譜後

古人置譜所以究本合族，蓋有家之不可闕者。然中世以來，居江北則詆江南之有譜爲彌文，居江南則譏江北之無譜爲苟簡，皆非也。江南之族，有更數十代不衰，丘壟具在，子孫多至數百人，非譜以示之，則有漠然忘棄其先墓、逆侮其尊卑之分若路人爾，譜其可少哉？若江北，則兵革之變相尋，居人多非土著，或以轉徙而來，所奉之丘壟，非其父則其祖也，伯叔子姓，旦暮相守，舉目可以盡得之，遠不過祖免之親，夫如是，則亦何事於譜？吾故曰江南之有譜非彌文，江北之無譜非苟簡，勢也。

新安在萬山中，兵燹少經，號多舊族，程、汪兩姓爲尤著。程祖梁將軍忠壯公，汪祖唐總管越國公，源遠而末益分，分者益各譜其所自出，然其派猶或不能相通，則譜誠有不可闕焉者矣。休寧究山之汪出越公第四子廣之後，廣傳十三世曰知游、曰知潤、曰知濟。知濟遷饒，居浮梁桃溪，傳八世而生宋樞密莊敏公澈，其族嘗再顯矣。知游居休寧萬安，傳十世曰至學，號國諭府君，生三子。曰以仁，至玄孫相隱遷邑南；曰以和，至玄孫金壽，當元季之亂，奉親寓姻家率口程氏遷究山。金壽曾孫曰世寧，以其上世遷居靡常，雲仍日盛，始取舊譜續之，未究而卒。其弟世行，歷醴陵、新昌兩縣，今謝政家居，遂成其志。間以示予，俾有所是正，刻梓以頒族人。

予觀世行之譜以究山、邑南爲内紀，而桃溪、萬安之派附焉；登源、大畈、西門、潛口、黄坡諸汪與越公弟宣城公之派爲外紀。凡祠墓所在、金石所銘、贈頌弔輓所得，悉以類附。

有目有圖，崇孝敬、别親疎而訂前人之得失，又微寓史法其間，誠有志于究本合族以作範于將來者矣。抑非世行學之正、識之遠、力之勤，則亦烏足以致此哉？予與率口之程同出忠壯公，又於世行友善，而西門、大畈之汪，皆世戚也，故樂覩其譜之告成，且虞夫不知者以爲彌文，莫究夫譜不可闕之義，輒題其後如此，以諗觀者云。

書劉教諭所註武夷棹歌後

晦庵先生武夷棹歌詩一卷，今休寧教諭南海劉君孟純述其所自得者也。晦庵先生身斯道以啓來學，蓋凡有言，莫非道之所寓，況是詩哉？劉君可謂篤學而異於世之言詩者矣。當時御史沈繼祖劾先生十罪，此詩亦在論列中，蓋指其末章尾句以爲不臣也。噫！詩之不幸若此，而劉君乃惓惓百世之下，味其詞思以發先生之心，則人之所存，其相去何啻霄壤哉？吾於是爲之三嘆不能已，書其後而歸之。

弘治庚戌春二月祭丁日歸田學士程敏政識。

題南山賞梅聯句詩後

弘治己酉冬，雪寒甚，梅不時花，獨吾家南山一株開特盛，未有知者。庚戌二月八日，教諭南海劉孟純景文、訓導太平黄倫汝彝自下紋溪挈舟並載，徑造花所，而友人汪思恭克敬、詹貴存中、塾師汪尚琳廷貢先後偕至。因倒瓦盆、擷園蔬，對花大嚼。至莫，倡爲聯句，酹花神而告之，以爲歲歲賞約張本，賓主樂甚。景文遂放舟下屯溪，汝彝與思恭、廷貢還邑中，存中還流塘，而予獨大醉留宿南山讀騷亭，明日，乃併書爲一通以貽汝彝。

題王克恭駙馬所贈程國輔卷後

予觀此卷皆國初名筆，何啻卞玉隋珠，而乃以案牘弊文、經籙遺楮爲裝潢之具，則吾鄉之儉，至此可謂極矣。雖然，其不出於覆醬瓿、供爆竹而猶取以廁於几席之間，則亦豈可謂不知所寶者哉！

題西山真氏跋傳正夫所編慈湖訓語

按：慈湖先生象山高弟，當時攻陸學者必以慈湖爲首，然論其所得乃如此，可謂理到之言矣。此所以卒傳斯道而爲朱子之世適也歟？

書汪廷潤贈行卷

吾友大里汪文明之倅成都也，其子廷潤侍行，廷潤兄良貴令君與鄉戚繪圖賦詩餞之。其歸也，過休寧拜予牀下，曰：「虛其上，將有請焉。」予不能應也。踰年，請益堅。顧予抱病甚危而苟安，一切筆札皆不能辨，乃口占書之。雖然，古仁者必贈人以言，豈徒言而已？廷潤尚識此意而勖之也哉？

書二沈墨跡後

雲間二沈以詞翰得名永樂、宣德間，當時若三楊、二王諸公皆友重之，殆以其才美行潔，不獨其字之工而已。論者謂小沈字清勁過其兄，又或謂大沈字藴藉弟亦不及，然皆可貴也。吾鄉吴以忠客雲間，購此本，蓋小沈得意之筆，何可多得哉！

題樹萱堂卷

邑南姚天德以樹萱堂卷求予詩，值予病起，久不作韻語，因檢弊稿，得萱花行一篇，書以畀之。大抵樹萱之義，奉慈之心，使予再復言之，亦不過此矣。

書汪道全所書千文後

婺源汪君道全以能書名郡中，凡梓行石刻多出其手，如此本尤清婉可愛，使進進不已，其將有得于吴興而上窺晉、宋者與？族姪孫祖瑗輩請歙士黄文敬鋟梓以公于學者，間以視予。予於道全有姻好，有文字之雅，其爲人謹厚可與，非直其字之工也。

題友梅軒卷吴山雲詩後

右宋國史編校吴君資深友梅軒詩一卷，皆真跡，若吾宗老丞相吉國文清公、左史竹坡吕公、總管虛谷方公，實一時鴻碩，不可得，其餘亦多幽人逸士，而山雲一絶，尤有警策可諷也。吴氏爲吾邑上山巨家，編校五世爲安撫文肅公曾孫，以文行知名。而編校五世諸孫多賢者，曰宗文之子若鳳、宗庇之子景亨、宗懋之子景存、宗綿之子景暾，尤惓惓于世德，思振之以爲其族里之光，文獻之裔，固應爾邪？其群從多與予往還，故獲觀是卷而書其後。

題夜績教子圖

夏氏世居邑南，以德善著聞。曰齊永仁者，龍泉縣丞郁之弟，少孤力學，爲里塾師，性極孝，鄉人類能道其詳。此其所賦思母詩也。永仁去世已久，其子思廷章以能書名邑中，間持視予。誦其詩味其意，猶使人黯然不能自已，蓋所謂由衷之言，雖不及識其人，而諗其爲克孝者矣。詩云「孝子不匱，永錫爾類」，夏氏子孫，其尚勖之。

題閔川幽居記後

右閔川幽居記，鄉先生蘇景元爲程君應祥作，應祥之子道昭間持以示予。予往年以同宗之好過閔川，道昭率其弟天陽、春陽、富陽、再陽延予其家，覽觀山川之勝，真有如景元所記者。今忽忽十年矣。道昭名紫陽，蓋其始生也應祥方在郡中紫陽書院而報者至，故以名焉。予雖不及識應祥，然讀幽居之文，推命名之義，知其爲一鄉佳士，有非常流可比，因題其後而歸道昭之子彔、昇，俾珍藏焉。

題蔡田程氏所分統宗譜後

予既編刻程氏統宗譜完，宗人之預者四十四房，受譜者一房不下數十人，然所居遠外不一，故受譜之日，每房亦有一兩人不克至者。時迫于上京，其所遺本遂藏于家，因令扃鑰什襲以俟。暨予南還，餘十年矣，計終不復至，將取而熘之。諸宗人議此但不可以授非族者爾，若出于四十四房之下而不及會者，畀之何嫌？於是山斗房存綬言：舊云迪公長子碩生行仁，行仁生諸四，居蒸溪，當時以事不克會而遺之，諸四五十七世有孫曰泰亨，每以自咎。因取其一授之而題其尾，因諗觀者，以見此本之所自來，且諗其族人，宜敬奉之以毋昧其先之所自出云。

書王太守卷

予南歸邑中，嘗有詩與吴興太守王君，君得之裝潢成卷，後以寄，曰：「願書他作以足之。」顧予平日詞翰類出人下，其有所應酬，亦往往取具而已，況病散淪落之餘，呻吟所得，豈足以齒一時鳴盛之作？辭之再三，君請益堅，因檢近稿，書數章畀之，以爲觀者見笑而擲之，則猶足以污壁而覆瓿也。

書程氏三節堂詩後

成化戊戌歲，予省覲還朝，長翰山族姪泰相送至武林，再拜言其母訊行汪氏年二十七而寡，從母洪源王氏年二十而寡，從母潛口汪氏年二十八而寡，皆苦節一門，聞者興感，請予爲聯節之詩。予諾之，未及爲也。泰既別去，而予詩克成，每以不及付爲憾。弘治己酉歲，予南歸，始以語泰，將書畀之，而予病。久之，泰弟鍾繼以爲請，則聞泰之不幸亦三年矣。既書畀之，又略具始末以見人事之不齊若此。鍾之父曰道興，從父曰道茂，娶于洪源；曰道寧，娶于潛口。今三氏已下世，而鍾母年七十有五，潛口汪氏年六十有五云。

書馮憲副聯句詩後

弘治壬子六月，致政憲副馮君佩之自浙西登途至新安，乃十九日，挾一童冒熾暑過予休寧，蓋不見者十年矣。時予新以末疾謝客，然獨喜佩之來，談笑竟日，忘其爲病人也。明日，約縣庠黄汝彝司訓同至南山竹院，少暢合并之懷。酒半，俟汝彝不至，乃與佩之爲聯句，章成者三。而汝彝以日暮走馬涉溪來會，倒尊復酌，更得三章焉。中世以來，士之屏居者類多匿跡，不肯與伍，予每過之。浮雲軒冕，固不足道，一時毁譽，自有公言，是豈足以病已？而爲此局局，何也？高情曠識若佩之者，今豈多見哉？顧予久病，血氣衰減，筆研都廢，得佩之不覺振迅而題其聯句之首如此。齊雲巖爲吾鄉第一勝處，佩之將拉汝彝同登，予不能從，其所得篇什，當別自爲卷云。

題李推府卷

推府高邑李公相儒以素卷來，索僕書舊詩，因謾録如右。因念李公以儁材偉器取高科、佐大府，功名日新，乃有取於漁歌牧唱之作，豈所謂饜飫乎大烹鼎饍之後，亦思得山葅海錯以稍清其困思者歟？書訖附此，并發一粲。

跋陳定宇先生小學字訓註

故定宇先生陳公爲吾鄉大儒，號朱子世適，而學不爲空言，凡著述，要必有補于道，其大者，多已行世矣。若小學字訓註，亦其一焉。字訓本蒙齋程氏著，蒙齋之先亦出新安，從德興，蓋朱門高第。而此編則嘗見録于朱子，以爲大爾雅者，故先生芟舊註之蕪雜而加精約焉，以惠來學。惜乎刻本久而刓，先生族孫曰榮、曰虌，並爲儒學生，鳩族人重刻之，間奉以相示。走竊聞伊川夫子論善學者以爲「求言必自近」，又曰「未有不曉文義而見意者」，然則是編之行，豈直幸夫鄉塾小子而已？誠於是而有得于心學之梗概，然後進讀聖賢之書，將必有所悟入而不至於茫然肆騖于口耳之末，亦庶幾爲不負于先生所以註釋之意哉！

書施秋官行卷

秋官主事黄巖施君彦器奉命決獄江南，以辛亥十二月甲子抵休寧，夜宿憲院，即與黄司訓汝彝有聯句之作。乙丑，汝彝請予同登雲巖，值雨，至陽山寺小酌，有限韻之作。予以病先歸，君及汝彝冒雨而往，興奇且健。是日宿巖上，相與倡酬甚富。丙寅下山，至予家，值梅花盛開，復爲聯句三章。丁卯還歙，過南山料理詩裝，得二十餘篇。天寒歲晏，王事倥偬，而君厭飫山水間若不知案牘之勞，非其遠識過人，殊不及此。惜予疾疢之餘，才力衰耗，强逐後塵，誠不免駑驥之笑，輒題其卷端。汝彝家太平，與君有姻好。予在京日，君亦辱過從，有一日之雅，故不棄如此云。

校勘記

〔一〕工部署員外郎平陽陳君文德以尊號恩得贈其考栢翁爲工部主事　「陳」，原作「東」，據碧川文選卷二植栢翁孝行集後序、成化十七年進士登科録改。

〔二〕釣臺集卷首此篇署：「弘治二年龍集己酉夏六月既望賜進士及第致仕中順大夫詹事府少詹事兼翰林院侍講學士同修國史經筵官新安程敏政書。」

〔三〕抑大賢之造詣淺深　「詣」，原作「請」，據道一編卷四改。

篁墩程先生文集卷三十九

題跋

跋真西山先生心經附註〔一〕

西山先生心、政二經梓行已久，然嘗諦觀之，心經有先生所自贊，其出于手訂無可疑者。若政經，則雖首以經訓，而附以漢、晉、隋、唐守令之事，凡先生所歷州郡榜示諭告之文亦雜附之，乃自名之爲經，竊恐未然。豈先生嘗手録經史牧民之要備省覽，而後人附會以成之，欲與心經相媲故邪？或者以心爲本、政爲用，庶幾成一家之說，此尤不然。程子曰：「心一也，有指體而言者」，「有指用而言者」。朱子大學章句亦以「心之全體大用」爲言。茲乃獨指心以爲體，豈非舛之甚邪？況聖人之政，必由身而家而國而天下，凡制禮作樂、修内攘外、用人理財，皆政之大者，不一及之，而規規于民社之間、舉措禁戒之蹟，誠有不可知者。故今獨取心經爲附註，而政經未暇及焉。以爲誠有得于心學，則舉而措之無施不宜，其體備，其用周，有不俟乎他求者矣。

書鄭時雍草書千文後

鄭氏居歙雙橋者，多負才氣爲名士，尤樂以詞翰相高，若鄉進士時雍，則亦一人焉。其族人得其千文草書本，請仇村黄文敬摹刻之，以視予。予素與時雍還往，數見其文字詩篇，以爲清新典贍，當進進未已，不知其樂此也。是亦可謂多能者與？惜予最劣于書，且病起志耗，徒披閲健羨而已，不能審其得意處，當與何人伯仲也，宜必有知而愛重者矣。

題朱子所書敬齋箴後

右晦庵先生敬齋箴，比予所見他本字稍大，蓋先生惓惓後學，故屢書以示人也。先生八世孫婺源司訓貞翻刻以傳，俾題其後。於戲！敬者，聖學始終之要也。後學能體先生之意而有得焉，則凡心畫所形，無異于面授者矣。

書朱子所書易繫辭後

右晦庵先生書繫辭「易有太極」以下百十有二字，西山蔡氏刻石在常德府學，字有小失真處，殆翻刻本也。今先生八世孫婺源司訓貞復以鋟梓，惓惓手澤不忘，可謂賢矣。惟此段乃聖人微言，經世啓蒙所從出，而西山皆與討論焉，固宜其得之深也。體用一原，顯微無間，學者豈可自安于凡近而不玩心于此哉？

跋西門汪氏所藏名公翰墨

右名公翰墨四十八紙，故西門處士汪尚古先生所藏也。宋端明殿學士眉山蘇文忠公及兵部侍郎襄陽米公元暉各一紙，蘇帖稱仲車先生者，節孝徐公也。太師徽國朱文公三紙，爲吏部獻靖公行狀初本，予嘗見其淨稿及此，皆用烏絲欄，蓋先正作事，雖屬草不苟如此。丞相吉國程文清公一紙，爲奏稿，嘗在槐塘見丞相家有日記數十卷，已斷裂不完，此殆其一也。將作監簿西城吕公沆一紙，爲自壽詩，沆，右文殿修撰竹坡午之子，竹坡忤史嵩之，西城忤賈似道，皆坐閒廢，士論高之，宋史並有傳。建德路總管虚谷方公回一紙，稱呂公内機學士，即西城也。元中書左丞烏古孫公幹卿二紙，爲楊仲弘、黎芳洲詞，幹卿名良楨，號約齋，字流麗，在子山、伯機之間，仲弘字伯謙，浦城人，芳洲名廷瑞，江右人，詩家巨擘也。奎章閣侍書學士青城虞文靖公一紙，爲汪用衡詩序，行款欹仄，字體模糊，蓋失明時所作，序稱用衡五世祖叔耕亦出西門，所謂柳塘先生，師朱子而友西山者也。禮部尚書宣城汪文節公、聘君師山鄭公玉、環谷汪公克寬、禮部員外郎黟南程公文、國朝參政金陵端公復初、歙鄭公久成、提舉吳門朱公德潤、太子正字四明桂公彦良、教諭會稽屠公性、翰林編修金華蘇公伯衡共十紙，皆與吳季實、季克者。季實名國英，居歙鳳凰山，從學環谷，仕至長洲學諭；季克，其弟朝英也。師山、環谷、黟南皆吾郡碩儒，而文節之先亦出婺源鱅溪，一時文章節義之盛，可想見也。德潤字澤民，以繪事名吳中。復初帖稱「令旨到府，有吉安之委」，蓋吳元年事，明年戊申，改元洪武矣。久成後更名士恒，字居貞，既又以字行，居歙長齡橋，參政河南。而伯衡、彦良，國初文章巨公也。駙馬和陽王公克恭、翰林侍講學士風林朱公升、徽州知府江右權公緯、河南李公訥、推官徐公遜及劉公昭父、某公良枘共六紙，皆與唐仲實者。仲實名桂芳，號白雲，故筠軒山長元之子，仕爲徽州路教授，父子皆以文名。風林詩稱杜君者，元待制清碧先生杜本也。克恭實繼衛國公鄧愈鎮徽州，好賢下士，而李公帖稱「職守粗遣，惟慮民貧不能應承，且問政于仲實甚切」。徐公字敏夫，號靜學，詞亦豪儁可喜，一時賢守貳也。風林與環谷諸老相後先，而際龍飛之運，爲帷幄元臣，斯文之窮達，固有數邪。昭父不知何許人，嘗見江敬弘斐然集載其與會稽唐肅輩在濠梁結詩社，疑即其人也。樵墅韓公廉及彦良二紙，皆與婺源馬氏，其稱敬齋者爲馬肅，醫而能詩，仕爲江西醫學提舉。樵墅亦出婺源，詩畫與字號三絶。其稱則賢者，肅之子也。泉州路總管鄭公瀶、徽州通守何公翔卿、滎澤丞余公鏞及揭公樞、鄭公斌與仲實共七紙，皆與吕旭者。旭字德昭，西城之裔，號菊籬，仕爲延長教諭。仲實後一紙，即跋此卷者，禮部侍郎朱公同代書之。考其詳，則知前蘇、米、朱、程四帖，本出吕氏，而樞則豫章學士文安公之孫，同則風林之子也。「瀶」本作「潛」字。彦昭號樗庵，居貞之父，鏞字子韶，號尚友，居休寧鳳湖，而斌之名亦見朝野詩選中，豈亦長齡之鄭乎？小山張公久可、翰林修撰鮑公穎、進士董公仲可共三紙，小山四明人，别號醒吟居士，以樂府名當世。穎字尚褧，居歙棠樾，師山門生也。劉公翼南一紙，爲「琴趣」兩字，翼南號拙庵，仕爲禮部屬，蓋尚古先生博學能詩而尤善琴，故翼南書此貽之也。左都督追封定邊伯沐武襄公昂一紙，蓋武襄鎮雲南嘗專書遣使迎先生，將授其指訣，聞之當時以疾辭，亦不能往也。

先生諱德，字以名，於先生曾祖妣太夫人爲從姪，先尚書少保襄毅公正統中嘗拜之，予生晚，不及見也。先生之孫時春嗣藏此帖，每相與摩挲撫玩，不勝手澤之感，而一時老成前輩澌盡已久，因少著其出處之略附卷尾，俾觀者有考焉，而凡名蹟之焯然在人耳目者，亦不能悉贅云。

書所題小金山詩後

成化壬寅五月望日，予嘗過岑山渡，岑山在歙南十五里，漸溪、中水四面環之，其勢孤絶，故師山先生嘗易名小金山。山舊有寺，曰周流，以人跡罕至，移北岸。寺主堅上人邀予作茶供，因留一詩，今十餘年矣。堅已物故，而詩亦亡去。堅之徒道濟託予姪和丐重書之，俯仰今昔，爲之慨然。

書所題鄭公釣臺詩後〔二〕

成化壬寅五月十二日，予詣祖廟于篁墩，徘徊湖上，觀先世忠壯公射蜃處，放舟至富登渡，思昔師山先生鄭公嘗愛富登奇石，目之爲釣臺，余忠宣公爲篆刻厓上，與客求之，不獲，同艤棹厓下，犯激湍，破蒙翳，遣人剜伐苔蝕，而「鄭公釣臺」四字宛然，遂口占七言古詩一篇，今十有一年矣。先生裔孫虬取摹本裝潢成册，請重書之以紀一時之勝。江山如故，歲月侵尋，而學益凋落，爲之憮然不能自已。追感舊遊，題其後而歸之。

書雲遨摘稿

故歙人鄭騰海在雙橋諸鄭中極好學，爲詩若文力追古作者，惜其命不淑而早世，予不及識之也。其妻汪氏出故家，尤賢明，能慎藏遺稿以俟其子之成。不幸三子皆喪，獨與一小孫居，節益勵。間以稿付騰海之弟虬，曰：「吾老矣，是必得内翰程公一目，庶吾夫之勤苦一世所得者，不與草木同腐也。」予傷其意，爲詮擇百餘篇以授虬曰：「斯亦足以不朽于一鄉矣。使天少假之年，其所得者又寧止此哉？」騰海事親孝，屢見于詩，其所交率名士，亦咸悼其志之無成，予以是知騰海之學於父子夫婦兄弟朋友間盡道若此，固非特詞藻之可傳而已。悲夫！

書寧庵卷

予過武林，訪劉竹東于湖州市，竹東言其友黄君天錫緣名壽之義，以寧榜其庵，爲請一言。時北上匆匆，不及應。竹東又令其子景敷攜册尾舟，申言再三，始克展閱之，則諸君子爲文若詩以發之者，富矣，其何俟予言？顧予雖不及識君，然竊意其庶幾古之逸人，心恬志壹，與物無競，將可以愧世之傾躁者，不獨其壽之可徵也。因識之册之末簡，見予之有取于君者如此。

題范文正公手書伯夷頌後

范文正公之學莫知其師承，然每有所事，知要而不泛，得聖門遺法。如在韓文中獨取伯夷頌書之，隱然立懦廉貪之志，與「先憂後樂」之語如出一轍，其餘小者若彈琴止記履霜一曲，大者若摘中庸于經禮中授横渠張子，尤秦、漢以來未有也。然則學不知要而欲大有所立于天下後世，烏見其可哉？走過姑蘇，晉謁祠下，緬仰風烈，不勝懷思。既謁之明日，公嗣孫從規攜此頌真蹟至舟中，得拜觀焉，竊附鄙意。

書李雲陽先生進思堂記後

右進思堂記一通，元江浙儒學副提舉一初李君撰。元制，寧國等路榷茶提舉置司徽之休寧。至正中，貫雲石學士孫子素來領司事，而君方同知婺源州，此記所爲作也。石刻燬于兵，而國初弛茶禁，故司爲廢壤，税歸于家，蓋嘗得此記而誦之，鑿鑿乎匡時之策、究本之論，非苟焉應世之作，而猶以未得睹其全集爲憾。弘治初，被放南還，始得所謂雲陽集觀之，蓋君族孫今學士賓之所輯入梓，已號精詳，而此記闕焉。竊意是篇在集中當不可少者。今歲入朝，首以相語，賓之請畀而附刻之，因録一過如右。

予鄉故家寶藏君遺墨最多，聞溪西俞氏有節士碑，亦君所撰，求之，云爲有司輦致婺源學，磨去舊文以刻科貢題名矣。既又聞當時有不忍磨去者，止刻其背，但移置近壁，使不可摹耳。急令一工人往圖之，僅摹一紙，將俟來歲。而春初火作，廟學一空，所謂節士碑，亦煨燼無餘矣。惜哉！予見賓之惓惓手澤，每得必記其所從來，以示不忘其繩武之業，將有在此帙之外者，因取碑本相貽而并識之。

題謁陵倡和詩卷後

弘治戊申，予被放還江南，暇日檢所藏故舊倡和詩案，多炳然如新，而成化甲辰西陵倡和之詩獨闕。蓋當時惟學士青谿公一卷先完，餘不及書也。念謁陵倡和莫盛此番，思以書問公求録之而不果，然未始不往來于心也。又三年荷牽復恩入朝，獲見公，首語及之，乃知禮曹有鬱攸之變，是卷幸存，中亦間有斷裂者。憮然爲整一過而示予，俾題其後。俯仰今昔，十易寒暑矣。惟公被遇兩朝，正位六卿，士望日隆，蓋將有太平之責，若詞翰，特其緒餘，非所以爲重輕也。然使後之人讀是詩而知館閣之下亦有不取足于是如公者，遊從末契，與有榮焉，豈直備一時故事而已哉？

書尚約文集後

右尚約文集二十卷，故太子少師户部尚書兼翰林學士泰和蕭公著，而公之子昉所編也。初予被放還新安，昉適爲祁門學訓導，嘗擕此本過南山精舍，請校刻之。久未有以復也。會予入朝，昉以書請之不置，因校一過而嘆曰：

文固不可以易言，然亦有不可少者，六籍之文，與道爲一，蓋淵乎邈哉，其不可跂也。至熟讀而徐繹之，則誓誥論議之詞、朝野賦詠之作，及史官之所記、冑子之所肄者，雖歷數千百載，道術分裂，純駁正變，不可以相次。然帝王之敷令出治，士君子之輔世酬物，惡能去此數者之目而别爲一道哉?譬之時世未嘗無方圓,而六籍者,規矩也,謂物不能盡出于規矩而并廢其力之所可及者,過也。我朝自高皇帝注意翰林之臣,不勞以簿書,俾專代言之任,文治勃興,作者輩出。文皇帝又開内閣,慎選其人以充,列聖相承,得賢益盛。若公,則固一人焉。

公宣德初舉進士高第,歷三朝,爲史官,奉經幄,教國子,司宥密,前後三十年。其文多本之六籍,而力之所及者,固將以宣大猷、輔典學、成造士鳴一代之盛。至於卷册所遺,金石所刻,載一時之政令,述前輩之師友,論四方之風俗,備檢索,資見聞,所謂不可少者,亦豈必專于文而後爲足傳也哉?公正統中與先尚書襄毅公及侍郎葉文莊公相還往甚善,先公參政山東時,公所贈言在集中,可考也。矧昉之賢,克以經術世其家,而又惓惓先德若此,是用書其所見以諗觀者。若公之大致,則尚書瓊山丘公前已序之,兹不贅。詩十卷,亦先梓行,不在集中。

書論語或問

或問「氣質之説」一章尾闕四十三字,或問「見善之説」一章首闕十五字,蓋當時板本弗完也，不知者取語録中九思二段勦入以充或問，文勢大不類。今考集成及通釋中勘定如此，而九思章下亦原未有或問，其妄甚矣，續刊者宜補正之。

題龜山先生文集鈔〔三〕

龜山先生文集三十五卷，不傳於世，久矣。館閣有本，關請閲之，力不足以盡鈔也，鈔其有得於心者，重加彙次，爲十六卷如右，藏于家。嗚呼！先生之文，豈後學所敢詮擇哉？如群飲於河，各充其量而已。

書大雅堂卷後

右大雅堂詩文一卷，其篆古爲周伯琦，其記爲宋潛溪、舒子貞，其傳爲蔡淵仲、周易、董宗文，其詩爲劉彦明、程邦民、周子冶，皆元季及國初名流，凡以爲鄱陽胡氏作，而今刑部員外郎韶所藏也。

韶六世祖振卿，元至正中起鄉兵拒群盜、捍州里，行省承制授鄱陽路判官，不幸死于義，妻趙挈其孤備歷險阻，卒能續其夫之祀而以節聞，見于傳者，可考也。夫當天造草昧之秋，臣二其主、婦捐其夫者，蓋不可縷數，而烈夫貞媛見于胡氏一門，宜諸君子爲書其詳、歌其事以補史之闕而風世之爲人臣妾者乎！

予竊念士不幸生亂世，至於舍生取義，而其間有黯然重不幸者，尤不可無白也。傳稱至正乙未冬〔四〕，陳友諒寇饒城，振卿挈家左次浮梁，糾集鄉兵，未果。丙申九月，罹歙人汪童叛，遇害。嗚呼！此所謂不可無白也。「童」本作「同」，吾郡婺源人，亦元季起兵捍州里者，歷官淮南行省左丞，以忠勇聞東南，爲張士誠所害，東山趙先生汸爲立傳。其載丙申九月事云：同率衆二萬破鳳遊山渚砦，直抵浮梁，連戰皆捷，將乘勝復饒城，主帥忌其成功，乃還。以當時事勢度之，蓋鄱、歙兩軍倉卒之際，互疑其爲友諒之人而戕之，不審焉甚矣。其爲不可贖之憾也。昔段匹磾、劉琨同討石勒以匡晉室，琨不幸以見疑戕于匹磾，匹磾亦以不屈死于勒，史臣兩予之。蓋亦矜其志略其跡，有不得不然者矣。予故誦振卿之事而著其説如此。

大明麗天，海宇寧謐，士女之生斯時者，樂豫嬉恬，各職其職，以自進于良臣淑女之列，而追悼昔人，獨爲其所難者，豈非我高廟定一之功及列聖休養涵煦之澤而然哉！予於是重有感焉。員外君起進士，爲刑曹，才譽甚美，殆忠節之報食之而未盡者，當於是大發之以爲世勸也歟！

題范太史文集鈔

太史范公淳夫文集五十九卷，秘閣本，嘗請閱之，因手摘抄爲十七卷，又取伊洛淵源録、名臣言行録、宋史傳附其後爲一卷如右。

公爲蜀公之從孫，申公之壻，温公之門人。其所嚴事爲康節、明道，所同僚爲伊川、東坡，於經史皆有著述，而論語解、唐鑑獨傳學者，當時號講官第一。而史臣亦謂其奏議可比賈長沙、陸忠州，誠確論也。然予觀伊川在講筵，自謂少温潤之氣，得淳夫來尤好，則疑公爲易親之人；及觀東坡每對人戲謔，屬其「勿令范十三知」，則又疑公爲難犯之士。豈其禀之粹、養之完而又盡一時家庭師友之盛，故見於詞氣自然中節而無偏固淺陋之失也歟？然則讀公之文者，當識此意可也。

公歷官翰林學士，坐元祐黨貶死，南渡後追復龍圖閣學士，嘗有請以正獻爲謚者，今亦不見于傳云。

題汪文定公集鈔〔五〕

玉山汪文定公集五十卷，舊有刻本，今亡，而秘閣本獨存。嘗請閲之，力不足盡鈔也，手摘鈔爲十二卷如右。

公諱應辰，字聖錫，其先自新安徙玉山，舉紹興五年進士第一，官至端明殿學士，於朱子爲前輩，而講于朱子，朱子極重其爲人。其任敷文閣待制日，嘗舉朱子自代，蓋其所見之高、所立之卓、所得之粹，誠一時碩儒。惜世未有知之者。然誦其詩、讀其書，當心得其爲人，殆未可以言語相曉也。

書湯東澗妙絶古今文選後

右宋湯東澗妙絶古今文選，本最殘缺，予凡得十數本，皆未盡善。近得吴匏庵家本，校之始完。然予家所藏閩本四卷，吴所藏浙本無卷，行款次第多不同，批點論斷，亦有詳略。予家本有趙東山跋語，號得東澗去取之意，而吴本無之，意當時未嘗入梓也。

書齊雲巖記後

休寧道士徐珌元實住此山，嘗爲卷請予書其地之興廢，予病未能也。珌元每出山，必候予南山書院。久之，念無以應，乃檢弊稿，得往歲遊齊雲巖記頗詳，將書畀之。值珌元用有司舉爲道會，而予亦被召北上矣。相遇京師，復申其請，因爲書一過而題其後。珌元吾邑人，少從師授雷法及養生之説，屢參請而志不厭，殆將有得者。而予不足知之也。渺塵踪之既遠，望勝地而興思，尋猿鶴之舊盟，尚有俟于他日。

書艾郎中所藏山谷真蹟後

古之妙詞翰者，不拘一律，往往隨其興之所到爲之，故自有佳處，非具眼者，莫識也。韓子爲樊宗師志即似樊文，與孟郊倡和便作郊語，豈故爾殊邪？其才力兼人，觀者莫能盡其捭闔檢縱之妙爾。

山谷真蹟流落人間者，與石本亦大小出入，不能盡同也。武選郎中艾君德潤以所藏九歌真蹟見示，其筆勢鄭重優裕，略無排束跳逸之態，如珊瑚木難，見者知其可寶。惜予鄙樸，素劣于書，不足以語此。計有具眼者，因杜德幾而知衡氣幾，則知山谷此本捭闔檢縱之妙爲不可及也。

書所題汪尹四景畫詩後

予往歲過大坂，友人汪君壐請飯其家，且索題此。後君之子玄錫委禽于予季弟之女，談者皆謂此詩若有讖焉。君成化中授武昌尹，卒官，而予姪女亦抱甥矣。玄錫從予學于南山書院，請重書一過，因識其後。

書伊川先生真蹟後

右伊川先生親筆書一紙，本出程氏而淪于師山鄭氏，舊矣。書稱「光禄丈」不知爲何人，考范太史集，止有樞密趙公瞻神道碑一篇，其贈官爲銀青光禄大夫，豈指瞻邪？范又嘗誌銀青光禄大夫宣徽郭公逵，逵子忠孝實從先生遊，則所謂「光禄丈」者，又似指逵也。但書稱碑文，郭乃誌銘，爲不同爾。惟宋南渡以来，若度正、譚善心輩惓惓訪求先生遺墨，或僅得其門狀與斷簡亦什襲謹藏之，况其手筆出于海桑之後、燔蝕之餘而紙墨完好炳然如新者哉？是可寶已。師山諱玉，吾郡碩儒，子孫居歙西，敏政過之，獲拜觀焉，因摹歸刻之家塾，敬識其後。

書重訂程氏世德碑銘後

按：程氏舊譜有元學士張起巖所撰程氏世德碑銘，語冗意複，誦者知爲贋本也。近得張公刻本文集，此碑在焉，以舊本相校，布置略同，而文絶異。蓋兵火之餘，碑本燬失，後人出於追憶而又剿他文以足之也。謹訂著之，以袪觀者之惑。

書孝義處士閔君墓銘後

予以成化丙午銘處士之墓，今十年矣，石尚未刻也。於是處士之配孺人王氏以弘治丙辰十二月九日卒，巖童將奉祔董川之原，請予嗣書而并刻之。孺人諱柔，生永樂己丑九月十三日，壽八十有九。巖童以歲乙卯得次男，曰九十。蓋處士孝義足以裕後，而孺人福齒實享成福，若巖童之生盡養、没致哀，思顯其親之心愈久而不替，皆可書者。閔氏後人，尚勖之哉！

書統宗譜後

予既編刻程氏統宗譜完，宗人之預者四十四房，受譜者一房不下數十人，然所居遠外不一，故受譜之日，每房亦有一兩人不克至者。時迫於上京，其所遺本遂藏于家，因令扃鑰什襲以俟。暨予一再南還，二十年矣，計終不復至，將取而燔之。諸宗人議此但不可以授非族者爾，若出于四十四房之下而不及受者，畀之何嫌？於是諸房之願受者各取其一，授之而題其尾，用諗觀者，以見此本之所自來，且諗其族人，宜敬奉之以毋昧其先之所自出云。

書先祖行狀後〔六〕

敏政少從學于安成先生彭文憲公，時未有所知，而先妣夫人棄背，先公以侍郎薛公之狀求銘于先生，其間世系，多失書者。蓋先曾祖洪武中謫居北方，家集散亡，至先公始欲重訂本宗譜，而槐塘孟公譜初出，中間不無有異同者，嘗以置憾。成化庚寅，先祖獲尚書贈典，法當立碑神道。敏政因告于先生，請易墓文爲碑銘，先生許之，爲更定其世系之失書者，增入子孫之新育者，且命敏政書其陰，以定著家乘、取驗來今。

蓋是狀之失書者有三。忠壯公之後分居南北，南宗出忠壯十四世孫唐御史中丞都使公澐，北宗出六合令大辨，大辨傳十三世至宋文簡公琳，與兩夫子子孫從高宗南渡，與休寧之族聯居護繼；而狀止云公即文簡之裔，其失一也。忠壯十三世孫璊生嶧，嶧生四子，粹、實、英、秀，而大辨七世孫巖，仕唐爲義武軍兵馬使銀青光禄大夫檢校工部尚書兼御史大夫，封安定縣開國伯，其子亦名秀；今狀乃以博野房系于璊下之秀，而又以巖之官爵歸之，其失二也。文簡公子孫一房從南渡居鄱陽，在元有中書左司員外郎宣誼，生江浙行樞密院都事社，而休寧舊譜澐季子南節居休寧陪郭，十一世孫園贈中書左司員外郎，子榮秀爲儒學提舉，實伊川七世孫之來繼者，榮秀生二子，長文貴、次季熒，又以繼伊川，七世孫祉，號儒行處士，文貴子亦名社；而狀本孟公譜，系鄱陽社下，其失三也。其失雖三，其實則非有異者，舉始而未竟其終，見此而不致詳于彼也。嗚呼！以他鄉異姓論人之世，又諳于譜學，其失固宜，而子孫不審之責，則有甚焉者矣。敏政竊爲是懼，故繁其辭而不殺，以告我後人，亦使聞者知世系之重，當慎而不可忽云。

書蕭氏祖塋詩卷後

先少保尚書襄毅公之捐館也，朝廷遣使賜葬休寧南山之原，蓋十七年矣。而先夫人棄背于京師官舍，敏政扶柩而南，道出荆門，巡撫都憲熊公遣人致弔舟中，且云：「齊河蕭訓導者，極善堪輿家説，請必致之以副執事哀悃，何如？」走哭對曰：「幸甚！」蓋抵家三月而蕭君至。至則敏政已獲奉襄事矣。因與君行視丘隴而詢其説，君憮然曰：「龍穴沙水，悉合古法，殆吉地之尤者，近所未有也。而或者以方位、星卦責之，多見其誤哉！」予以是揆之心益安而重蕭君之言，儒者可聽也。間日蕭君手一册以告曰：「此吾先大父愈之所遺者，先大父嘗以郭氏之學隸名欽天監，嘗受命典葬事于秦藩，而先隴在常熟之鳳山者，不獲以時歸省，每一念之，輒流涕。嗣王惻然，書『祖塋』二字及賦詩一章貽之，縉紳大夫聞者多繼聲其下。願得一言，將使大父之名藉以不朽也。」走自在苫塊，不復與文事，而獨念蕭君遠來，又其所惓惓者丘隴間事，其注意固與予同也，則告之曰：「古之人有遠適必哭于墓而後行者，重其先體之所在也。若子之先大父，其知此乎！而又得君爲之後，以經術致身，因之以謹先塋而揚祖德，非達道藝識重輕之君子，有是哉？可嘉也！」告别之際，書以歸之，而呶呶之咎，誠有所不可逭矣。

書吴氏所藏先世遺墨後

宋誥二、家狀一，休寧瑯斯吴氏家物也。誥爲吴士楚之所受〔七〕，士楚嘉定元年進士〔八〕，又三年始授迪功郎歙縣主學，再加修職郎在咸淳元年。誥中列銜，首相賈秋壑、次相江古心也。忠邪並進，雖堯、舜不能以爲治，況叔季乎？蓋不十年而宋社屋矣。家狀爲吴騰所自叙，騰嘉定十六年進士〔九〕，歷官知欽州，其舉主若陳司業塤、李待制性傳輩，皆一時名臣，凡八薦舉，極其獎重，殆清介不屈之士，故歷州縣三十年猶爲崇禧祠官，則當時賢人君子之沈鬱下僚，從可知矣。吴氏後人曰孟高，我從叔彦秀君之壻，實藏此本，間奉以相示。蓋自嘉定癸亥抵今弘治丙辰，二百三十年矣，雖綾紙首尾少有脱落，然兵燹之後，文獻所徵求如吴氏之能保此者，鮮矣。爲其子孫者，尚謹嗣之，而又力學趾美，庶無負上世之所敷遺者哉！

書左朝奉郎將作監丞汪公若庸墓誌銘後

按：宋紹興辛巳，完顔亮大舉入寇，國勢岌然，當是時，趙鼎貶死，張浚、胡詮遠謫，万俟卨、湯思退之黨猶衆。公亦嘗有言矣，身遠位下，莫由自效，忠憤所激，扼腕以卒，殆不忍見虜之逞，國之亡而以身爲殉者邪。嗚呼！魯連之志、屈原之忠，公蓋慕之，而史失書，故人鮮知者，可慨也。予讀此誌，因表出之，俾觀者知公之所立，不獨文學而已。

書新安文獻志後

初予編新安文獻志成，今少宰鄆城侣公適以謫來知郡事，許爲刻布，既而公被徵入朝，不久復受詔巡撫南畿，遂下令于郡置文梓以俟。而繕寫未竟，不及付刊也。乙卯冬，予以憂還里，嗣歲春，始復葺舊書，而侣公所置文梓無恙，因言于同守瀏陽彭君哲，航至休寧，置南山僧舍，召工從事，而工鉅役繁，無所從出。會太守山陰祁君司員至，乃與彭君各捐俸金爲倡，且用儒學生汪祚等言，求助于先賢之有後者。既而侍御三山李君燁以謫来知休寧事，益用作興，務底于成。通守南海黄君惟節、郡推馬平王君經暨歙令豐城熊君信、祁門令江夏韓君伯清、婺源令宋城喬君恕、黟令長樂高君伯齡、績溪令番陽胡君漢、休寧丞縉雲李君文、主簿商郡侯君晟、典史宣平朱君盛各以其所勸助者，求相成之，工以克完。蓋是書之編以字計者一百二十萬有畸，以板計者一千六百有畸，非諸君子垂意斯文，固不能致此，而興道善俗之功，實盛於斯，不可泯也。謹書以識。凡郡邑間所樂助者，悉列名其後。而新安千户于君明所捐獨多，特表著之，爲尚義者勸云。

書敬義堂後

右「敬義堂」三大字，宋文公朱子爲先世祖格齋先生所書；銘一章，則西山先生真文忠公之所著也。當時皆有石刻。兵燹以来，惟三大字尚存，銘刻亡矣。而西山集則又有録無序，編者失之也。緬仰欽誦，道矩凛然，敬揭于堂而録銘章于下，用自警策，且以示後之人焉。

書胡子知言後〔一〇〕

走少見東萊吕氏有知言勝正蒙之説，渴欲覩其書，而秘閣所藏亦無之，恒以置恨。因遍求之四方，三十年不獲見。弘治己酉春，南歸過姑蘇，遇楊君謙儀曹，語及之。君謙云嘗見之崑山藏書家，許轉録之，久未得也。會族姪文杰有事三吴，乃委之而得諸陸氏，上有「篠堂圖書」，蓋故張節之憲副所藏者。其間亦多錯誤，遂手校一過，别取吴文肅公、真文忠公二跋置目録後。凡書之見于朱、張、吕三先生疑義中者，皆不復出，而自爲一卷。又取文公先生所論及宋史傳爲附録一卷。蓋欲使此書彙次完粹，以便講習，非敢有所去取也。新安千户于侯文遠之子應見予之惓惓于斯也，爲刻梓傳焉，亦可謂知學向義者矣。竊觀胡子之書，有曰：「學欲博不欲雜，守欲約不欲陋。」文公先生嘗誦之以警後學。然則讀是編者，要必以此言爲準而後庶幾有所得乎。

書經禮補逸後〔一一〕

鄉先生還谷汪先生著書凡十餘種，皆擴前賢所未發，有益學者。然惟春秋胡傳纂疏、綱目凡例考異盛行，餘多不傳。蓋聞先生既没，悉被一人紿去，掩爲己書矣。經禮補逸一編，尤號精確，不可得見。可見者，侍郎曾公之序爾。予族孫恕保每語及之，恒切憤悼，思盡復其書之亡者，未能也。其子儒學生啓從予遊，知予之惓惓于是，乃百計購得之。其原本雖被改竄，然有附麗而無刓補，所改竄亦不過以「焉」爲「也」、以「乎」爲「哉」之類，真贋之跡，皦然甚明。使其人重録一過，毀去此本，則先生之故書，不可釐正矣。此天不墜道而後學之幸也。先生玄孫文彙、從玄孫仁智等與恕保亟圖刊布，祁門令武昌韓君伯清實來相之，予因爲手校，且摹先生之真于編首，别爲附録一卷，使學者得以致高山景行之思焉。乃若韓君之興教善俗與恕保之尚賢秉義、文彙、仁智等之守禮崇孝，皆得附書，爲來者勸。

書儀禮逸經後〔一二〕

右元吴文正公儀禮逸經一帙，當時刻于國子監崇文閣，國朝宣德中尚存，見楊文貞公圖籍志，館閣書目亦有之。天順初，予被命讀中秘書，已無其本，而國監本亡久矣。太司寇何公廷秀亦渴見此書，與予約護訪，必得爲期，餘二十年，竟無所聞也。成化甲辰春，過吴門，知楊儀曹君謙喜蓄書，諏之，云家有藏本，猝尋不獲，艤舟候數日，得之，亟以書報何公。何公復書曰：「斯禮之不墜，天也。」然欲謀重刻以傳，未有應者。弘治丁巳冬，予服闋將入京，而縣學重作明倫堂，師生奉金幣以記請，辭弗獲，則念學校禮之所從出也，受以畢斯役，且記是書得之之難及予之癖。而凡繫禮之大者，有文正公本序及李莊靜先生之引，不容復贅云。

書家譜後

譜刻既成，填諱繕寫校對之人各請一帙以承式于他姓者，諸宗家難之。予曰：「不然，譜學之廢，久矣。如因之而於敦宗善俗小有所益，固不可閟爲一家之私書而示人以不廣也。歐、蘇之譜，皆梓行集中，豈嘗預削之以虞後來非族者之冒續哉？纂述條貫既密且嚴，冒之徒以自暴其不韙爾，具目者見之，真僞了然，亦不足憂也。」

書南京太常少卿長沙夏公傳後

白鶴山人傳一通，故南京太常少卿掌尚寶事長沙夏公瑄所自述也。公太師忠靖公之子，用蔭入官，負問學，以才略自許。當正統、景泰間，屢上疏論事。其大者欲靖南夷以息民力，討北虜以復讎雪耻，其間攻守事宜，屢數千言，氣甚昌，策甚奇。顧世無知而用之者，遂兩乞便養，一引疾改官留都，未幾而卒。卒之前，猶具疏請上遵祖訓、教皇儲以保成業，詞極哀懇，蓋不果于忘世也。

初，公之不見用也，以文翰自放于秦楚山水間，登臨懷古，人莫之識。侍郎王公偉獨知之，故自述以見志如此。夫以唐李衛公德裕、宋范忠宣公純仁皆以宰相任子入官，勳烈謀猷，光照史册，士之所立，固繫其逢，豈人力所能致哉？公之畫策制虜與衛公略相似，而死不忘君又忠宣之志也。使究其用，當有可觀，乃卒老散地，傳之後来，雖爲世追悼，可也。

公子崇文舉進士，歷官南京通政參議，来京師，出此傳相視。竊意忠靖公之澤當大衍于斯，而公之志亦將獲伸乎？惜此傳作于生前，事未備者，參議公尚續書之，庶讀者得以考終焉。先少保襄毅公留守南都，與公厚善，倡酬之作，具在也。披誦再三，不勝世契之感，書其後而歸之。

書古城山古蹟

弘治丁巳，有司禁石工鑿古城水口山，皆於山後取石，得崖刻云：「兵馬先鋒程南節領軍駐此，作平安寨。」字畫尚完，石工不知而鑿之矣。其下掘出石礮數百，蓋當時戰具也。今山後土名寨山，居人亦多程姓，相傳云當時擔負行李而来，意從行人也。

書先公澗河莊遺囑後

先襄毅公初營此以付敏政，將歸老焉。其後出守南都，得地于休寧南山溪上，遂留居之，不復北歸，而澗河之莊亦荒寒矣。每誦遺囑，不勝泫然，異時當葺理仍舊，先公有靈，慨想故土，或神遊其間以少逭不孝之罪云。

題葬書後〔一三〕

漢藝文志有形法六家百餘卷，而郭氏葬書，隋、唐經籍志皆無之。惟晉書郭璞傳云：有郭公者，客河東，精卜筮，璞從之受業，公以青囊中書九卷與之，遂洞五行、天文、卜筮之術，著洞林等書十餘萬言。乃無葬書。則今之所傳，必九卷之一，漢形法之遺，而所謂郭氏者，亦殆指河東之客邪？又云：「璞門人趙載嘗竊青囊書」，未及讀而燬于火。疑今所傳二十篇者，當出於後人追緝，非完本也。元草廬吴氏就其中訂證爲内外各四卷，然後純駁瞭然可因，是以泝郭氏之舊矣。故庸師安於故常，又喜售星卦之説，由是吴本寖微，傳者益鮮。

吾郡謝子期氏究心是書，乃取金華鄭氏所注本及卜氏雪心賦、蔡氏發微、劉氏囊金各爲之注，號地理四書。新安千户于侯明將捐金刊布，屬予識之。予觀東山趙氏有葬書問對一篇，詞雅理正，宜録以附卷後，用備一家之言，且使葬親者知窮理之爲尚而不惑于異説云。

書本宗譜後

右陪郭程氏本宗譜三卷，首世系，次小傳，次附録，凡有涉于地望祠墓及訂誤垂遠之大者，若通族別支已具統宗譜、祖德先業已見貽範集者，皆不更出也。本宗譜始唐祭酒府君，續于宋太師文簡公，而伊川先生繼之，元見山處士又繼之，先尚書襄毅公亦嘗屬意而未成也。顧其所以訓子孫、崇孝義而敦敬睦者，序、引炳然，至詳備矣，小子何贅焉？然小子之所愿于族人者，一言曰學而已。夫學大之爲貞臣、爲碩儒，小之爲上農、爲良賈，無所往而弗宜；不學則反是，可懼也。矧我先世獲生遇宣聖，傾蓋于途者一人；没傳宣聖之絶學、侑食于庭者兩人。學，固程氏家法也，可弗勉乎？勉之則可以承先澤、迪後昆而有光于斯譜，譜不徒作矣。梓刻既成，敢繫此語致，三復之意焉。

書萬川閩節婦輓詩後

古稱婦行不踰閾，而近世有爲之序述贊頌，至于累牘積歲請請不已者，豈古之道應爾邪？予曰不然。婦行之不踰閾者，道其常耳，若節婦貞媛之事可以厚天倫、振頹俗者，惡無可序述贊頌以表異之而使之泯泯無傳邪？觀諸君子所爲萬川閔節婦之輓辭，雖音調不一，而出于好德之懿、示勸之嚴，固不可少也。

孺人姓汪氏，爲閩士華甫之妻，生子萬珠始六月而寡，守節至七十五歲而終，予嘗爲之贊矣。萬珠之子國學生寶應復攜此册求一言。顧予譾薄，安能如衛宏之序柏舟、劉更生之贊列女以永孺人之名于斯世哉？然所居南山與萬川一水之隔，聞孺人之節行，稔且久矣，稔且久則其言雖譾薄，豈可已而不可已也。

書戴文進菊花卷

菊花一卷，前一截爲墨菊，後一截爲五色菊，相傳爲錢塘戴文進所作，今休寧縣幕朱君所藏也。君間持以過予，予觀其位置錯綜極有思致，而水石尤奇，因題其首曰「晚香叢渌」而歸之。抱朴子云，南陽之甘谷，水左右生菊，花落其中，人飲其水者多壽，因號菊潭。此卷殆擬其景而作之者歟？壽徵之象，朱君後人，宜寶之。

書南山雜咏後

被召北上，道出錢塘，侍御德卿索書近作。無可應者，檢敝篋中偶得壬子歲南山雜咏二十篇，書以相付。歲華飄忽，舊學益荒，奔走道途，有愧此詩多矣。

書王若水畫

右元人王若水十三雀，總戎郭公彦和之所藏也。雀之叢鬭者三，飛而欲赴者一，掩映于竹間者九，或見其啄，或露其尾，飛鳴轉折，曲有思致。時春雨舟暗，兼病目，披閲數之，不能得其多寡。童子以豆識之，方得其實，亦可謂工矣。學士錢先生鑒定爲若水之筆，有小沈隸首，諸公題咏，而東海、半江久不禄，其辭翰尤可惜也。彦和讀儒書，喜圖籍，其所藏，蓋不止此，庶幾慕濟陽之清風而興起者乎。

跋盧陵曾君所藏潁濱蘇公手帖

予被召北上，道出毘陵，太守盧陵曾君望宏見訪舟中，出其所藏宋潁濱蘇公帖一紙相閲，蓋潁濱歸自嶺表，過盧陵與其上世司法公者。帖中言「温夫受知山谷，移忠受知東坡」，司法之父兄也。

温夫名肅，移忠名安止，司法名安强。父子兄弟，當諸公放斥時，不畏黨禍，禮見請益惟恐後，宛然家風，可想見也。彼據高亨大、仇視忠賢、擠扼下石惟恐不力者，何人哉？而好賢秉義乃出于地遠位下之人，於此可觀世變矣。

東坡字刻遍海内，流傳至今，潁濱字少見于世，殆專于文而不數數于此邪？潁濱嘗爲徽之績溪宰，親書詩刻尚存，較此亦有不侔者，豈以老壯而異邪？太守君能寶之三百年餘，將俾其後人考觀世好，可謂賢子孫矣，豈在書法哉？

企庵跋

同邑陳生鼇字文元，故宋弗齋先生之裔，元定宇先生之族孫也。以儒學生從予遊。予間過之，請名其室之藏修者，因題曰企庵。企者，有所慕而至之之謂也。世之以文章入試而得魁元者取況于鼇，此人爵之企也；等而上，擇善窮理，倍其功力，如弗齋之弗措，如定宇之定性，此天爵之企也。企乎，企乎！可不知其所自勵乎！

書所録遊黄山詩後

僕不作韻語三年矣，禫後再月，始與客一至黄山，得詩十五篇，景勝句拙，既不足以相當，而又冗與病兼，雖欲求工，不可得已。楫之冬官與德卿侍御並使錢塘，乃遣一力以素卷索近作，漫録一過。楫之盛年壯志，學行兼茂，公署之暇，與德卿時一披閲，知予之近況迫于衰朽而酷嗜泉石若此，其不能有爲于斯世，可知也夫。

書魏氏家譜後

魏氏家譜一卷，附録誌銘事狀四篇，鶴山先生文清公裔孫芳之所藏也。其可見者，邛之高氏、魏氏皆鉅家，世姻護繼。高者有忠襄公稼、樞密公定，子參政公斯得，名著宋史。忠襄之族女鳳，適魏氏子革，生六子。而鳳之弟黄中無嗣，以革幼子孝璹後之；革次子上行無嗣，復以璹幼子了翁後之。然則鶴山雖高氏，實魏産也。黄中之名不見于譜，而斯譜下注云「表叔了翁」。然則此乃高氏譜，以著鶴山之出繼，當別有魏氏譜，以著鶴山之本宗。今不可見，而名之魏氏譜者，後人所加也。

芳既寶奉此帙，又什襲其雅言板本，惓惓祖德，而猶以不獲盡見遺書爲憾。顧予末學，仰止先正，嘗於秘省得視九經要義，惜其卷帙太多，不能盡録，録其所著渠陽雜鈔及大全集，時莊誦以自益之。他日當以録本付芳，俟有司之尚賢樂義者，俾與雅言並行，廣正學于天下，非但此譜爲一家之書而已。

書東海草書後

曩余問東海索草書，輒謝曰：「待偶然有得意者，當舉以爲贈，不敢取應酬者塞命也。」然竟不獲其所謂得意者，恒以寘憾。乃若倡和詩篇、往返書札，則所得甚富，每一展玩，疑所謂得意者或在其中，雖東海亦或不能自知邪？時行黄門持此册見過，摩挲再三，怳然如見其笑語，而東海之不作，久矣。噫！時行尚謹護之，安知不有好事者以爲得意之筆，伺其傍而拔其尤者以去邪？

書録遊黄山詩後

少司徒華彦劉公時雍以素楮索書，無可應者，弊篋中得近遊黄山詩數章，姑以塞白。矧當秋暑目昏，旋拭旋書，刺眼殊甚，幸不以示人也。

跋鶴山小隱卷

休陽蘇士貞，宋翰林承旨易簡公之裔，處士叔武之子，學琴與詩于汪尚古先生，學成，搆室于鶴山之下，以小隱自名，蓋一鄉之名士也。不幸早世。其孫曰皓者，請予追賦。因得盡覽其卷，長篇大章，殆無遺藴。慨嘆之餘，以見小隱之風韻可想，而其後人又若皓者惓惓弗忘先善，修身踐言，祖孫相望，遂識其尾，以重文獻之足徵云。

書率口程肯堂心宇墓誌銘後

按：心宇五世祖敦臨在宋以殷碩行實重其鄉，而族始盛，有祠在柏山寺，子孫本其功而不忘也。敦臨四世孫夢麟嘗遵伊川先生之説立宗會，弘齋序之，而又銘心宇之墓。蓋曹、程世戚，弘齋鉅儒，館于程氏最久也。國朝正統中，敦臨九世孫玩、道和等倡立忠壯行祠，以展宗會之禮。弘治初，十世孫鼒又合族人修復柏山故祠，以重始遷之祀。兩祠祭規，悉用家禮，參以時制，而鼒之子曾編訂刻梓以傳。蓋敬宗睦族之舉，在諸程中多稱率口，而其講授淵源，亦有所自云。弘治壬子仲秋一日曉起，因閱率口程氏世澤編，題心宇誌後如此。

校勘記

〔一〕心經附註卷末此跋署：「弘治五年八月朔旦程敏政再書。」

〔二〕師山先生文集卷末此跋署：「弘治六年癸丑春正月四日休寧程敏政書。」

〔三〕明弘治五年刻本龜山先生集卷首此篇署：「弘治八年歲次辛丑秋八月二十有二日新安後學程敏政謹識。」

〔四〕傳稱至正乙未冬　「至正乙未」，至正、乙未原倒，據篁墩程先生文粹卷十七正。

〔五〕汪文定公集卷末此篇署：「弘治癸丑冬長至日新安程敏政。」

〔六〕程氏貽範集補乙集卷十六此篇署：「成化甲午冬十一月下瀚嗣孫敏政謹志。」

〔七〕誥爲吳士楚之所受　「楚」，原作「林」，據篁墩程先生文粹卷十七改。

〔八〕士楚嘉定元年進士　「楚」，原作「林」，「嘉」上，原衍一「之」字，據篁墩程先生文粹卷十七改、删。又弘治休寧志卷十四載吴士楚爲景定元年進士。

〔九〕騰嘉定十六年進士　弘治休寧志卷十四載吴騰爲嘉定十五年進士。

〔一〇〕胡子知言卷首此篇末云：「新安千户所侯文遠之子應見予之惓惓于斯也，爲刻梓傳焉，亦可謂知學向義者矣。弘治三年歲次庚戌二月上日，新安後學程敏政謹題。」

〔一一〕經禮補逸卷末此跋尾署：「時弘治十年歲次丁巳冬十有二月上澣新安後學程敏政謹識。」

〔一二〕儀禮逸經卷末此跋署：「是歲冬十有二月六日新安後學程敏政謹識。」

〔一三〕地理葬書集註卷末此跋署：「弘治十一年歲次戊午春正月上澣賜進士及第嘉議大夫太常寺卿兼翰林院國史經筵官兼修玉牒新安程敏政書。」

篁墩程先生文集卷四十

行狀

光禄大夫柱國少保吏部尚書兼華盖殿大學士贈特進光禄大夫左柱國太師謚文達李公行狀

曾祖諱寬甫，贈光禄大夫柱國少保吏部尚書兼華蓋殿大學士；妣喬氏，贈一品夫人。祖諱威，故雲南江川縣丞，累贈光禄大夫柱國少保吏部尚書兼華蓋殿大學士；妣楊氏、孟氏，俱贈一品夫人。考諱昇，累封榮禄大夫少保吏部尚書兼華蓋殿大學士，加光禄大夫柱國；妣葉氏，贈一品夫人，繼常氏，封一品夫人。

公諱賢，字原德，姓李氏，世居河南之南陽鄧州，爲鉅族。其先相傳有兄弟四十八人同爨，宋宣和中旌爲義門，值兵燹失其譜牒。至諱成者生義卿，寬甫之考也。寬甫生威，元至正末起鄉兵捍州里，歷陝西乾州總帥，佩金符，與主將不合，棄官而歸，國朝洪武初，以薦起至雲南江川縣丞，有惠政。是生榮禄公，公之考也。

公生而氣宇凝重，不妄舉止，嘗得疾，劇，葉夫人危之，有老嫗來視曰：「此非凡子，幸母無以爲憂！」言已即去。明日疾愈，人以爲神。七歲知向學，稍長入爲州學生，學業騰進，一時師友皆莫敢與齒。舉宣德壬子河南鄉試第一，方宴鹿鳴，有鶴數十旋繞廳上，布政使李昌祺舉酒酹曰：「將必有名世之才乎？」癸丑舉進士，奉命察山西河津蝗災。時學士薛公瑄以御史家居，公往造之，叩質所疑，薛公亟稱之，以爲英悟淳確，非流輩可及。

英宗皇帝嗣統，公上疏言：「帝王之道在赤子黎民、禽獸夷狄，雖聖人一視同仁，其施也必由親及踈，未有赤子不得其所而先豢養禽獸者。今京師韃官不下萬餘，以俸言之，指揮使俸三十五石而實支一石，韃官則實支十七石五斗，是韃官一員當京官十七員半矣。傳曰『朝無幸位則食之者寡』，此豈幸位之比？況夷狄人面獸心，一旦有警，其勢必不自安，前代五胡之亂，可不鑒哉？乞斷自宸衷，爲萬世計，勑兵部漸次出之於外，不惟省國家萬萬無益之費，又可以消未萌之患。」蓋公筮仕即有志當世如此。雖議者難之，而己巳之變，畿内韃官群起扇亂以應虜，公言始驗。

正統丙辰，授吏部驗封主事。會有旨文官誥勑三年不得請，必俟九年者。公以職守所在，復上言：「此獎勵臣下之良法，若俟九年，則得者恒少，不得者恒多，廉貪不分，勸懲不立，乞仍舊便。」後卒從公言。公以人才繫太學，而太學因元之陋，上疏言：「國家建都北京以來，所廢弛者莫甚于太學，所創新者莫多于佛寺，舉措如是，可謂舛矣。若重修太學，雖極壯麗不過一佛寺之費，請及時修舉以致養賢及民之效。」後數年詔新太學，實自公發之。

乙丑陞考功郎中，踰兩月丁母葉夫人憂，久之轉文選郎中，俟終制赴京。公官吏部更三任，率公暇手不釋卷，尚書王文端公以公輔期之，而少師楊文貞公每以不識公爲歉。南陽知府陳正倫，文貞友也，因要公往見之。公不肯，曰：「無一面之雅而造門，是求知也。」士大夫兩賢之。己巳秋，虜寇大同，時中官王振貴用事，力主親征。吏部侍郎當扈從，以疾告，公代之行。師潰于土木，英宗北狩，扈從官多預其難，公瀕死而還。

景泰初，上正本十策，曰勤聖學、顧箴警、戒嗜慾、絶玩好、慎舉措、崇節儉、畏天變、勉貴近、振士風、結民心。大略言朝政闕遺、有司利病、生民休戚中外進言已詳，然有關于上之身心者或略。臣以爲陛下一身，家國天下之本，而心又一身之本也，正其本，萬事理。惟陛下之心既正，則家國天下之事可以次第推行，乞留中以時省覽。詔付外。而給事中李侃等以災異上疏，謂李某忠言，宜賜鑒納。乃復取奏入，命翰林繕寫，置左右焉。辛未，虜遣使求通好，有詔絶之，令廷臣公議長策。公上言：「虜所以敢輕中國者，恃其弓馬之强而已。中國長策，惟有所謂戰車，若衛青之武剛車者，可以禦之。而又有取勝之道，則火鎗是也。用得其法，行可以退敵，驅之出境；止可以衛民，使得耕作。然此策固善，又在將士何如。夫今之將士猶古將士，而朝廷於將帥特彰剖封之典，於士卒頻加賞勞之恩，待之厚矣。然不能一爲國家復讎雪恥，此忠臣義士所以扼腕而不能安寢也。」詔加獎諭，仍飭中外將臣采取而行。是歲冬，以合廷薦陞兵部右侍郎。

壬申，奉命察四川有司之不職者。癸酉還京，轉户部右侍郎。公以虜欲無紀，不宜終徇，上疏言：「北酋也先近弑其主，併吞諸夷，包藏禍心，其志非小。若只聽其講和貢馬，圖金帛之利，蔑敬順之誠，增數冒名，曾無定約。竭生民之膏血供無厭之貪求，醜類日見盛强，中國日加罷弊，持此悠悠，實非長慮。惟陛下奮仁者之勇，勵總戎之臣，惕然於心，不少自逸，觀釁而動，以挫長驅之勢，振中國之威，則夷狄之心自懾，方來之患自弭。」詔下兵部。少保于公謂李某言誠爲正論，請下其章以勵邊臣。甲戌轉吏部右侍郎，詔頒君鑑録于群臣，公擇其中善可爲法者二十二君，又詮其最切者數事，曰鑑古録上之，蓋深有意效忠于上爲孝友恭儉之事而力莫能與也。

英宗復位，一時輔臣多竄殛，遂以人望召公兼翰林學士入内閣典機務。未幾，進吏部尚書兼官如故。左右欲以汪后徇葬者，上問武功伯徐有貞及公。公言：「景泰初，汪后即不得志，況二女皆幼可憫。臣愚以爲宜厚遇之。」上憮然，以公言爲是。山東奏民饑，雖得内帑銀三萬而不足。上復召有貞及公議。有貞持不可，曰：「散銀有弊，無益飢者。」公言：「天下事未嘗無弊，顧奉行何如耳。散銀有弊而不貸，是視民饑死而不拯也。因噎廢食，豈爲人上之理？」上深以爲然，命增銀四萬兩，民賴全活甚衆。

時太監曹吉祥、忠國公石亨以迎上復辟爲己功，竊弄威福，上漸不能堪，乃密語有貞及公：「宜協心輔朕！」公自念遭逢不偶，凡事一以至公處之，吉祥與亨滋不悦。亨率兵西征，御史楊瑄劾吉祥與亨縱家人奪民田，上嘉其敢言，命吏部識其名，將擢用之。亨還，與吉祥謀此必有貞及公所使，相與愬于上，言己有迎復功，爲有貞、賢等所傾，將俾臣等無噍類。因伏地流涕不已。乃諭旨言官劾公等，并下獄。其日風雷雨雹大作，損殿宇公署瓦木甚異。上知天怒在此，亨等反言上天亦怒公等，雖强解釋，終不自安。明日言于上，釋之，詔俱謫外任，公得福建布政司右參政。將辭，而吏部尚書鹽山王公是日得專對語，有間，上曰：「李某與有貞雖同事，未嘗阿比。」王公因頓首力言公淳謹可大用，上頷之，即日留爲吏部左侍郎。踰月，承天門災，詔復公尚書學士。公上章懇辭，不允。

戊寅春，賜玉帶以示優寵。皇太子將出閣，公請擇學術端良之士備輔導，乃上劉珝等數人爲春坊官。上仍命公總之，日授書正字于文華殿。時崇仁處士吴與弼以薦聘至京，上喜其來，問公曰：「與弼當授何官？」公曰：「與弼老儒，必能成就君德，授春坊諭德專輔青宮爲宜。」與弼固辭恩命不受，乞歸田里，公復請徇其志以勵士節。上思建庶人幽大内六十年，欲赦之，左右多以爲不可。召問公。公曰：「陛下此一念，太祖在天之靈實臨之，堯、舜存心不過如此。」上意遂決，遣中官衛送居之鳳陽，出入自便。

初，石亨以文臣總軍務于邊，使武臣不得逞，因請罷之。居無何，邊徼騷然，上悟其非，命公舉可任巡撫者。蓋都御史李秉、芮釗、白圭、王宇、陳翌皆公所薦，一時號稱得人。尋命公總修大明一統志。公偶患足疾，不能造朝，上遣御醫來視，又數遣太監安寧以政務問公。旬日方愈，入謝。時御史劉濬劾太傅安遠侯柳溥敗軍之罪，上怒曰：「與賊遇，安能保其無損？且將校聞濬言，豈不解體？」將遣人縶之。公曰：「耳目之任，職所當言，惟明主用其是舍其非而已，不當見譴。」石亨等遂乘間譖公，以爲向護文臣〔一〕。會上知公已深，譖率不行，而大悟公言爲是，濬得薄責。已而溥還自陜西，上曰：「溥爲主將，畏縮致敗，不罪之何以警衆？」諭言官廷劾之，奪其太傅。

景泰間，三年一度僧數萬，是歲如期來集。公言于上曰：「此輩有損無益，宜後十年一度。」爲著令。初，上於便殿屏人謂公曰：「吉祥好預國政，聞四方奏事者必先造其門，奈何？」公曰：「自古人主權不可下移，若陛下每事自斷，惟公道處之，則彼漸不敢預，而趨附之人亦自少矣。」上曰：「朕意亦然。」會石亨敗家居，其從子定遠侯彪謀出鎮大同，諷大同人薦己。上廉其詐，并逮亨，置于法。因問公迎復事。公曰：「當時亦有要臣者，臣不敢從。」上怪，問何也？公曰：「天位乃陛下所固有，若景泰不起，群臣表請復位，名正言順，何至以奪門爲功？『奪』之一字，何以示後？此輩實貪富貴，非爲社稷計。倘景泰先覺，亨等何足惜，不審陛下何以自解？幸而事成，得以貪天之功。然天下人心所以歸向陛下者，以正統十數年間凡事減省、與民休息所至。今爲此輩損大半矣。」上竦然大悟，詔凡以迎駕奪門冒功陞者四千人，悉褫職，中外肅然。蓋非公忘身徇國、不避讐怨，莫敢發者。前此，榮禄公以封贈恩詣闕謝，至是陛辭，上特賜寶鏹三千貫。因顧謂公曰：「先生已盡天倫之樂乎？」公頓首曰：「臣父子所以有今日者，皆陛下之賜。」是冬，賜甲第一區。公上章懇辭，上曰：「聞卿舊宅去朝頗遠，特賜近居，以便宣召，所辭不允。」遷居之日，上及皇太子皆有落成之賚。公以朝覲官黜陟之典往往應故事，無以示懲勸，言于上，罷不職者數百人，旌異者十人，賜宴禮部，上命公與尚書鹽山王公主之。

庚辰，虜酋孛來寇大同，守將失利，遂深入雁門關，烽火徹于京師，民驚遁不可止，公請急發兵，遣兩都督將之出雁門、倒馬二關，旬日始定。明年，虜西寇涼州、莊浪，公知上以虜入爲憂，陳邊事五條，上從之，遣懷寧伯孫鏜率兵往禦。時江南北大水，而加以師旅。公言宜布寬卹之典，遂罷天下所取花鳥、板枋之類及暫免采柴、追馬、清匠、刷卷諸事，而采柴一事歲省銀三十餘萬兩。

吉祥從子昭武伯欽殺人，事覺，御史劾之。上雖見原，而下詔戒諭勳舊之臣。欽益懼，與吉祥養死士謀不軌，幽上于南宮而立皇太子，因西師行，乘機入内爲亂。朝臣當道或有憾者，戕害之，擊公，傷首及耳，且持公謂曰：「某等迫于讒間，不得已爲此，請入疏以申救。」公曰：「爾既殺讐償怨，能止戈反正，我當言之。」上得疏，乃知公在，甚喜。既脱于難，上急召公入，公手疏曰：「逆賊就禽，此非小變，宜詔天下，一切不急之務悉皆停罷。」且言自古治朝未有不開言路者，惟權奸欲塞之以遂其非，由是陷于大惡而不悟。自石亨等排黜臺臣，言路閉塞，其流遂至此極。上悉報可，下寬卹十餘條，而以開言路殿焉。上念公忠勤，下勑加太子少保，公上章懇辭，不允。

公以西師未解，而京師有變，大軍未可輕出，請復都御史王竑，俾與兵部侍郎白圭分道禦虜。虜引出，邊臣請罷兵，而議者懼有後警。公上言：「兵出在外，可暫而不可久，暫則爲壯，久則爲老，且虜安能保其不來，若慮其復來，更無休息之期。況人民供輸疲困已極，宜趁河開班師，使民得屯種爲便。」上命廷議，率從公言。

聖烈慈壽皇太后崩，上見公所服斬衰與衆異，取視之，乃知公服制合古，即以公服者爲法，命宮中悉易之。孟冬享太廟，適大喪禮未終，上以問公。公言：「宜俟釋服後，庶人情事理兩安。」上曰：「微卿言，幾舛于禮。」癸未春，上以足疾不視朝，召公曰：「大祀將至而疾未愈，欲遣官代行，可乎？」公曰：「亦須至壇所，雖不能行禮，人心亦安。」上至齋宮，復召公曰：「朕惟俯伏難于起身，欲令一人扶之，何如？」公曰：「陛下能力疾行禮，尤見敬天之誠。」遂藏事而還。

二月晦夜，公聞空中有聲，明日密疏曰：「傳言無形有聲謂之鼓妖，上不恤民，則有此異。惟陛下憫念黎元，凡一切不便於民者悉皆停罷，則災變可弭。」上覽之，即召公曰：「此事正須先生言，先生不言，誰復言者？其具寬恤事條密封以來。」公遂疏十事：一清淹禁罪人，二止銀場煎辦，三停歲造紙劄，四蠲被災粮税，五弛芻粟之徵，六罷虧損馬疋，七飭邊臣撫恤兵民，八命有司存恤流移，九戒御史糾察貪吏，十禁外官因事科歛。上曰：「朕諦觀之，皆實惠也，宜即詔天下。」公又請罷江南所造段疋及燒磁器，清錦衣衛所監罪人，止各邊守臣進貢，已下番所遣使臣，停內外買辦采辦。上不從，公執之數四，止取前十條行之。左右見公力爭，皆寒心，同列亦爲公懼。公曰：「古之大臣知無不言，今雖不能盡，然至於利害繫國家安危者，豈可默默以苟禄位？」然上聖明，亦不以爲忤也。

上以母后胡氏因疾請閒尊號靜慈仙師非令典，欲上皇后尊謚，而左右以爲不便。一日召問公，公曰：「陛下此一念，天地鬼神實臨之。然臣之愚，必須以陵寢享殿神主皆如奉先殿之式，庶幾稱陛下之明孝。不然，爲虚文。」上即命舉行。是時錦衣指揮門達有寵于上，專理詔獄，且兼緝事于中外，道路洶洶，相視以目。公嘗以爲言，達銜之。會指揮袁彬爲其誣下獄，有救之者，上命達訊之，達欲并傾公，啉其人使誣公，爲草奏狀，牽捕數十人，勢危甚。上令廷鞫之，其人遂吐實，曰：「此達所教也。」公以事白，上疏力辭，且以「知足不辱，知止不殆」爲言。上不允，曰：「此細故，無用介意。」

甲申春正月，上不豫。久之，疾劇，命中官以遺詔示公。十七日上賓，後五日今上嗣位，有欲專致隆于上生母者，公曰：「天子新即位，四海顒望，凡事宜悉遵遺詔，庶幾順天理服人心，脱或不然，則當尊母妃爲太后，於皇后爲太后上加二字以別之。」卒如公議，尊皇后爲慈懿皇太后，貴妃爲皇太后。進公少保吏部尚書兼華蓋殿大學士。未幾，而門達以附中官謫遠方，又爲言者劾其欺罔故殺諸罪戍嶺表，不知者以謂出公意，其黨相與爲匿名文書，指公姓名，欲中之。公不自安，懇乞退休，上不允，下令禁謗議者。

時災異屢見，公請出宫人以昭聖德，又上疏言：「人君一身，天下之主，若行事合宜，中外順服，不然，則人皆離心離德，而欲天下治安，不可得矣。然治安之本在於君德，輔養君德又在於左右前後皆老成端謹之人。若輕浮頑猾，喜好生事，逢迎取悦，供耳目之玩，信佛、老之教者，望即日退出，毋令隨侍，庶於君德無損。臣受朝廷禄位，爲宗社生民至計，不敢不竭忠盡言，惟陛下剛斷而進退之。」五月五日風雹大作，飄瓦拔木，上及郊壇。公復疏言：「天戒顯赫如此，惟陛下勉加修省，雖在閒靜之中，常如對越之際，不可一毫與左右狎，亦不可聽其誘而寵用之，惟日與老成之臣商議，君德何以修？朝政何以舉？念兹在兹，頃刻不忘。仍寫勑戒諭群臣，同加修省，庶回天意。」公以疾在告，詔免早朝，尋降勑命公知經筵事及總修英宗睿皇帝實録。有司請造鹵簿，已得旨，公聞之，亟入言：「先朝所造車駕尚有貯内庫未經御者，今恩詔方頒，百姓甦息未久，奈何復爲此？」上即日寢其旨。皇后吴氏之廢，小人乘機欲害公者益甚。上命錦衣衛嚴禁之，且遣衛士夜宿公第，護公以行。

有内直將軍愬天順初因入直迎駕而陞，非冒功者，今一切褫職，非法意。上念其久于役，特復之，而以迎駕奪門陞者紛然入愬不已。公言于上曰：「自石亨輩此舉之後，人以得富貴之易，貪利者惟幸有事，宜早治之。」且請復故少保于公謙等官，賜祭改葬以雪幽枉。上亟是公言，命兵部按其以迎駕奪門陞者自太平侯張瑾、興濟伯楊宗以下，俱奪爵。蓋公欲消患於未萌，故於上即位極言之。由是洶洶者衰息，有識者至今以爲難。

丙戌二月，聞榮禄公之喪。詔起復公，賜賻甚厚，復賜素品備途中食用，而令有司爲營葬事。公上疏言：「士見用於盛時者，無分小大，於父母喪皆得盡三年之制。若臣以所任之事而不得盡，恐無補于名教。」得旨：「朕賴卿輔導，卿勿以私恩廢公義，宜抑情遵命以成大孝。」公復疏言：「陛下必欲起臣，以爲國家事重，不得以彼易此。但今內外大臣當任者，皆忠正老成之人。使臣在此不過贊成其事，無臣贊之，亦不爲欠。臣之去就甚輕。昔富弼累詔不起，亦以朝廷有人，不至甚不得已故也。臣之蹤跡似亦類此，乞容臣終制。假使未填溝壑，則驅策駑鈍以報皇上，固有日矣。」詔：「卿當深念職任之重，移孝爲忠，不必固請。」遂遣太監林興輔行。

公聞故鄉歲侵，加以師旅，請止官營葬。不從。既抵家，襄事，興即日促公上道，五月至京師，入見，上慰勞有加。公退即疏言：「陛下謂臣可以委託，堅使奪情，而不知臣實駑劣不堪，有類折足之鼎。且古之大臣若張九齡、寇準輩雖起復而人不非者，良以其人之才足勝重任，有益於天下國家也。如臣不過尋常之流，無事之時亦招物議，今不獲命，則不知者謂臣心實以此爲榮，姑陳奏章，免人之議而已。乞察臣至情而矜從之。」詔：「禮有經有權，朕特從權制用卿，若固違君命，豈得爲孝？卿當深念大義，勿恤微言，勉起就任，毋得再陳。」公復疏言：「臣累訴衷情，而陛下曲加勉諭，終不矜允。奉誦恩旨，涕泗交頤，所以不能仰遵聖訓者，區區之心誠有所不忍也。況臣日迫衰朽，縱起供職，未必能副陛下盛意，徒重臣之慚、增臣之罪。」詔：「卿言之再三，但委託尤重，宜體至懷，即日就任，慎勿再言。」又遣中官至公第道上意，乃供職。

公因上道中往來所得軍民利病八事，大約乞重守令之選毋拘常格以免隳政、留河南所運之粟以備民飢、停通州諸衛薪炭之徵以蘇民困、蠲江南馬户而復本處民户代之以均勞役、增天津諸衛及河南滎澤新鄉諸處驛遞以便往來、開衛學軍生歲貢以振淹滯。上即命所司議行。

是歲秋，率廷臣言：「今天下盜賊未息，災傷未止，仰惟祖宗創業垂統，宫禁甚嚴，内外不許混雜，府庫充積，金銀不肯妄費，遊宴有常所而不縱情，賞賜有常規而不濫及。至於祖訓一書，尤爲明備。惟陛下逐一省覽，刻意恭儉，以繩祖武，以幸天下。」上方虚己以聽，而公感疾，浹旬不愈。上遣中官臨問，賜尚食及命御醫日夕診視，報疾狀。凡三閲月，疾亟，語弟監察御史讓及子璋，惟以國恩未報史事未成爲念。以是年十二月十四日卒于賜第之正寢，享年五十有九，距生永樂戊子十二月十六日。先是，京城内外木稼三日，太白曳入南斗杓中。訃聞，上震悼，輟視朝，遣中官賜鈔一萬緡爲賻，贈公特進光禄大夫左柱國太師，謚曰文達。明日遣禮部尚書姚夔諭祭，詔每遇七日及下壙皆遣使祭，命工部給棺槨與齋粮麻布，兵部給驛舟還其喪，仍官其子爲尚寶司丞，哀榮始終，自三楊先生之後，一人而已。

公少即有志聖賢之學，爲諸生時提學者問所志，對曰：「爲學之道，當如周子言：『蘊之爲德行，行之爲事業。』」其人大異之。在吏曹，遍書箴銘于坐右，及故學士薛公瑄文厚善，務以性學相切劘，而窮理之功益密，故言益純，行益充。立朝四十年，不立黨與，惟守一誠，蓋不知者始或疑，而終大服之無異議。

自以受知英宗，遂身任天下之重，知無不言，言無不力，天下亦倚公爲重。雖遭讒罹謗，處之泰然，登對之際，氣象雍容，言辭簡當，將順匡救之力甚多。英宗嘗論景泰不與大臣接言，公曰：「自古明君未嘗一日不與大臣商確治道，所以天下常安。先儒謂接賢士大夫之時多，親宦官宮妾之時少，於君德方有益。」又言：「朕自復位以來，未嘗一日忘在南城時，每以此戒左右。」公曰：「安樂不忘患難，古昔聖賢之君存心正如此。又以戒左右，最善。」又言：「飲食隨分，曾不揀擇，衣服亦隨宜，雖著布衣，人不以爲非天子也。」公曰：「如此節儉，尤見盛德。若朝廷節儉，天下自然富庶。前代如漢文帝、唐太宗、宋仁宗皆節儉，是以當時海内富庶，非其餘可及。」又曰：「朕於四書、尚書皆嘗遍讀，如二典、三謨，真是格言。」公曰：「誠如聖諭。凡帝王修身齊家、敬天勤民、用人爲政之事，皆在其中，此時正宜玩味，體而行之。」英宗每爲首肯。

愛惜人才，惟恐弗力，而以獎恬退、厲名節爲先。耿公九疇及軒公輗皆以廉介聞，公首舉耿爲都御史，軒爲刑部尚書。未幾，耿爲石亨所排斥，軒以權貴侵官託疾去。公屢言于上而還之。年公富亦爲亨姪彪所誣陷，及亨敗，公力言富有執守，可大用，遂起爲户部尚書。上嘗謂公曰：「左右多不悦富者。」公曰：「不悦者衆，愈見其賢。」禮部侍郎缺員，有求近習薦陞者。上問公何如，公對曰：「不知其人。臣所知者，學士李紹可任此。」因進言：「邇者士風不立，多夤緣以求進，如用紹，請於黼座召吏部面命之，庶幾士類知警。」上從之。命下之日，傾朝㦊然。其後任事大臣，多公所薦。已薦矣，其人不之知，反有訾公者。或以告公，公曰：「吾知用其才耳。」三選庶吉士，儲養于翰林，親加督教，如愛子弟。

與故學士吕文懿公及今學士陳公、彭公相處十餘年，未嘗失辭色，每語具以忠言相告，而於講學論政，至終日忘倦。人有善，若己出，不白之不已。兩廣兵興，編修丘濬實廣人，具嶺南事宜告公，公繳奏言濬言可用，請付軍中爲平賊之助。遇天變民瘼，憂形于色，每以裁抑浮費、蘇息民力爲本，謂内帑財物非濟兵民則人主必生侈心而移之於土木禱祠聲色之用。自公柄政，前後發内帑銀救荒卹邊凡數十萬計。人有急難，以身救之，而於植臺諫、慎刑獄尤惓惓焉。有會試被黜者，訴考官有弊。上不悦，以章示公。公曰：「此乃私忿，考官實無弊。如臣弟讓亦不在中列，可見其公。」上意方解。言路屢閼屢闢而不至於銷鑠，皆公力主之。惟成化初，言者歷詆中人之惡，謂不可使與國政，得補外。而或咎公不申救者。公曰：「此事何可激也，甘露之變、黨錮之禍，諸君獨不知之？」天順中，宗室臨川王、弋陽王前後爲緝事者發其陰事，已而多涉虚，因召問公。公曰：「觀此則其餘所枉多矣，法司雖知其枉而不敢辨，非明詔理官不許畏勢避嫌，實傷和氣。」上乃召三法司面戒飭，中外感悦。凡朝廷大政令涉于軍情邦計者，必經公議而後決。

虜酋孛來近邊，有言傳國璽在其處，請發兵乘機奄取之。上爲之動。公曰：「頻年災荒，府庫空虚，兵民困極，宜與之休息。且虜近邊而未嘗犯塞，無故伐之，必貫釁。況秦璽，亡國之物，亦不足寶。」上矍然罷議。内府奏乏金用，詔下户部議，請以蘇、松、嘉、湖四府歲折粮銀折金五萬兩。公言：「國家財賦仰給東南〔二〕，而金非其所産。今欲折金，價必湧貴〔三〕。聞雲南諸夷有歲辦金銀，若以銀折金，亦足以充國用。」衆以爲便。松潘羌叛亂，已勅三司調兵勦之，久不下。公曰：「三司頡頏牽制，自不能成功。若朝廷命一大臣統之，則事定矣。易曰：『長子帥師，弟子輿尸，不可不慮。』」上問公可將者，公薦都督許貴，遂用之，而松潘羌始靖。凡册后妃與諸王、大喪、大祀、冠婚之禮及今上之初親耕、視學諸大典禮，悉命公與禮官增損儀式而後行，白金文綺、上尊珍饌與夫四方貢獻、内帑圖書賜賚無虚月。

公每以盈滿爲戒，取小旻詩中語扁其堂曰「臨深」，以寓安不忘危之義。雖位極三孤，不治田宅，不鬻女侍。爲學務實踐，不爲空言，因自號浣齋。孝友敦睦之行，有人所難能者。所居圖書左右，口誦手録，雖老不懈。每有得，即識之，有體驗録一卷、雜録三卷。所被顧問有天順日録三卷。作文章以理爲主，不爲艱深靡麗之詞。每教人以晦庵、草廬爲法，有古穰集若干卷。詩冲澹温厚，有和陶詩二卷，和杜詩一卷，讀詩記一卷，讀易記一卷，南陽李氏族譜若干卷。平居無疾言遽色，其容粹然，見者如在春風中，浮躁者爲之自失，陰狡者爲之中沮，蓋其所稟者厚、所養者深，故其所得有大過人者如此。論者謂自天順以來，所以正君德、恤民生、進賢才、廣言路、抑佞幸、却戎狄，皆公之力。天不憗遺，可爲世道斯文之不幸。

公配黄氏，武略將軍某之女，早卒，累贈一品夫人。繼周氏，安慶知府濟之女，累封一品夫人。所生子男二，長曰璋，即尚寶司丞；次曰玠。女二人，長適翰林院編修程敏政，次適衍聖公孔弘緒。璋、玠將以明年春奉柩歸葬于故鄉刁河之原，乃以狀屬敏政。敏政大人實公之友，故爲童子時公不鄙而收教之，且妻以子，至親大義，抱慟無窮，而謭才末學，不足以發公勳德之萬一，平生之託，又不敢辭，用直書其概以告當代立言之君子，且以備異日史氏之采擇。謹狀。

潭渡處士黄君行狀

君諱禎祺，字仲禧，世居歙之潭渡，鄉人無少長皆稱爲潭渡處士。君之先曰光者，自祁之左田徙黃屯，屯以黃氏故得名。再徙溪北，即今處。光子芮，唐貞元中以孝旌其門。芮九世孫孝則，元初用招降功授巡檢，辭不受，學者稱德庵先生。孝則孫儒壽，至元中舉明經諸暨州學正。儒壽子塾、塈。塾善居藥，元季號儒醫黃氏，有遺文藏于家。塈生祐。祐生真，娶汪氏女，生君。

君天性孝友不凡，年十二喪母，十七喪父，即奮然有立，不落人下，識者卜黃氏當有後。時家道中窘，日不暇給，君晝則服賈力農，歸讀書不輟口，有不省者，走鄉先生質問之，家日以裕。事繼母如生己，每謂人曰：「世率謂繼母不慈，特孝之弗力耳。」用是繼母安君之養，曰：「是真吾子。」鄉隣亦久而相忘，不知其爲繼母也。事兄禎祖如事父，處二弟禎視、禎祥尤篤愛。禎祥之子華，少聰穎，君撫其首曰：「是必亢吾宗，諸子不及也。」取爲郡學生，又遣之淳安從學士商先生游，舉成化乙酉鄉薦，力學唯謹，恒恐失懽于世父，先生兩賢之。

君平生操履，一毫不苟，鄉人或病其太執，弗顧也。然事有越理者，即相戒曰：「毋令潭渡處士知。」其爲人嚴憚如此。居喪奉祀，一用朱氏禮。或勸其少從俗者，君正色曰：「吾生朱氏之鄉而用其禮，何從違之？」二親喪在淺土，族人惑於地理之說，不克襄事。君曰：「是不難。」取其書讀之，不數月了其義，曰：「蔡西山、吴臨川不我誣也。」得地于歙之東鄉曰江東灣者，舉以葬焉，後雖有精其術者，莫能易也。周困乏，振寡弱，惟日不足。乃更爲醫，有以疾告，雖地險僻、天大寒暑，走應之無倦。報以泉幣，則笑而却之，曰：「吾豈射利哉？」晚歲喜賓客，至者日相對讌樂劇談，抵夜分不休。子弟多以勞勸止，曰：「吾自有樂地，女曹烏足以知之？」道路、橋梁有司不能令，下君一語倡之，不期而集，至以不預爲恥。歲時聚族人于先祠，諄諄以繼述爲言。然獨君孝不愧于旌君，隱不愧于德庵，讀書不愧于郡博，惠人不愧于儒醫，可謂一鄉之善士矣。

君生永樂甲申冬十月二十有四日，卒成化癸巳秋七月二十有八日，享年七十。娶汪氏，潛口巨家女。生子四，長文昌，先卒，次文盛、文亮、文英。女一，曰秀真，適吴還宗。孫男二，長天禄、次天才。孫女四，長嬪清，適許大祥，次淑清，適汪永潛，餘未行。文盛等卜以某年某月某日葬君于某里某山之原。華方上禮部，得君訃，驚慟幾絶，又深懼其行之不白，無以掩諸幽，以走鄉人，知其詳，請爲狀以速銘于太史氏。走與華友，且念鄉之老成不可以復見也，謹狀。

封奉政大夫通政使司右參議趙公行狀

公趙姓，諱傑，字子奇。其先鳳陽壽州人，元季譜逸于兵燹，故上世無所紀。高祖大恭，國初從高廟起兵，積武功至衛百户，遂土著于大興縣。祖士遠，父原清，俱受代。原清復從文廟南征北伐，進常山護衛正千户。母李氏，封宜人。

公，常山之長子，性淳樸，無所事事，獨喜究經史大義，每從諸老生求進，往往有得。遂益以簡册自娱，雖裨官小説，亦復寘意，務中肯綮乃止。常山之卒也，公以洪熙改元受世禄于朝，尋改隷羽林前衛，治戎恤士，寛猛得宜，凡一切紈袴之習，略不少徇。衛自使以下，咸相語曰：「趙將軍非吾輩武人也，謹當避之。」宣德中，有詔罷前任護衛官蔭襲令，公乃退休不出，了無愠容。更學爲醫，遇良方，輒手自傳鈔，又解裝市藥，雖家無一錢不恡。遇有以疾告者，欣然爲治，具不責報。嘗語人曰：「吾豈射利者哉？特少試利濟之萬一耳。」中年資遣其子昂爲學諸生，躬課之甚力。或讓曰：「公獨一子，奈何其督責過當邪？」公謝曰：「吾聞教子嚴則有成。」不三歲，昂果以詩經領鄉書，第進士。正統戊辰，遂用昂貴受勑封徵仕郎中書舍人。於是向之讓者乃大讙曰：「賢哉！趙翁其諸異乎人之愛子也。」天順庚辰，復受誥進封奉政大夫通政使司右參議。公早年頗嚴整，中乃更於長厚。既兩膺綸命，尤伀伀自守，如不勝衣。口不道人非是，人有見侵者，亦居然承之不校。親賓至，則飲奕竟日，不亂不勸。出則裹青蚨數十百文，以與丐者。居常韋帶布袍，長身鶴立，年愈高步履愈健，時杖屨于門，消揺容與，鄉人老稚相扶携笑樂，望而知爲仁人長者。

成化十年正月十四日早，忽衣冠而坐，如假寐然，移時不醒，遂卒。公生于洪武丁丑三月四日，享年七十有八。配張氏，克相公。初封孺人，進封宜人，先公二十六年卒。子男一，即昂也，筮仕中書舍人，進兼司經局正字，歷翰林編修、通政使司右參議，納交一時知名士，有聲于時。娶李氏，處士士英之女，贈宜人。繼潘氏，武驤右衛指揮某之女，封宜人。女一，適武驤右衛指揮劉達。孫男六，曰翊、竑、端、靖、竣、立。翊，李出也，鄉貢進士，娶蔣氏，尚寶卿敵之女。竑聘馮氏，廣東按察副使定之女。孫女三，長適順天尹閻公子國學生璘，次適兵部尚書兼大理卿程公子敏行，次許聘河南布政司參政楊公子鏞。曾孫男一，曰恩。女三，皆幼。

昂將以今年二月十七日奉公葬東直門外長慶坰祖塋之右，以走之弟委禽趙氏，走嘗拜于公堂，知其行爲詳，請狀之以乞銘于作者。謹狀。

資德大夫正治上卿南京刑部尚書致仕贈太子少保謚莊懿周公行狀

公諱瑄，字廷玉，姓周氏，世爲山西陽曲人。曾祖考諱某，祖考諱温甫，考諱傑，皆以善行稱于鄉，不樂仕進。曾祖妣某氏，祖妣任氏，妣張氏，皆名家，有淑德。祖考、考以公貴贈資政大夫都察院右都御史，祖妣、妣贈夫人。

公生永樂丁亥三月三十日，幼有美質，七八歲讀書即了大義。考右都公見其不凡，遣游沈良先生及譚、曾二長史之門。三君子皆國初名儒，故公學有所悟入。洪熙乙巳入太原府學爲生員，學益進，連丁内外艱。宣德乙卯始登鄉試，會試中乙榜，不就，入太學，出歷事于户部。

正統甲子，用吏部銓，授刑部江西清吏司主事，精究法意，讞獄明允。時金榮襄公爲尚書〔四〕，慎許可，獨愛重公，凡獄有事必以委公。如市藥物以療病、儲米粟以卹貧、潔獄舍以處衆，皆自公發之。有死獄累訴冤，不得其情，公微服訪之累月，一日至城南，聞村姥言，因乃白，得不死。給事中翟讓、御史劉訓給燕山左衛鈔，誣官盜取，下法司，公辨其誣，讓、訓被劾，由是賢聲籍籍起縉紳間。丁卯奉命録南畿重囚，戊辰録畿北者，所至皆有平反。己巳北征，部屬當扈從者在正郎，多託疾，公毅然請行，被創而還。

景帝立，陞署河南清吏司郎中。時有校尉受賕縱强盜而以宿讐充數，公力辨之，校尉皆反坐。有囚八百人一日至，公懼天暑衆集有病死者，三日盡發遣之。庚午，刑部闕侍郎，衆望在公及王公概兩人，遂用吏部尚書王文端公言陞公右侍郎。公益佐其長、厲其屬，以洗冤澤物爲己任。丙子，順天、河間二府民飢，勑公往賑之。二府素無畜積，又連遭大水，公私皆竭，公憂形于色，凡舉行救荒之政，不遺餘力。復條奏八事：一裁省各處冗官，二停徵當歲糧草，三添減軍士糧草如舊，四免追久負馬贏牛羊，五暫罷供應柴炭及夫役，六皇莊湖泊之利恣民采取，七招商中納鹽糧損其斗數，八借水次官倉之粟濟民。事下户部，不能皆從，而招商借粟之説，尤以爲難。公復辨之，曰：「商人嗜利，榜出而久不應者，計不得利故也。不損斗數，安能來商？粟出於民，民死則粟無由得，奈何吝粟而視民之死？況曰『借』，必有還之日，非虚費也。」奏上，詔特從公議。公又爲之具耕牛種子，俾民力田。苗出而天不雨，公行部至武清，懇告于上下神祇，是夕大雨，明日至滄州，又雨。時户部尚書馬恭襄公前致仕家居，謂公曰：「昔有御史雨，今爲侍郎雨矣。」秋大熟。會英廟復位，公請入朝，不許，申命公悉心賑卹，事竣乃還，時天順丁丑也。戊寅，陞左侍郎，有綵幣二品襲衣之賜。自丁丑以來，朝廷數有大獄，又多屬錦衣鎮撫司，公於其間，委曲開諭，陰所正救甚多。復戒飭諸司，毋觀望以害無辜。然英廟眷公最隆，癸未，命掌工部事，又命掌都察院事。

成化乙酉，今上改元，命公祭告中鎮霍山及晉、代、瀋三府先王，因得過家省墓會族，士林以爲榮。未還，陞都察院右都御史，總督南京糧儲。至則嚴告戒、祛宿弊，有侵盗爲奸數輩，悉懲以法謫戍邊，倉場爲肅然。而南京守備大臣輒欲校斛以侵公，公上疏劾之，事下，六科十三道復交章論之，由是守備者被切責乃已。未幾，上南京城守事宜者八，及每歲朝京，亦累有建白，如黜操江都督粮旺之貪之類，事多從行。丙戌，南畿糴貴，詔公發京庾之粟賤鬻之以平其價，民食不艱，畿輔乃安。是歲，陞南京刑部尚書，士類相慶，以爲得人。公告戒諸司，事非須勘者，不得出五日，以是無冤滯之囚。嘗值獄瘟，自流徒以下悉縱遣之，曰「有事則召對」，歡聲載道，咸舉首加額以祝公壽。南部起自洪武間，至是傾圮，公得請重修而益以私享之錢，輪奐一新。甲午三考滿，乞致仕，上勉留不允。自是無歲不乞休。丁酉春夏兩上章，皆不允，至冬復以三載滿入見，始得遂所欲焉。

公先世業醫，無田産，迨公益畢力于公家，不及私，且久住金陵，樂其風土，遂仍歸江南，寄籍江寧。蓋公之得謝也，日與故人親戚飲燕，登眺甚樂。久之，失明。長子經方侍經筵及皇太子講讀，急請歸省，得馳驛視公。見公飲食談論不改于昔，意其福壽方殷而未艾也。經還朝後三年，而公不可作矣，實甲辰五月六日，享年七十有八。公配喻氏，鎮撫之女，贈夫人。繼顧氏，封夫人。子男八人。長即經，天順庚辰進士，歷翰林檢討、編修、侍讀、左春坊左中允。次綸，太學生，先卒。次紘，成化戊戌進士，南京吏科給事中。次統。次縉。次紳。次綖，早卒。次維。女一人，適太學生馬忠，恭襄公之子也。孫男十二人，孫女九人。公訃聞，上悼惜，贈太子少保，謚莊懿，遣南京禮部諭祭，工部營葬事。經得請歸，將奉公葬某處某山之原，而以狀爲屬。

惟公德性寬宏，氣度詳雅，脩髯長身，議論英發，見者知爲大人君子。平生事上，壹以恭謹爲本，自號葵軒以見志。行己正，凡所歷官，皆循序而得，不枉道以干人。守官廉，故鄉至無田宅可歸。遇人務從厚，有不答不較，人有託，盡心力爲之，不啻己事。在國子時，同堂生居相隣，喪妻無所得櫬，公因家人送貲費，至傾橐與之。在官最以仁恕名，爲主事時，有罪人貧不能輸官紙，將鬻幼子，訣别不忍聞，公以折糧絹償其直，還其子。待朋友情誼相好而不比，開心見誠者必爲傾倒，厚貌深顔之徒則惡見之。居家事親孝，遇時節，年老猶悲泣，友于兄弟，以義教子孫，絶口一不言利，下至奴僕之賤，處之亦皆有恩。張夫人一侍女年過笄，公力請嫁之，曰「人雖賤而情則同」，後適鄉人，生三男，爲富室。爲學不事口耳，然發爲詞章，渾成可傳，而公不自愜，多削其稿。出入兩京歷兩法司幾四十年，無毫髮傷人害物之舉。至於領賑貸、督京庾，活民利國之功尤多，以故位登八座壽幾八袠，子孫不下二十餘人，策名甲科聯官清要以並顯于公後，則公之榮名始終、慶澤宏遠，求之一時，豈多見哉？

先尚書襄毅公與公同僚，相得最厚，真異姓兄弟，而兩家子弟相處亦不異於骨肉。走童子時最承奬遇，每侍觴酌聽緒論，得窺公之爲人，故知公爲詳。矧於中允君同官史局、經幃，又同侍青宫，世講之好，日甚一日，則次公之行事以告銘於作者，宜不可辭也。故再弔哭而退書之以備采擇如右。謹狀。

驃騎將軍左軍都督府都督僉事董公行狀

公諱寬，字世宏，世爲安慶懷寧人。曾祖成，元末仗劍從太祖渡江〔五〕，功未究而没。子智真保，以公授燕山左衛百户〔六〕，從太宗靖内難，歷官明威將軍指揮僉事，死夾河之戰。子代之，仁宗憫其忠，進昭勇將軍大同中屯衛指揮使，徙治河間。並以公貴贈驃騎將軍左軍都督府都督僉事。祖妣袁氏，妣余氏，並贈夫人。

公，昭勇公之仲子，以永樂乙未正月一日生河間里第，生而骿脅鐵面，膂力絶人，性沈毅，寡言笑，識者以爲不凡。稍長從師授學，通經史大義，尤好韜鈐之書。兄宣既嗣父職而無子以卒，遂及公。治戎講武，悉有條緒，一時軍職子無出其右。境中每有劇盜，必挾矢獨出，從以數騎，手殪之而後返。正統己巳，都城戒嚴，兵部尚書程襄毅公在吏科，上章薦其公勤智勇，召赴京師。方議大發兵襲虜者，公力言國軍新成，賊勢方張，不若自守以固邦本，賊内不得戰，外無所掠，必將自遁。少保于公亟納其言。時舊降虜安置畿内者並起爲盜，于公請進公署僉都指揮事，將一軍自京師抵河間緝捕之，并督操河間、瀋陽、大同三衛兵。未幾，賜璽書就鎮其地。公於軍務弛張，犁然得宜，而尤以正自持，親族無敢撓法者。河間城瀕水易潦，公措置修葺，增重門及樓櫓，壯觀一時，居人賴之。

景泰癸酉，召還，督操神機中軍營。乙亥，有事于湖廣，南和伯方忠襄公薦公偕行。時銅鼓、五開苗賊熾甚，公嘗將偏師擊之，經四十餘戰，皆捷，而擡羅、擡綱二寨，山益險惡，衆相顧莫敢進，公奮戈而前，不終日克之，以奇功獲重賚，實授僉都指揮事。天順改元，英宗復位，神機大將言公久于軍，宜進擢以勵將士，詔署僉左軍都督府事。常扈從射西籞，所發皆中，英宗悉其名，屢有賜予。

辛巳，逆欽犯闕，公聞變，急以麾下士夜要賊于西長安門，有特詔，命公引衆東上，會天已曙，兵稍集，公請以神礮攻其家，遂破擒之，進實授都督僉事。是年賜璽書總督揚州諸路備倭官軍，沿海弛備已久，夷人或偵于境而戍者不覺，公整飭戎裝，簡閱戰艦，程勇怯謹，斥堠屢獲其偵者，後十數年無邊事。又以其暇日留意儒學，禮貢士而津遣之，蠲社學生繇役，賢聲籍然起東南。久之，四川暨漕運總戎乏人，兵部尚書白恭敏公連以公名上，不果。

成化改元，今上嗣位，念公久于邊，賜勅嘉勞，并賚白金彩幣。尋命公兼督常州孟瀆河及蘇、松、通、泰諸路，鹽賊錢厚糾衆僭號江海上，公畫圖刻期分道進兵，而嘹角嘴地屬江北，公移檄巡鹽御史，請伏兵數百爲援，且曰：「如約，則賊當掩捕無餘，不然，止得其半。」

已而失約，公獨以軍進，獲厚及其黨與數十人，餘走江北，其料敵如此。癸巳，以疾上請還京師就醫藥，居十有一年而卒，時甲辰八月一日也，享年七十。

訃聞，上悼惜，命禮部諭祭，工部給葬事，而臨壙復遣有司祭焉。公先配何氏，早世。支氏，封夫人。皆佐公起家，得婦道。繼藍氏，側室劉氏、王氏，皆有出。子男八人。長璋，當嗣公職；次琇，鄉貢進士；次璘；次琦，早世；次琥；次璉；餘二尚幼。女八人。長適指揮孫恭；次適指揮徐能；次適指揮子周濟；次適指揮宋瑄；次許聘故都憲寇莊愍公之孫，死于節；次適千户唐英；次適指揮子程敏聰；次許聘指揮周某。孫男四人，孫女六人。

公少而孤，事母夫人極孝，母嘗患風疾，日跪奉湯藥，三月不懈，母飯餘，則取而啜之，疾瘳乃已，鄉人以爲難。天資廉介，不妄取予，自奉甚儉，而恒有濟人利物之心。端居終日，無褻言戲色，雖盛暑不脱衣巾，軍中號董御史。尤厭登勢要之門，所居官皆論功受薦而得，惟名公碩儒則納交恐後。教諸子力學奮身，不爲紈綺之習。在姑蘇日嘗與故武功伯徐公、都憲韓公談兵，及論孤虚、旺相之説，二公爲之嘆異稱賞。計公所至，雖古良將蓋不是過。然惠僅止于鄉邦，威略行于東南，不及展布四體、獎率三軍以從事于西北二虜，爲國宣力，又不及總殿巖、陪廟謨以進于通侯宿將之列而卒老于牖下，惜哉！

走即公所受薦程襄毅公之子，而從弟敏聰復委禽董氏，有媚好焉。兹歲之春，方與僚宷作詩歌以祝公壽于堂，蓋不意其遽至此也。璋等擬奉公櫬還葬河間某地之原而以狀爲屬。嗚呼！先友盡矣，走何敢復辭？敬弔哭公而因琇所次第者掇拾書之如右。謹狀。

校勘記

〔一〕以爲向護文臣　「護」，原作「獲」，據篁墩程先生文粹卷十八改。
〔二〕國家財賦仰給東南　「財」，原作「賦」，據篁墩程先生文粹卷十八改。
〔三〕價必湧貴　「湧」，原作「勇」，據篁墩程先生文粹卷十八改。
〔四〕時金滎襄公爲尚書　「金」，原作「今」，據四庫本改。
〔五〕元末仗劍從太祖渡江　「元」，原作「化」，據四庫本改。
〔六〕以公授燕山左衛百户　「公」，四庫本作「功」。

篁墩程先生文集卷四十一

行狀

資德大夫正治上卿南京兵部尚書兼大理寺卿贈太子少保諡襄毅程公事狀

公諱信，字彦實，世爲徽州休寧人。其先有諱元譚者，東晉時爲新安太守，有惠政，受代爲民所請留，因賜第郡之篁墩，子孫家焉。其後有諱靈洗者，嘗起兵禦侯景之亂，梁、陳間屢立戰功，贈鎮西將軍開府儀同三司，謚忠壯，廟食于徽。靈洗十四世孫澐，唐御史中丞歙州都知兵馬使；子南節，居休寧陪郭，公所自出也。初，忠壯五世孫大辨，唐六合令，北徙中山博野，再遷河南。九世曰琳，宋太師中書令，謚文簡；曰珦，太中大夫。是生明道、伊川兩夫子。靖康末，子孫俱從南渡，居池州。曰祉，仕爲休寧尉，遂與陪郭同居，且相擇繼，故休寧之程，實兩夫子之正系。祉弟榮秀，元江浙儒學提舉，生文貴，饒州路德興縣銅冶場提領。文貴生社，至正末用薦爲承奉班都知，不赴。生二子，長吉輔，公之曾祖也，妣吴氏。次國勝，從太祖皇帝起兵，官至萬户，死節于僞漢，追封安定伯，累贈開國輔運推誠宣力武臣榮禄大夫柱國加封安定侯，謚忠愍，廟食康郎山，事見實録。祖社壽，洪武末被詿誤，謫河間，父晟，俱以公貴贈資政大夫兵部尚書兼大理寺卿。祖妣汪氏，妣張氏，俱贈夫人。

公以永樂丁酉閏五月十六日生于河間里第，生時大雨雷電，既誕而晴，乃正午也。祖府君異之。少長，遣遊鄉校，英悟過人。入爲邑庠生，授周易。時監察御史寧國程富提繼北學政，得公文驚曰：「北方乃有此子！」移檄列郡，以勖諸生。正統辛酉，舉順天府鄉試，壬戌，中禮部會試，比廷試，賜進士出身，時年二十有六。觀政之暇，遍讀諸經，皆成誦。乙丑十月，詔遴選六科官，著其令曰：「行止端莊，人物豐偉，語言正當，學識優長。」吏部閲諸進士，而以公一人名上，授吏科給事中。丙寅二月，以父憂去。六月，繼有祖父之憂。喪祭盡禮，不用浮屠法。戊辰九月，服闋復任。

己巳七月，英宗皇帝親征北虜，公與廷臣上疏諫止，不報，而土木師潰。九月，景皇帝即位，公與言官上疏劾兵將扈從者失律敗事，詔追罪首禍及其黨與，命公籍録中官王振家。

事竣，公以國兵新敗之餘，宜得人才爲用，乃上疏薦除名大理卿薛瑄等數人，皆下詔徵用之。十月，北虜遂犯京師，時中外戒嚴，廷臣薦公及户科給事王竑諳軍事。詔公分守西城，竑分守北城，各賜璽書，有事與中外重臣協議而行。公上言五事，曰新號令以振軍威，募勇敢以備警急，召勤王以遏南侵，設武備以防内變，養鋭氣以備戰守。詔所司即日議行。時虜酋也先方自西山一帶進薄都城，都督孫鏜禦之失利，欲領餘衆入城，監軍中官向義請納之，公持不可，曰：「朝廷掃國兵而授之，鏜令小不利，趣之使戰則鏜必效死，納之則虜勢益張，人心益危，非計之得。」因入疏言之，詔勿納鏜。而虜勢漸逼，公自城上督諸軍以火鎗礮石鼓譟爲鏜援，虜乃引去，京師解嚴。

景泰紀元四月，充副使持節册封蜀府華陽王妃，歸途適畿内荒歉，民流移相屬，上疏言：畿郡安則京師安，請發官廪四出賑貸，仍著令；撫民官以民流之多寡議罪責；又河間縣因兵後罷學官，生徒併于府學非便，宜復學育材，以見朝廷投戈講藝之美。皆見采納。英宗還自虜中，方議奉迎禮未決，有龔千户者投密書于學士高穀之家，言禮宜從厚，語漸聞，衆相顧，未敢發。公曰：「武臣尚知禮，而大臣乃持之不言，諫官又不言之，朝廷無人矣？」乃要同列具疏言之。有旨，取其書以入，雖留中不下，而一時正論藉之以伸。九月，陞本科左給事中。

辛未九月，公以英廟還自北狩居南宫，而朝廷闕朝謁之禮，天象屢變，上中興固本十事，曰敬天、求賢、納諫、謹災、節用、詳刑、選將、練兵、尚儉、隆師，反覆數千言，皆切當世務。而敬天一事，則請景帝隆孝友之實以答天心之仁愛，聞者壯之。壬申春，多雪恒陰，公復上修君德、審刑獄、蘇民困三事，而銓曹除拜有未善者，言之尤力。時公雅負公輔之望，臺部闕員多進擬，而廷議復以宣府、遼東兩鎮邊餉爲重，請增右參政兩人督其事。吏部尚書何文淵具公與兵科都給事中葉盛名，詔以公爲山東，葉爲山西，士論蓋不滿焉。公至遼東，時巡撫都御史寇深已得請，倉官吏卒盗糧石以上者處死，又造新斛，視舊加二寸，使人付公，俾鉤考之。公曰：「使彼真盗，雖斗殺之不卹，但今故爲此加斛以置之死地，豈情也哉？」取諸舊斛而校之，曰：「以是入以是出，雖朝廷有問，當以是對。」取諸新斛，立碎而火之。癸酉四月，以祖母夫人汪氏憂去。乙亥七月，服闋，十月，改四川。丙子四月抵任，分巡所至，問民疾苦，不憚險遠。八月，提調鄉試，防範周密，人言不興。時提督兵備刑部侍郎羅綺檄公總理松、潘邊儲，進攻大姓夷寇，破其黑虎、三捷諸寨會。

天順丁丑，英廟復位，公奉表入賀，時方録景泰間上言之人，乃留公爲太僕卿。公閲舊牘，見諸衛歲耗馬不可勝計，而著令月兩笞其主者，計馬耗多而一時併之勢難，乃召與約，月出一馬，則官可免笞，而馬漸以增。時馬政久廢，朋言蝟興，三營大將石亨、孫鏜、曹欽聯疏入言：「太僕急徵諸衛馬，非便，請以其事隸兵部。」從之。公曰：「如此，則爲不得其職矣。」即移文言：「太僕職專馬政，而高廟有旨，馬數不許人知。今自隸兵部，使馬之增耗太僕不得與聞，脱有警而馬不給，則孰任其責？願明示，爲著令。」兵部懼，以爲言，詔復其事歸太僕。時公方起廢居官不三月，即與權貴論事，廷論韙之。戊寅四月，陞都察院左僉都御史，仍食三品禄，巡撫遼東。召至文華殿，顧問良久，道及邊事，命公與内外守臣協和行事。公頓首奉命。

先是，用曹、石言，罷天下巡撫官，兵民皆不便。英廟乃命學士李賢、尚書王翱舉堪任者，得李秉、白圭、王宇等及公，而一時號稱得人。遼東守將海寧伯董興聯姻曹氏，公一切裁之以正，興嚴憚之。又造戰車千輛以備攻守，剏義倉九行贖罪法入粟以備凶荒，設月輪簿以革科斂，置牌號以察奸細，號令一新。己卯二月，朝廷諜聞建州夷酋董山潛結朝鮮，命公機察之。公使自在州知州佟成詐以他事，廉其境上，得朝鮮授董山爲正憲大夫中樞院使制書，還報。公具以聞，曰：「乘其未發，遣一二急使往問之，可伐其謀。」英廟乃命一給事往朝鮮，一錦衣譯者往建州。兩酋初不肯承，出制書示之，皆驚服，各上表貢馬謝罪。四月，虜酋孛來聲言犯遼東，詔公備之。公自帥衆行邊，增守禦，峙芻粟，飾屯堡，程勇怯，録冤滯，營海上者三月，因得風濕之疾焉。都指揮使夏霖治遼東多不法，而與董興相結納，分巡按察僉事胡鼎按其罪四十事，公以狀聞。詔中官及錦衣衛揮郭英往逮霖而籍之，霖遣人逆賂于道，英等遂奏霖事半虚實，霖坐貪婪及私交外邦降三級謫廣西。而都御史寇深併劾公聽外臺官言煩瀆聖聰，英廟不之罪也。尋以公覆奏不肯引咎，徵還，下詔獄。

庚辰正月，調南京太僕少卿。南京太僕治滁州，事簡多暇，公日與滁人遊瑯琊諸山，尋王元之、歐陽公遺蹟，吟嘯其間，若將終身。辛巳，刑部闕佐貳，英宗與輔臣論人材及公，輔臣因言公性直不阿，宜在法司。英廟以爲然。四月，召還，陞刑部右侍郎。公自守益篤，凡事必從公，又以刑繫民命之大者，取大明律條分目析爲律學指掌一編，隨以自益。七月，曹欽敗，董興流廣西。時大獄多付錦衣鎮撫司，然事有相涉者，公未始不與之反復開諭，務從平恕。又以戒飭諸屬司，毋觀望以出入人罪，由是諸屬司以忤錦衣而擯者甚多。甲申正月，母夫人張氏卒京師，公扶柩還河間，朝廷遣官諭祭營葬。

成化紀元，有事于西廣、四川，今上皇帝詔起復公爲兵部右侍郎，公上疏固辭，不允。丙戌，復有事于陝西、荆襄，奏牘山委，日不暇給。時尚書缺員，公獨任之，區畫邊事如在目中，舉劾將帥皆當人意，朝廷倚重，邊閫畏服。若修馬政、舉將材以待四方之用，皆至今行之。十月，陞本部左侍郎。時公舊疾作輟不時，弗良于行，移告家居。十一月，詔公起力疾視事，暫免常朝，賜一子入太學。

初，四川、貴州山都掌蠻據大壩山箐之險，叛服不常，兩鎮守將勢不相下，朝議遣近侍憲臣各一人往督戰，而兵科給事中秦崇、御史吴瑞至軍，不久還，言諸蠻已靖，詔各進禄二級。未幾，諸蠻復出破合江以上九縣，勢益猖獗。公覆奏劾兩鎮守將，稍及崇、瑞。上雖寬宥，而兩人者心銜之。丁亥六月，邊報益急，上用廷議進公兵部尚書，提督軍務，與襄城伯李瑾發川、廣、雲、貴蕃漢兵討之，賜白金綵幣金織麒麟衣一襲以行。公至永寧，分大軍爲三道，自督之以入金鵝池，而分四川軍由戎縣，貴州軍由芒部，雲南軍由普市入，授以方略，期四路俱會大壩。兵及李子關渡船鋪，賊恃險拒敵，飛梭下礧如雨，諸軍以神銃勁弩却之，攀厓而上，順風舉火，焚其龍背、豹尾二寨。賊退保大壩，而貴州軍已掎其後，四川、雲南軍已攻其左右，驚顧四散不支，連破二千餘寨，獲銅鼓數十，斬獲五千級，生禽二千人。餘賊復走入天井、水磨二洞，洞竅幽暗，不可入，公命諸軍以土石窒其門，圍守月餘，賊死洞中，臭聞十餘里。公又陰察九姓土獠之附于賊者，還師撲之，不踰年都掌悉平。兩捷聞，賜勑獎諭甚至。公復請移瀘州衛于渡船鋪以控諸蠻，分裂都掌故地隸永寧、芒部，易大壩爲太平川，立長官司以轄熟夷。時公營大壩餘兩月，淫雨不時，瘴癘薦興，舊疾益甚。凱旋，上大悦，賜綵幣四表裏、金織麒麟衣一襲、白金五十兩及羊酒以勞，進兼大理寺卿。時崇方掌兵科，負宿憾，而瑞已外補，紀功御史方漢適與公争坐有隙，遂相與搆公未盡殄賊及多上首功諸事，賴上聖明，置不問，而言者弗知也，多以爲説。公不與辨，凡四疏告病請老。上俱不允，褒諭有加，曰：「卿年未老，當勉力效用，不允休致。」曰：「朕以卿功能，方隆委任，未可就閑。」曰：「卿才堪任用，不允歸老。」既有疾，待調理痊可理事。」最後公移文住常禄弗支，上亦不允。

戊子十一月，命公入侍經筵。辛卯春，上以雨雪不降，將詣山川壇致禱，令群臣條陳闕失。公上言兵事可更張者四，兵弊可伸理者五。大約謂當今在外惟延綏、兩廣無歲無擄劫之患，而捷屢聞于朝堂，賀屢稱于軒陛；四方流民悉聚荆襄，此大可憂也，而不求規畫之良以爲經久之策；在内惟京營乃天子六師所以居重馭輕，而四方有事，恒病其不純而困于不足。凡此，皆宜更張之大者。兵弊五事亦皆連類引喻，誦而知其是非所在。詔下兵部，一時任事者難之。蓋未幾而復有事于三方，悉如公言。雖在告，朝廷有所賞賚，多即賜其家，又遣太醫診視，疾漸瘳。是歲九月，復用廷議，詔改公南京參贊機務，特免公入謝。陛辭，又特給人扶上，面諭而遣之。

公至南京，上章謝恩，有「願上興文事、修武備，永垂宗社之規；親君子、遠小人，協副天人之願」之語。時營衛官多老不任事及貪縱者，公悉汰之。諸約束悉循其舊，而亦未嘗小屈己以徇人。壬辰，彗出軒轅，公與守備六卿合議，得興利除害三十餘事，具疏以聞，且言給事中王徽等以言事謫官久，乞召還以奬直言。詔議行之。應城伯孫繼先在南京多不法，會事覺未決，有詔下公，多請貰之者〔一〕。公執筆憤然曰：「侯伯乃武臣領袖，懲一戒百，正在于此。」遂盡發其貪尅諸事，繼先坐免，黨與皆謫戍嶺表，軍府肅然。

癸巳七月，公六載考績，詔免公赴闕。甲午，舊恙復作，懇辭機務，上重違公請，賜勑還鄉，曰：「卿其勉進藥食，用臻康寧。疾若脱然去體，其勿久安于家。」明年，公還休寧里第，日與鄉人耆舊倘徉山水間，飲燕爲樂。戊戌七月，喪其季子。時長子敏政方侍皇太子講讀，懼公憂傷，請歸省，詔馳驛慰公。侍饍兩月，公飲食起居如常，且趣敏政還朝，曰：「吾不能報國厚恩，汝當勉力，勿戀戀於此。」己亥五月，忽因吐致疾，轉爲風痰，既差而復者三，竟不起，時九月二十七日辰時也，享年六十有三。有司以訃聞，上悼惜，詔贈太子少保，謚曰襄毅，遣使諭祭于家，命官督有司治葬事，詔臨壙復賜祭焉。

公體貌魁梧，德性剛果，以氣度雄天下，見者知爲偉人。爲進士時，嘗以事詣内閣，大學士楊文定公見而奇之，與論鄉郡人品高下，應答如流，確有定見，曰：「遠到之器也，善自保重。」爲諫官，知無不言，言必達大體，而不矯激以爲名。歷官中外，更十有三任，凡三十餘年，獨立無朋，而不以人言少變。佐兩藩及法司，皆以敬正輔其長官，不隱忍坐視以爲賢。識見明敏，凡朝廷有大事，衆未決白者，數語之間，犁然愜當。如北虜潛伏黄河套中，歲爲西患，輔臣有請興十萬之師以大同守將楊信爲總制搜剿之，公力言河套地曠遠，無水草，興師十萬，則餽運者加倍，自古禦戎，來者拒之，去者弗追，此不易之法。而楊信亦止請將三萬人巡邊禦敵，公曰：「此大舉繫國勢之强弱，以三萬人搜套則少，巡邊則多，蓋關陝連歲受兵，今此之往，勝形未具而先自困，豈謀國之道？」衆服公言，卒與二萬人以巡邊爲名而罷搜套之議。掌兩京兵政及典征伐，皆有成績，不辭任怨，而尤識治體，有大臣之風。在川貴也，勅許便宜爵賞生殺，迄成功而不爵一人，不殺一人，同事者以爲言，公曰：「刑賞人主之大柄，恐閫外事不集而假之，人若幸而事集，又竊弄之，豈人臣之福？」其在南京也，守備者多欲受訴牒預錢穀有司之事，公力止之，曰：「守備機務，所以謹非常，若事事預聞，乃古者宰相之職，非朝廷意。」惟性嫉惡太甚，每曰：「論事必須先別是非，論人必須先別小人君子。」人有善，樂道之如己出；有過，面斥之不少恕，而中則實無芥蔕，亦無後言。常慕宋張詠之爲人，誦詠之言「願斬丁謂以謝天下，然後斬詠以謝謂」，以爲真丈夫語。然招謗取忌，率由于此。惟相處久而相知深者，乃稱其忠勇亮直，可方古人。

既退居里第，聞四方有警或時政闕失，憂形于色，甚至撫几扼腕。自號晴洲釣者，以寓願治之意。事親最孝，少時嘗力耕以爲養，既仕而喪父，竭力以奉母。居憂，廬于墓左，有野蠶成繭及芝産其旁。寡嗜好而喜播植，凡花卉羽毛法書名畫，一不挂目。教子弟嚴而有法，不少假借。弟佲，累從征伐，歷官瀋陽中屯衛指揮僉事，克自立。而諸子皆業儒，不習紈綺之態。待内外親族，恩義兼盡，拳拳以虧體辱親爲戒。嘗於先塋之旁置田五百畝爲義莊，以贍親族之孤貧者。遇故人子，尤矜恤之，振拔惟恐弗及。好學至老不懈，後生之進謁者，必以經學相詰難。詩文字畫，皆不經意，而雄渾方整可傳，類其爲人。凡著述多不畜稿，其出于諸子之所輯録者有容軒稿、尹東稿、南征録、晴洲集、康寧窩稿若干卷，藏于家。

配林氏，處士頎之女，佐公起家，有德有儀，累封夫人。子男三人。長敏政，成化丙戌進士及第，授翰林編修，陞侍講，今爲左春坊左諭德；次敏德，太學生；次敏行，邑庠生，早世。女一人，許聘忠義前衛指揮子凌雲漢。孫男三人，長壎、次圻、次塏。孫女三人，俱幼。

嗚呼！若公易直之行、確實之學、剛介之操、明決之才、折衝禦侮之功、愛君憂國之志，始終不渝，可爲一代之人豪矣。而不躋中壽，遽至弗作，此終天之慟也。敏政將請于朝，奔喪而歸，奉窆于休寧縣東南三里許南山之原。伏惟閣下通家厚契，最號知公，敢以平生履歷求次爲狀，請銘于當代立言之君子。惟是苫塊之餘，言不能成章，身不能爲禮，倘蒙矜恤而賜之不拒，其爲幸會，没齒難忘。伏楮怳然，號慟而已。

故嘉議大夫詹事府詹事兼翰林院侍讀學士贈禮部右侍郎陸公行狀

曾祖朝宗，故不仕。妣張氏。祖淵，故南樂縣儒學教諭，贈南京户部郎中。妣李氏，封太宜人。父愷，故南京吏部郎中，終户部郎中。妣徐氏，贈宜人。繼蕭氏，封宜人。

公諱簡，字廉伯，一字敬行。其先本唐相宣公之後，自浙來居常之武進。元季有曰富者，以其子朝宗後表弟金彦名氏，遂仍其姓，金氏之族，實賴以昌，公曾祖也。教諭公起國學，授奉化訓導，終于南樂，爲名師儒。有子四人，其長郎中公，起正統乙丑進士，授吏部主事，終于户部，歷兩京，爲時聞人；其次愷，賢而有文，不樂任事；又其次悌，天順庚辰進士，刑部主事。至公益大顯甲科，有司爲表其里曰叢桂坊云。

公在娠彌月，徐宜人夢吞絳桃，覺而生公于奉化學舍。生甫六七歲，聰穎出類，爲奇對，語意犖犖，聞者知其不凡。郎中公與故吏部尚書莆田陳公俊同僚，因遣從學，居數月，陳公辭曰：「公子異才，吾不能爲若師也。」遣歸入郡庠，爲諸生，而講于諸父。天才駿發，若不可制。復從郎中公于京師。遭徐宜人之喪，扶櫬南歸，自郡城及河七十里，徒跣號泣，足破流血不自知，觀者益奇，公雖少年，而操行不可及。

成化紀元，服闋舉南畿鄉試第一人。明年上禮部，大爲尚書姚文敏公所鑒賞，廷試中一甲第三人，賜進士及第，始奏復其姓。授翰林院編修，與修英宗皇帝實録，年才二十有五。是歲刑部公卒於京邸，公憫其幼子弱女，移疾乞恩，護其喪歸葬。居家三年不出，其學益宏以粹。而郎中公得謝養母，促公北上。時憲宗皇帝垂意稽古禮文之事，命館閣儒臣重勘朱子綱目，以其暇日應制賦詩無虚月。公所進多稱旨，亦數被賜賚。未幾，詔取宋、元兩代史續綱目，遴選史官十四人，公在選中。總裁少保彭文憲公一以元史付公。元史修于國初，僅七月而成，事多舛複。公芟繁撮要，決疑闡隱，爲力最多。

以九載考績，陞侍講。丁酉春，續編成，陞右春坊右諭德。今上在春宫，講讀官八人，公與其一。庚子同考順天府鄉試〔二〕。癸卯丁郎中憂，襄事已，即闔門謝客。城南有地龍皐，公治別墅，讀書其中，自號龍皐子，而題其常所居曰治齋，大事纂述，以箴訛補罅爲己任。宋季元兵寇城時，刺史姚岦等九人死其難，未秩祀典。公言有司，立忠義祠以祀之。又以蘇文忠公卒于常，亦欲立祠，不果。值憲宗皇帝上賓，詔徵公入修實録，至則上已嗣登大寶，以公輔導舊臣，陞右春坊右庶子兼翰林院侍讀，充經筵官。又命公等四人日直便殿，侍講讀，凡五閱寒暑。實録成，陞詹事府少詹事兼翰林院侍講學士。時玉牒久未編纂，復命公領之。癸丑春，主考禮部會試。甲寅，上念公等侍從之勞，特陞公詹事府詹事兼翰林院侍讀學士。眷注方隆，而公壽不少逮，惜哉！

公天才超邁，姿貌秀偉，若不堪世故，而事事精敏絶人。然未嘗以是自侈，惓惓于節行，其輔儲極、奉經帷、長史局，必盡心力，正講之餘，多寓諷諫，開陳治體，啓導天聰，聞者爲之竦動。實録垂成，而十館所修不能歸一，公等四人受委總勘，彪分彙次，始克成編。主考兩試，得人爲多。至于議禮論事，必歸于至當。有所不合，正色昌言，雖賁、育莫能奪。爲其平居藴藉渾然，不自表著。與人交，緩急周至。尤樂汲引後進，觴奕笑談，終夕忘倦。爲詩文力追古作，縝密峻潔，一字不苟，求者屨滿户外，而得其篇章者不啻什一，得者如獲至寶，不得者怳然如有所失，其見重于世如此。而公每致力于諸經，手自校勘，至疾革猶朱墨不離左右。充其所得，直將以畏天命、悲人窮，而位不足以究所施，功不足以罄所藴，其所就者，言論述作而已。

公卒以弘治乙卯正月八日，年止五十有四。聞者無問識與不識，皆唏嘘悼惜，曰：「天之生賢不爲無意，而卒止于此乎？」訃聞，有司據典禮上請，遣官營葬，諭祭其家。久之，獲贈禮部右侍郎，亦出特恩云。

公娶同邑池氏，承事郎敬之女，贈宜人，先公十九年卒；繼鳳陽姚氏，南京府軍衛千户福之女，封宜人，亦先公兩月卒。子男八人。長含章，郡庠生，池出；次奎章，側出；次巽章，姚出；次敬章、表章、焕章、九章、有章，俱側出。女四人。長適國子生同邑楊增，次適郡庠生宜興邵天和，次在室，次早喪，俱池氏出。公所著治齋集數百卷，未及詮次。

予與公同舉進士入翰林，公長予三歲，予兄事之，蓋三十有一年于今矣，而公所以玉我、砭我者備至。壬子之夏，予蒙恩昭雪入朝，情好益篤，方期晚境劘勵，少免悔尤，而公遂抱疾矣。予日夕視公，見其貌雖癯而言動如常，借書論文，手札盈几。屬纊前夕，猶有一柬，召醫問疾，而孰意其遂至不起也哉！公子含章奔喪至京，慟哭向予以狀爲請，又致公弟節所撰事行一通，俾予次之。顧予與公交承之雅，誼同骨肉，每一執筆，哽咽難勝。而公發引有期，義不容已，乃掇拾如右，以授含章，俾請銘于當代立言君子。謹狀。

英國太夫人吴氏行狀

太夫人諱悟成，姓吴氏，太原陽曲人。其先世號多積善，至處士諱珍者，尤伈伈謹飭，有士人之風，娶沈氏，生太夫人，容德具備，兩夫婦恒相語曰：「是女不凡，異日必當顯吾家者。」稍長，里人多以委禽至，處士一弗之許也。故太師定興張忠烈王之元配李夫人多疾，内政無所歸，一子，勳尉忠，亦生而不慧。忠烈憂之，乃禮致太夫人于吴氏。

太夫人來歸，寔忠烈以舊勳位台輔、議軍國，夙夜在公，不得顧其私。凡一切家務，皆太夫人綜之，無繹事，無違禮。太夫人不逮事其舅河間忠武王，事其姑河間王夫人，手自烹飪，奉養備至，務得其懽心。歲時相祀，率諸婦潔豆登，無敢肆。忠烈與其弟文安忠禧侯、裕國勇襄公極友愛，而太夫人處其娣姒，亦雍睦無間言。李夫人三女，仁廟册其仲爲貴妃，其孟適黔國公沐斌，其季適清平伯吴英。太夫人每輔以善道，勸之女紅而謹禮之，譽聞中外。

忠烈死正統己巳之難，太夫人一子，懋，方九齡，朝廷褒忠，命嗣公爵。太夫人既擇師訓之，又恒以先世忠貞諭之，以是嗣公德器駿發，克底于成。天順癸未冬，賜誥封英國太夫人，有「淑善之積，益隆壽祉」之褒。太夫人性仁厚，有遠識，念勳尉忠無子，命以庶長孫爲之後。雖處勳戚極盛之地，喜謙約，樂施予，旁逮群族，下撫臧獲恩義有加，不事侈大，勳戚家率相語以爲可法。弘治乙卯五月四日，忽一疾不起，享年八十有二，拒生永樂甲午九月十日〔三〕。訃聞，上遣中貴人賜寶鏹二萬貫爲賻，命禮部諭祭、工部治葬事，別給齋糧米五十石、麻布五十疋，尋復令禮部加祭五壇，皆前此未有者，蓋特恩云。

太夫人子一人，即懋，今太師兼太子太師嗣英國公，掌中軍都督府事總五軍兵營監修國史知經筵事。女一人，適太師兼太子太師保國公朱永。孫子七人。曰欽，勳尉；曰鎡；

曰銘，錦衣衛百户；曰鋭；曰鋼；曰鎮；曰鉉。孫女三人，長適永順伯薛勳，次適安昌伯錢承宗，次早世。曾孫子五人，曰嶽、曰嵩、曰端、曰崇、曰巖。曾孫女一人，尚幼。

惟太夫人以和淑真懿之德，享耄耋康裕之福，而有嗣公爲之子，歷事三朝，淳愿忠勤，入贊廟謨，出典師旅，巋然世臣之冠。而太夫人榮養褒卹，兩極其至，是亦可以無憾矣。抑又聞弘治癸丑太夫人壽躋八十初度之辰〔四〕，傾朝縉紳舉酒相慶〔五〕，即席之際，有鶴盤空而下，躍入前席，飲啄自如，咸驚嘆，以爲太夫人壽徵而嗣公孝誠之所感也。暨太夫人捐館之明日，是鶴亦悲鳴不食而斃，異哉！古傳記所稱羽化蜕骨之事，殆近之歟？

嗣公以太夫人卒之年某月某日奉窆盧溝橋西南連三岡之原，祔于忠烈王之兆，將請銘于當代巨公，而以狀爲託。顧予不肖於經帷史局皆獲從嗣公之後，於太夫人壽筵燕喜之作屢嘗執筆，而況考德述行之舉，將恃之以備采擇，而可以不文辭哉？是用掇拾如右以復于嗣公。謹狀。

故妣夫人林氏行狀

夫人諱淑清，姓林氏，世爲閩人。林之先望西河，再望下邳，自秦、漢來，遠有世緒。迨晉散騎常侍晉安太守禄，始由下邳家閩中。禄十四世孫萬寵，唐明經，饒陽太守。萬寵子韜、披。韜孫櫕福，唐尉，以孝旌門。披九子，皆仕爲刺史，號「九牧」，林氏其第九，子邵州刺史藴，爲劒南節度推官，斥劉闢之叛，以義烈聞。披四世恩，始仕王氏，爲進奏使，恩再世仁翰、仁肇。仁翰仕爲南唐樞密都承旨，倡戮朱文進以安王氏；仁肇入南唐，以功至洪州節度使，亦死于忠，其名績並見史册。仁翰六世孟似，宋紹興中廣州司里參軍，定居閩之環珠里大田驛。孟似生質，從學考亭，號居窮先生。

質五世謙翁，元宣授進議副尉，夫人高祖也；妣廉氏。曾祖起宗，贛州録事司判官；妣程氏。祖子隆，國朝洪武初坐累謫官之綏德，再徙河間，遂爲河間人；妣賀氏。考頎，能嗣父以殖有家，妣季氏，生子女各一，子璵，仕爲淮之安東簿，女即夫人。

夫人生負淑質，孝謹聰惠，而剪製烹飪，一切女紅，皆能。父母奇愛之，俾讀列女傳、女戒諸書，輒領悟其肯綮。未笄喪父，哀毁骨立，事安東君如父，而安東君素嚴重，思擇壻，莫可當意者。顧嘗與先尚書少保襄毅公同小學，請于母曰：「吾女弟之行，無如程某者。」故夫人歸于程氏。

程之先亦自新安，徙河間，當是時，先公方爲儒學生，先曾祖、先祖俱贈尚書府君在堂無恙，先祖母張夫人，有四女，未嫁，一幼子，未婚。家務蕺委，日不暇給。夫人親操井臼，治酒漿，上奉兩世舅姑，咸得其歡。

久之，先公舉進士得官，而夫人益服儉素，如未顯時。凡遣四姑、娶一姒，皆分己奩具而裒俸金以足之。四經舅姑之喪，相先公襄事無違禮〔六〕。先公出入中外四十年，兩督邊儲，一領巡撫，三治軍旅，夫人獨任閫政，奉先教子，不以貽先公之憂。親黨慶弔以時，而豐歉惟所當。於新安、河間居伯叔子，慈煦如一。安東君諸子，亦擇其可教者，俾學于家塾。其一芳，爲河南長社巡檢；其一英，爲山東青州訓導。夫人御僮僕嚴而有恩，待故舊禮意周悉，隣媪里姥，至或解衣衣之，雖數不厭。平居言貌誠樸，而緩急之際，出一語必中理，確不可易。先公每嚴其遠識。

景泰初，先公爲吏科給事中，受敕封孺人。天順中，爲都御史，受誥封淑人。成化中，爲兵部尚書兼大理卿，進封夫人。晚就養京師，不幸以弘治乙卯七月十日以疾終于正寢，距生永樂戊戌九月十一日，得年七十有八。疾革，前呼敏政語之曰：「勉力報上恩以光祖宗，我年已老，得從爾父地下，於願足矣。」嗚呼慟哉！

子男三，長敏政，僥倖進士，待罪太常卿兼翰林侍講學士。敏德，國子生，授詹事府主簿，改蘄州判官，卒。次敏行，儒學生，亦先卒。女一，適忠義前衛指揮同知凌雲漢，封淑人。孫男四，長壎，蔭授錦衣衛百户。次圻，早世。次塏。次堂。孫女四，長適邑臨塘范栩，次適婺源大坂汪玄錫，次適新安衛指揮子朱儀，次適新安衛千户子于恩。敏政不肖，不自殞滅而罹大故，擗踊攀號，叩地無所。兹將解官奉柩歸祔于先公賜兆，得旨遣官諭祭，給驛歸其喪，仍命有司開壙合窆，謹終詔後，法宜有銘。敢掇拾遺行萬一，上干執事者。顧苫塊餘息，言不成文，惟鈞慈軫念，賜以不拒，使潛德於昭，死生之幸也。付楮怳然，無任摧裂。孤哀子敏政泣血謹狀，太常寺少卿南陽李璋填諱。

校勘記

〔一〕多請賁之者　「賁」，原作「貫」，據四庫本改。

〔二〕庚子同考順天府鄉試　「同」，原作「應」，據四庫本改。

〔三〕拒生永樂甲午九月十日　「拒」，四庫本作「距」。

〔四〕抑又聞弘治癸丑太夫人壽躋八十初度之辰　「聞」，原作「同」，據四庫本改。

〔五〕傾朝縉紳舉酒相慶　「慶」，原作「度」，據四庫本改。

〔六〕四經舅姑之喪相先公襄事無違禮　「相」，原作「葬」，休寧陪郭程氏宗譜所録徐溥程襄毅公夫人林氏墓志銘云：「四經舅姑之喪，相先公襄事無違禮。」據改。

篁墩程先生文集卷四十二

碑誌表碣

槐瀨先生程君墓碑銘

昔杞宋以王者之後，孔子猶嘆其文獻不足徵，而况其餘乎？程本周之侯國，休父則始封者也。其後國亡，而子孫散處于晉，曰嬰者，死趙事，號忠誠君，世望河北。至東晉，有元譚者，守新安，以循吏賜居郡中，由是江南始有程姓者。凡數傳至梁將軍忠壯公靈洗，有禦盜全郡之功，食其鄉州，廟號世忠，程以是益顯。至唐定氏族，而程遂居十大姓之一，胤系之蕃，幾有一郡之半，又蔓衍于四方。由宋至今，其居歙之槐塘者曰元鳳，起進士，相理、度兩宗，號吉國文清公。

公六世孫曰槐瀨先生，諱孟，以諸程自唐以來譜牒山委，莫能相通，乃遠者走書、近者親會，盡發我宗人之藏，手自披校，窮二十餘年，爲程氏諸譜會通五十卷，外譜二卷。忠誠、太守、忠壯三祖遺蹟及褒典經元季之亂，蕩無存焉，先生又搜輯而類次之，爲世忠事實源流録十卷。文清公手澤及理宗御書多淪于異姓，先生不惜重購之以歸，爲明良慶會録三卷。於是新安之程，凡數百年文獻之傳賴以弗墜，而先生亦不可作矣。嗚呼！若先生，豈非孔氏之所見予者哉？

先生字文實，槐瀕其别號也。性誠樸而孝友，動必以義，終其身爲族黨師，鄉人化之，郡邑大夫歲時禮於其廬，力學好古，愈老不倦。其纂述别有黄山小録諸書，而新安總志尚未脱稿，所自著有槐瀕集若干卷。其卒成化乙酉四月二十五日，享年六十有七，墓在本里荷塘山之原。子三人，景岑、景山、景微。孫五人，琬、瑀、琥、琮、瑶，皆能守先生之遺書而讀之。

敏政於先生爲族子，宦居北方，不及敬拜牀下，而數辱手教，惠顧諄複，蓋寤寐之不忘也。謹撰銘文一通寄其諸孫，俾刻諸墓上之石，以昭先生於無窮。銘曰：

猗乎先生其弗死兮，維古程國之肖子兮。篤我宗誼而弗之圮兮，闡我先猷而實是紀兮。相爾公孫之復其始兮，胡寧在彼而不在此兮。爰卜斯藏于槐之里兮，羌山之崔而水之瀰兮。猗先生之名兮，曷其已兮。

歙處士汪君墓碣銘

士之居斯世者，不越乎出、處兩途，然各有道焉，非苟焉耳矣。出而忠，處而孝，斯道之極致，而生死無愧乎士之名。不然，則苟焉者也。歙處士汪秉祥父之卒，翰林侍讀尹先生爲壙銘，稱其孝無愧古先民，而處士之子尚恕復請予銘其墓上之石。予生不及識處士，將何恃而銘？既謝不敏，而尚恕請之不置，又遣其子曦託其友黄進士宗器胥促其成。予終不敢辱命，則以處士之大凡扣宗器，宗器之言如壙銘，予不覺慨然太息，爲序而銘之以詔其後人。序曰：

秉祥父其先居績溪，唐越國公華之後，族鉅而胤蕃，累遷歙之潛川，故今爲歙人。處士之曾大考仲堅，大考用彰，不樂仕，號秋江漁隱。考士元，生處士六閱歲而卒。母胡氏，守節長育之時，漁隱尚無恙，特鍾愛處士，曰：「是幼而孤者，不可使群于自棄而使人弗友。」口授之詩書。處士亦知自奮以繼述先德，不爲嬰孺態。既長，痛父早世，每歔欷不自勝。而幸祖若母俱逮養，養之惟恐弗及。所居之堂，榜曰奉思。鄉人及四方士聞之，咸嘖嘖嘆曰：「孝哉汪氏子！」多詠歌之。歲丙寅，家弗戒于火，處士倉卒入先祠，奉神主、宗譜及秋江漁隱詩卷以出，家貲不一顧。

處士襟度灑然，不喜齷齪士，見者知爲美君子。閲書史，遇古之孝友者，反復不釋手，思與之齊，故卒以孝稱。家居待宗姻里族無矯情，出遊江海上，友其賢豪，不樂爲婞婳。至賑窮周乏，則腆不恤，屢不厭。老而重聽，謝家事付諸子，别號止軒，日杖屨山水間以娱老。神氣清明，迨易簀不亂，治命諸子曰：「若能敦孝友，葬祭不伍流俗，吾死不憾。不然，非汪氏良子孫。」言既而逝，正統戊辰十月二十有八日也，壽六十。以其歲葬歙嘉充山之原。

配里人吴氏女，有懿行，以己不育子，禮聘側室胡氏而友愛之，卒以有後，卒永樂壬辰三月二十有四日，壽若干，葬里之胡村。繼朱氏女，尤孝敬，嘗刲股和藥愈處士危疾。卒景泰甲戌正月二十有四日，壽六十有四，葬祔處士塋。子男四，長即尚恕，次宗敬、從政、尚茂。女二，婿許仁善、吴紫垣。孫男七，長曦，即速銘者，次昶、昇、暹、景、昭、暐；女四，皆未行。嗚呼！處士雖不出爲世用，而群行皆不苟，孝尤卓然，其可謂有道之士已夫！銘曰：

豫章無根，枝葉其瘁乎。渤澥無源，支流其匱乎。人而無孝，子孫其墜乎。嗟嗟君子，猗無愧乎。好是懿德，而不倍乎。蒼蒼者天，羌錫類乎。我銘其阡，百世其無廢乎。

處士黄君景高墓誌銘

君徽之休寧人，諱維天，字景高。其先自霍山徙潯陽，有諱堅者，唐乾祐中自潯陽徙休寧之古林。十四世孫允清，爲宋咸淳庚午貢士，始業儒，君五世祖也。高祖方，號秀嵓，故右春坊司直郎汪蓉峰先生爲之記。曾祖嘉祐，不樂仕，與鄉先正翰林待制鄭師山、侍講學士朱風林、徽君趙東山三先生友善。祖樞，世其學，元淛東道元帥李克魯嘗聘爲塾賓，國朝屢徵不起，學者稱後圃先生。父民，娶程氏，生君。

君長于儒家，務以繩武爲事，而明敏過人，凡六經諸子，口誦手録，不研精不已，下至古今名物制度沿革、世代廢興與夫百家衆技之書，悉淹貫，有摘疑事就問者，應口即畣，首尾不遺。詩與文不苟作，書法喜黄庭，率更籀文隸古，咸極精妙。居簡重，不妄出入，竟日危坐，無惰容。至與人之際，則内外一致，無機巇之設。慎許可，題其燕居之所曰嚮明，以寓崇善抑惡之意，鄉先生程公若虚叙而銘之。

君家誨尤嚴，以故長子莆克自奮，以明經教授，爲古文詩章，不愧君。而與人辨論道理，長書累牘，必求其是，識者韙之。

君生于洪武甲戌五月二十六日，卒于天順癸未七月十九日，享年七十。配金氏，繼俞氏。子男二人，長即莆，次曰蓂。女二人，長曰莔，適吴藩；次曰苡，適金寧。孫男二人，曰光岳，曰爟政。莆既以成化乙酉正月一日奉君柩窆鄉之大園，以俞祔，而致刑部員外郎汪君進之狀來乞銘，將追納諸壙中。

予觀世之號世家者，其子孫不一再傳，多放浪不檢以至于敗，求其謹守以不墜田廬者，鮮矣，矧嗣其詩書之業至於七世之久如君之家者哉？予與君生同鄉，辭其銘不可。銘曰：

緊先世之烈兮，羌舌之代耕也。既後昆之垮兮，亦學之嗣興也。眷美人之修潔兮，古林之士英也。胡挺挺以自揭兮，不矯矯以爲名也。竟塵網之不屑兮，捐松喬之永齡也。播清風于巖嵲兮，尚考于此銘也。

孺人吕氏墓誌銘

予初識泌陽焦孟陽于婦翁太師李文達公家，時孟陽已職太史，挹之淳然，有古儒者風度，因納交焉。其後得聯官，每止其寓舍中，闃然無譁也，頃之，輒出酒食以飲食我，孟陽若不與知。然孟陽性落落，每退朝騎馬過友人家，觴咏終日，家事一不自撓。予竊意其得内助，不然，何逸豫乃爾。

歸嘗以語室人，室人曰然，且爲予道其故曰：「焦孺人，呂家女，初以鄉人子來吾家，將其三子以見先太師，其服純然，無綺容，又拜起不失矩度，應對甚閒，先太師喜甚，顧先夫人曰：『焦氏有婦矣！』出文幣與之。先夫人素莊嚴，女賓之進謁者，有少違禮多不得辭色去，獨愛賢孺人，嘗自解其簪珥以畀，予時侍側，切健羨之。每佳辰令節，則遲其來，來則相對語竟日，皆婦道所宜，不雜世俗語。予或取古今列女傳、小學、孝經諸書爲講解，孺人即了其義，蓋賢明婦人也。」

未幾聞得孱疾，百藥弗療。久之，竟不起，時成化戊子四月五日也。孟陽哭之甚悲，將以明年春歸其喪，卜葬山郭之原，以狀來乞銘，曰：「孺人與焦皆邑人，譜燬其世，無所于考。可知者，曰孺人曾大父諱恭，當元之季常率鄉人據險以捍盜，邑井賴之。大父整，父德，母魯氏。孺人年十七歸芳，奉舅姑孝謹，能得其懽，處妯娌、待姻戚、御僕婢皆有道，歲時奉祀甚謹，雖疾猶力起從事，教諸子未嘗煦煦，然有過即以告，故皆循循有可望以成者。疾革，惟引手向芳曰：『脩短，數也，勿戚戚以吾故過傷，所恨不獲終事子、奉舅姑耳。』春秋僅三十有四。三男子，曰琦、瑞、瑾，一女子，殤。孺人没後六越月乃受敕贈。」嗚呼！悲夫，是可銘已。銘曰：

容之娟娟，行之顓顓。于歸孔賢，而不永厥年。有赫恩封，身後斯延。繄彼永年，越國封之駢。世亦多有，而獨不然。抑誰之爲愆也，吁嗟乎天。

唐處士茂本墓銘

徽之老儒君子自宣德以來無慮十數，而予生晚，又官走南北，不及見之，獨時時見其著述，追古作者，真一鄉之盛也。若唐邦立處士，其一人焉。

處士諱茂本，居歙之槐塘，爲世儒家。高大父諱元，勝國時徽州路學教授。曾大父諱仲寔，紫陽書院山長。大父諱子儀，永樂初趙王府紀善。三代俱以文鳴鄉，人目爲「小三蘇」。父諱允吉，生四子，處士其季也。

處士自幼長進不凡，正統中，允吉爲仇家逮至京，處士侍行，時年十三，懷疏擊登聞鼓求伸其枉，詞氣不屈，見者壯之。未幾，允吉以憤鬱病死，處士哀毀過當，扶柩歸窆，茹苦歷辛，人不能堪。

初，允吉罹患，家業蕩然，處士既長，竭力經理，凡舊物多克復，門閭締構一新，過者忘其家之中厄焉。奉母鮑及生母張孝敬無貳，與二兄茂支、茂端，弟茂美友愛甚至。茂美早亡，處士在姑蘇，聞之驚哭廢寢食，撫其孤過于己子云。

處士力學好古，讀書强記，歙之鮑謐齋、程槐瀕兩先生稱其詩章不愧迺祖。授徒里中，人服其化。中年資遣其子弼入學爲諸生，遂載書出遊江湖間，友其賢豪以自適。成化己丑，寓臨清，忽得疾，亟促裝歸，至錢塘，適子源來迓，處士迎語之曰：「家之成敗由于弟兄之和戾，汝曹勉之！」過淳安瞑目于舟中，是歲六月二十日也，春秋五十有一。源奉旅櫬還葬其鄉某山之陽。

處士配同邑潛川汪道壽先生女，有淑行，處士敬之。子男三：長源，次弼，季善。女二：長適汪祐，次適汪惟節。孫男四。處士兄子兩人：曰貢士佐，既助源以襄事；曰進士相，又致源所爲狀求予銘。銘曰：

繄歙唐之世兮，家孔殷。學優而觖膴仕兮，文聲益振。有處一士兮，邁前聞。奄其身之朽兮，名不湮。琢斯志兮，山垠。有道其處兮，尚式乎鄉先生之墳。

承德郎應天府通判林君墓表

嗚呼！此予友林君孟陽之墓。君諱春，其先居台之寧海，曾大父洪武初以詿誤謫戍金陵，大父扈晉恭王之國，遷太原，父本榮，再遷代州，用君貴贈承德郎應天府通判。至君又遷龍門。龍門，宣府屬部也，故定居宣府。

君少有大志，以家遭難，思有以振之，乃入萬全都司學爲諸生。日夜策勵，治經之暇，尤肆力爲古文詞及書翰，學日以成。景泰庚午，遂領順天府鄉薦，上禮部，中乙榜，不就，入太學，從游翰林學士呂文懿公，文懿稱爲老友。然君數奇，凡五舉進士不第，待次吏部，以天順癸未授通判應天府。初考賜敕命進階承德郎，再考復以最書，政聲日著。會應天府秋試，檄君分理場屋事，事勞得疾，遂不起。

君外和内剛，家食時守邊重臣若都御史羅公亨信、李公秉、户部侍郎劉公璉皆雅愛君，而吏部侍郎葉文莊公爲參政時，尤相推重。然君遊諸公間，惟以禮接，至于外事，一不挂口。家素貧，有逮繫賫重賂要其入釋者，力謝絶之。雖以禮遺之金帛，亦却不受。太子少保姚文敏公暨家君皆文懿同年友，每啃啃嘆曰：「林上舍，謹厚君子也！」宣府窮邊，中朝薦紳多謫居者，若禮部侍郎倪公謙輩，皆素以文學名，一見君，即款洽如平生。性酷好書，雖揮汗、呵凍不廢，如太師楊文貞公西巡扈從詩、太保王文端公碑陰記，見者不知其君書也，率以爲黄養正書，其所得如此。

君在官，專董馬政，攻駒考牧，下無敢干以私。每行縣，止食公廪，蒔蔬官廨隙地，至則摘以自給。其卒也，貧無以殮，時家君方守南京，爲哀衆賻舉其喪。君生永樂辛卯七月九日，卒成化辛卯九月五日，春秋六十有一。配朱氏，封安人。子男四，澤、潤、浹、泗。女二，淑蘭，適袁寬；淑蕙，在室。孫男四，熙、輝、炫、耀。孫女一。

嗚呼！文懿公門人最多，君最長，予最少。其餘若太常少卿李本、大理少卿田景暘、國子司業耿裕、禮部郎中李温輩，先已取進士去。惟君與予天順中尚執經在館下，其好尤篤，每有制作，必相與商訂，然後出以示人。自官走南北，未始一日不往來于懷也，孰謂君遽以死乎？君之喪，道出北京，予既哭弔之，方將求君平生之文輯以傳後，而澤等以倪公之誌來請表其墓，故抆淚書之[一]。

陳母林孺人墓誌銘

監察御史龍溪陳宣奉詔擿奸于畿内，以達山東之境，事未竣，聞母孺人喪，即日爲位于行臺以哭，哭幾絶，遂解組北上以聞。既得命持服，乃白衣冠詣予乞銘。憶當天順中，大人嘗館君于家，君不鄙而與予友且善，銘其母之壙，予何可辭？

按行人司正林君雍之狀，孺人世家龍溪之金浦，父克靜，母某氏，生孺人。既笄，歸御史之父朴庵先生先進爲繼室。孺人性慧而順，家居時，得二親懽。其在陳氏，不逮事舅姑，恒以爲恨，遇歲時、忌祭，供祀禮如生存。朴庵性質而少文，凡家業之成，多孺人匡輔，雖饋食、紡績事之勞且賤者，必親之，爲諸婦先。先配有二子，孺人教育之若己出，皆底有家。其教御史尤嚴，以故御史宅心行己，一不污流俗。

孺人生洪武丙子九月十六日，終成化庚寅七月七日，壽七十有五。子男三人，長即御史也，次曰輯、曰侃。女一人，曰銓，嫁士人許乾亹。孫男十人，長曰紹、次曰琳、曰貞、曰仁、曰元、曰發、曰義、曰奮、曰跡、曰樂。曾孫男一人，曰朴。

初，朴庵先生嘗預卜壽藏于南山之原，卒而葬焉。至是御史歸，以是年某月某日奉孺人之柩祔。嗚呼！孺人以孝敬慈賢之德，由處迨嫁，積有令稱，而又躋上壽、享有多孫子，且御史號能官，推恩榮之典，計日可得，則天之錫予善人，不誣也哉。銘曰：

有淑一人，寔好逑兮。歸此漳士，厥聞流兮。胤也孔蕃，齡之修兮。溘然以終，閟斯丘兮。我銘永昭，盍千秋兮。

贈武略將軍錦衣衛副千户孫公墓誌銘

公諱忠，字克誠，姓孫氏。上世居蘇之長洲。祖曰思道，元樞密院判知大寧義州事，國初戰歿松山。子福興，始以二州内附，公之考也。公宣德初從在軍中，即鋭意功名事，然無以自見，適宣廟遣使入朝鮮及招諭阿木河之地從楊木答兀叛去者，公慨然請行。既至，宣佈朝廷威德，聽者凛凛，朝鮮國王加禮甚恭，阿木河叛者皆願内屬，公遂與俱來。宣德壬子，復遣使朝鮮及忽刺温。公既兩出使，熟諳其國道路遠近要害及其土俗人事，番人無敢詒之者。明年，忽刺温及建州夷侵朝鮮，掠其境，朝鮮以聞，宣廟復遣公等以手詔問忽刺温及建州兩酋，見公等稽首請罪，悉還其掠者。正統辛酉，復遣使建州，既還，從太保朱成公北征。丁卯，詔公等以金幣使瓦剌，至繁腰山，遇中國男子十一人南走，虜追及，將盡殺之。公謀竭囊貲爲贖，又作胡語解之。虜悟，遂以刃納鞚中，十一人者得不死。己巳再使，時虜酋也先已敗盟入寇，遂刼公等北去。至大金山柳園縣，適英廟在狩，見公等，慰諭久之，各進署一職，明年，扈蹕還京師。後七年丙子，英廟復位，乃授公錦衣衛百户，如己巳詔。又三年，遂謝病返故鄉，以官授其子賢，居十有三年而終，時成化庚寅冬十月丙寅也，享年七十有三。

公天性淳篤，不類武人，奉母甚孝。其謝病而歸也，遇母夫人喪，時年已七十，哀毀踰禮，手植松檟數百章，卒以憂瘁致疾不起。友其弟斌無纖芥反目意。身使異域三十餘年，每行，則正使必以行營機宜付公，公亦悉心爲之致力，常先事而計，畢中肯綮，蓋庶幾古之善使者與。配王氏，有賢行。子男二人，長即賢，以功進武略將軍副千户，故贈公以其官；次正。女一人，適錦衣衛百户何琳。

公之終也，賢以侍禁不敢東還發喪，乃遣正奉公柩北上，將以成化辛卯某月某日葬公于順天府通州阜壕鄉之原，前期以狀來乞銘。走憶天順初，家君受詔視師遼東，始識公于京邸，握手相好。成化初，家君總師討四川、貴州山都掌叛夷，賢隷戲下。且公父之墓石，家君書之，公之墓石，走豈可以不書？銘曰：

猗嗟孫侯，發軔自東。有偉其器，丁時奮庸。爰入朝鮮，名王稽首。載涉東夷，招我逋寇。海西兩酋，罔睦其鄰。公將帝命，國威以振。公北使胡，皇狩于野。遥遥屬車，公爲從者。相昔定遠，爵與功崇。公獨何爲，一尉而終。公雖云亡，有子丕顯。將軍之封，懿此恩典。渺渺靈輦，瘞彼郊闤。我銘其中，千載弗刊。

一品夫人常氏壙誌銘

夫人常氏子，諱善榮，故家兖之滋陽，妻于李，是爲封光禄大夫柱國少保吏部尚書兼華蓋殿大學士諱昇之繼室，贈特進光禄大夫左柱國太師謚文達諱賢之繼母。

少保故鄧之名士，其元配葉夫人，生三男六女，一受封安人而卒。夫人當正統丁卯既壯來歸，相少保以敬正，治家儉以肅，待宗媚睦而有禮，撫諸哀子女如己出，壼内之德，雅與葉夫人埒。用是少保禮之，宗媚宜之，家人嚴憚之，諸哀子女孺慕之，以謂葉夫人良不死。太師歷四朝，累自兵部侍郎進吏部尚書，自太子少保進少保，自翰林學士進華蓋殿大學士，蔚然爲時名臣，故累用其恩于夫人以封，于葉夫人以贈，皆自宜人、淑人、夫人以至一品。

夫人之生永樂甲申五月二日，殁成化壬辰六月十日，壽六十有九。訃聞，上遣使賜祭。于是三男者，長太師及仲謙皆先世，惟季讓爲監察御史。六女，一未行而亡。其五婿，孔文、韓暹、丁震、牛星、夏英。孫男六，璋，尚寶司丞；璜、玠、瑾、珍，一殤。女四，婿鄧州守禦千户黑顯、翰林編修程敏政、宣聖六十一代孫孔弘緒，一許聘順天府經歷王公子冕。諸孫子卜以是歲十二月八日奉柩祔于少保賜葬之塋，葉夫人之右，不鄙使敏政爲之志。志已，復系之銘。銘曰：

蚤弗偶，晚于歸。夫受室，子奉闈。媲先嬪，德之懿。啓後華，福斯被。誥錫封，生之亨。御遣奠，殁之榮。産于兖，殯于鄧。永無虞，終有慶。

明威將軍神策衛指揮僉事致仕黄公墓誌銘

公諱琮，字進賢，世居徽之休寧。其先多隱德，至考彦斌甫，妻徐氏女，生丈夫子七人，家始殷，里之識者策黄氏必大貴。既而仁宗昭皇帝臨御，册公女弟爲貴妃，特遣二中貴人驛召彦斌甫至京，授神策衛指揮僉事，賜第一區，賫予恩數甚渥。七人者，公最長，實侍北行。上召見，亦授錦衣衛百户。未幾，彦斌甫捐館，嗣爲神策衛指揮僉事〔一〕。

公雅不以貴戚自驕，年六十即以官授諸孫，惟日端居自適而已。成化初，今上皇帝復册公長孫女爲秀懷王妃，公之女適王氏者有甥曰曾，亦選尚嘉善長公主，爲駙馬都尉。公夫婦尚無恙，惟時以手加額曰：「吾家藉先世之靈，迭被寵光，飛香椒畹，恨無德以將之。」聞者嘉嘆。成化癸巳九月十二日，忽一疾不起，享壽八十，距生洪武甲申二月七日。上聞訃，遣使者賜祭，蓋特恩云。

公配桂氏，南京錦衣衛百户福之女，以慈賢重戚里，封恭人。子男三人：長昱，以親藩恩授中兵馬指揮；次晟，嗣錦衣衛百户；次杲，爲義官。女二，長適錦衣衛百户韓俊，次適錦衣衛指揮僉事王珩。孫男九：長欽，後公數日卒；次鑑；次鍾，嗣神策衛指揮僉事；次銘；次鐸；次鉞；次鏞；次綱；次鋭。女五，長即秀懷王妃，亦先公卒；次適伏羌伯毛鋭；餘未行。曾孫男一，曰彭年；女四，俱幼。

公平生孝友，事二親存養終慕如一日，諸弟處江南，歲時問遺不絶，貴妃從葬景陵，每時祀北望，揮涕不已。與人交不蓄中，對賓客恂恂執謙如弟子。雖貴富而服食儉素，惟好善樂施予不厭。子孫滿前，佳辰令節，奉觴稱壽，恒諄諄以盛滿爲戒。走嘗與鄉人造公，公款之竟日，其貌温醇，其言簡而不夸，有類乎古之仁人長者，竊意其享福有自也。

昱等將以是歲十一月十五日奉葬順天府懷柔縣銀洞里賜地之原，以走與公生同鄉，來請銘。走聞徽之鎮曰黄山，山之下在唐有黄芮者，嘗刲股以愈母疾，又廬父之墓以致連理木芝之祥，見于史，而爵位不聞，豈天欲錫報于數百載之後而得公乎！銘曰：

黄山崇崇，毓彼黄氏。懿其前芳，有唐孝子。爰錫爾類，緊天孔仁。不食其報，以啓後人。猗神策公，崛然中起。嬪我仁廟，維公之娣。豈惟皇嬪，慶迭斯臻。妃我懷園，維公之孫。亦有公甥，玉立在旁。帝姬娟娟，釐降于堂。羌孰如公，維齒禄位。越顯孫子，維德不匱。奕奕几筵，宸章奠之。肅肅冠裳，賜地窆之。史臣刻銘，置此窀穸。中有耿光，百世無斁。

孝友徐君墓誌銘

孝友人道之大經，自隆古以來，見于孔子删正之書以爲法者兩人，在書曰君陳，在詩曰張仲。降及後世，嗚呼！尠矣。今有人焉，一鄉之中稱之爲孝友，則固一鄉之善士，若河間徐君，殆其人與？

君諱文，字彦章，先世居南昌之新建。父曰思恭，永樂中以詿誤戍河間，生君兄弟而卒，遂逸先世名。君孝友出天性，痛其蚤孤，奉母吴，滫瀡之養備至，每先意承順，恒懼失其懽。母卒，哀毁骨立。治喪一用朱氏禮，鄉之賻祭者千餘人。與弟讓同處，至髮種種未嘗疾視。二女弟，既相攸，或不給，恒周之無倦意。視諸從子如己出，里之號義門者，必曰徐氏。然君不爲奇詭之行，至考其家庭間，肅肅雍雍，務盡道理，則與古人若冥契。鄉先達嘗爲孝友傳以贈，蓋實録云。

君生永樂丁亥正月十四日，卒成化辛卯七月二十日，享年六十有五。配余氏，相君無違禮。子男三，長曰益；次曰寧，儒學生，余出；次曰盤，側室許出。女二，婿賈英、張拯，皆儒學生。孫男五，曰某某。

君平居喜儒雅，惇義行，一時薦紳士夫咸樂與遊，有以不平來質者，多一語而解。足未嘗闖公門，雖武弁亦禮君，不敢以尋常士睨。友戚之婚喪，有奩櫬不具者，率餽之。泉布歲出息，聽其償，有不足者，罷不與校。丁歲歉，朝廷募入粟補官，或勸之行，君謝曰：「布衣，分也，吾寧出羨貲以濟飢，不敢藉之以苟簪組。」雖家用饒，而崇約戒奢，耻徇俗，子姪館甥服章縫者五人，所謂一鄉之善士，若君非邪？

君從子曰盛，來就試京闈，未撤棘，得其弟儒學生篚所報訃，既爲位以哭，復以誌屬予，曰將歸奉窆于八里莊之原而納諸幽。予生也晚，計爲童稚時嘗識君。今官走四方，十五年矣。嘅夫老成凋謝，不可復見，庸撮其行之大者，題諸墓曰孝友徐君，而繫之銘。銘曰：

有孅徐君，式孝且友。羌出爾真，匪性之揉。寄跡諸武，家誨孔文。里門有燁，義聞斯振。楚楚南州，展也無愧。媢黨之嗟，善人之瘁。里莊之上，窀穸隆然。太史刻銘，百禩之傳。

崇府審理正孫君墓誌銘

成化甲午春，崇王以今天子介弟開府汝寧，凡一時文武僚吏皆從，惟審理正孫君迪方以疾在告，王爲展行期者月餘。君使其長奏曰：「王事有程，勿以臣故撓之，臣行且差矣。」王行而君卒，訃聞，王嗟悼，以不及遺視爲恨，命中使以香幣致弔，賜寶鏹若干緡，俾治葬。君無强壯子在側，因權厝都門外僧舍中。乙未秋，君子珩始來自江南，將扶柩歸窆祁山之陽，以金谿教諭汪恕之狀乞予銘。嗚呼悲哉！

君姓孫，字元吉，其先有諱郁者，南齊初爲齊府長史，逮數世至安卿，爲祁門令，因徙家焉。君生穎敏，少從鄉先生游，彊記有聞。迨長，益肆于學。景泰癸酉，領京闈鄉薦，五舉進士不第。成化丙戌秋，今天子詔吏部擇可傳諸王者，君在選中，授中書舍人，侍崇王。戊子，王出閣，改審理正，賜舍人，敕命封父仕興爲徵仕郎，母黄、妻謝皆孺人。

君平居孝友，初得官，即分禄之半以養親，爲詩文典雅，應教之作，有諷有規，王寵賚之。與人交見底裏，風度灑然，無一毫塵墟氣。卒于甲午二月二十九日，得年四十有七。謝孺人同邑名家女，自君爲諸生至應舉出仕，清澹之操，皆與之俱。姑病目不見，每旦以水漱舌升堂舐之，久而復明。卒以辛卯夏五月二十一日，得年四十有二。子男一，即珩也。女三，長次皆聘士人家，其幼則君繼室程所出也。君之曾大父允清以積德重其鄉，國初有宗人坐非罪没家孥者，允清贖其三孤女而嫁之，又嘗爲里胥長，以身脱遭誣者八十餘家。至君不食其報，晚爲王官，未出國門而以客死，然則孫氏之後，固將有復興者乎？銘曰：

猗先積之素兮，胡方行而仆兮。引後食之祚兮，亦永安其厝兮。

榮禄大夫同知中軍都督府事贈左都督張公神道碑

國初著令，武臣非歷戰功不得升。中世以來，乃有自别途以進者。蓋予嘗考諸國史，知之未嘗不爲之慨然太息，而有取於故都督張公云。

公生于將家，以永樂癸卯受代爲留守右衛指揮僉事，時年尚少，屹如老成人。正統辛酉，從征麓川夷酋，抵鎮康州，賊黨有刀門捧、刀門顛兩酋者，公連破降之，進攻上江，拔孟底、招罕諸砦，兵部尚書王忠毅公奇其功，承制進都指揮僉事。時諸軍自杉木籠山進圍麓川，公率偏師潛入其中堅，賊帥思任發大蹙〔三〕，走緬，餘衆悉降。凱還，得世襲指揮使。癸亥，命出理中都留守司事。戊辰，詔以所部從寧陽侯陳武靖公討閩寇鄧茂七，進都指揮同知。景泰庚午，再從入閩，殲賊孽于延平。壬申，進都指揮使，少保于公復言張某功多，遂署僉後軍都督府事。乙亥，移中軍。天順改元，實授，副彰武伯楊信守延綏、慶陽諸路。抵鎮之明年，虜酋孛來入寇神木縣，公出兵禦之于柴溝，斬獲甚衆。捷聞，賜白金綵幣，進都督同知左參將，專守延綏西路。虜以前不得志，復入安邊營，公分道拒之，連戰于野馬澗諸處，俘其將鬼里赤，獲馳馬兵仗及還所掠子女生畜視柴溝倍之，特受賜敕褒諭，命佩靖虜副將軍印總延綏、慶陽諸路兵。成化乙酉，朝廷念公久于邊，召還，復理中軍。時方大閱，得精兵十二萬，命公分統揚威營，迄至不起。蓋公出入兵間首尾三十五年，自諸衛歷兩府，論功與能，其可謂無愧矣。

公家都城下馬社，諱欽，字克敬。曾祖二公、祖潑盧及所後父良皆贈榮禄大夫同知後軍都督府事。所生父景山。曾祖母王氏，祖母馬氏，所後母蘇氏，皆贈夫人。所生母馬氏。公年七十有一，卒於成化乙未夏五月二十有二日。上聞訃，輟朝一日，凡五遣禮部諭祭，特贈左都督，命工部給喪葬費，以某年秋七月九日窆都城西山之原。配郭氏，封夫人。子男五，長振，先卒；次摽；次拯；次授；一未名。女一，適金吾左衛指揮使楊勝。孫男三人，長惘，嗣爲指揮使；餘尚幼。初，公之捐館也，楊金吾以狀來乞予銘其墓與神道之石，予固辭不獲，則爲之次第如右。而法多互見者，不能盡書也。銘曰：

五軍洸洸，督中外兵。在帝之右，開府于京。孰克當之，維方與虎。匪勳之多，孰與爲武。矍鑠張公，環衛之英。躬屬橐鞬，自其妙齡。既下滇、川，兩入閩、粵。肅我貔貅，殪彼兕猲。延銀透迤，北控大河。再却胡雛，屢奏鐃歌。捷書紛傳，官賞是懋。都司留司，或正或副。高牙大印，玉帶朱衣。分典六師，亦遄公歸。出入卅年，有勞在國〔四〕。命典煇煌，庶無愧色。西山之麓，松栢丸丸。中有賜塋，惟公所安。螭首龜趺，豐碑載道。詞臣勒文，千載是考。

文思院副使金君墓誌銘

惟周盛時，百司庶府以暨表臣必皆常德吉士以勵相國家，其見于立政之書者，可考也。我朝執藝之臣，外隸工部，内供事于監局，蓋倣周之遺制，然官屬叙進多出特恩，若金君廷璽，則亦一人焉。

君諱璧，世居蘇之長洲，永樂初附籍京邑。祖仲名，父英，皆鄉之善人。母沈氏，既妊君而父卒，卒三月始生，母訓育備至，至八歲，遣從社學師，自力女紅以資給之。君性聰慧，思用文學自奮，年十六迺以材藝召至京，日事内府，恭虔精鍊，同事者雅推遜之。中貴人悉君之能，凡乘輿服御多以屬君，君所供奉輒稱旨，上識其名。成化丙戌，内降與文思院副使，歲時賜答優等，君持之毖愿，無毫髮矜侈之容，恒以弗克報稱爲懼。丁酉春閏二月二十一日，以疾卒，得年四十有六。配周氏，治家有方。子男三，曰鎣、曰鑾、曰鑒。女二，一嫁錢銘，一許歸趙靖。諸子以卒之歲三月十八日扶柩葬魏村社先塋。

君性孝，念母蚤嫠而養不逮父，言及輒泣下涔涔，母生事死葬，極其力之所至。交人無機械，人亦樂與之游。中年致身貴富，克己行義，振饑恤難之心，惓惓焉。教諸子謹厚，世其業。烏乎！世降俗漓，求夫常德吉士，蓋有王公大人之所不易者已。君平素語人率以古賢喆自厲，人亦以爲名壽當未止此，遽爾捐館，豈非命與？然身奉一職十有餘年，不負上之任使，其自以爲無憾矣。君僚友凌君安與鎣等奉通政參議趙昂先生之狀屬予銘。鎣之妻，安之女，而靖則參議公子也。參議公於予有婣好，故不辭銘。銘曰：

肅肅禁禦，皇德攸關。秩無崇卑，克舉爲難。猗乎文思，晉以才藝。遡其善源，式孝與義。希世之逢，聖澤霶施。相古先民，孰或起之。魏村先塋，全歸以祔。銘闡其幽，百世無斁。

昭勇將軍錦衣衛指揮使孫公墓誌銘

公諱瑾，字國用，姓孫氏，濟南鄒平人。孫氏自故安國恭憲公以宣宗章皇后之父顯，其子今太傅會昌侯繼之，巋然國之元舅，胤系日蕃，家法滋備。若公，亦可謂稱其家兒者矣。然壽不逮其爵，君子惜之。

公生而淳謹，不與諸貴游相埒，恭憲公鍾愛之，諭今太傅曰：「此子必克荷吾門，宜善視之。」稍長，出就外傅，通經史大義，學詞翰皆有可觀，雅嗜古名賢書畫及山石花竹之勝以自適，凡聲色寶翫，若不介意。今太傅既嗣伯爵，天順初，以翼戴功進封侯，公遂以世嫡嗣太傅之舊官，爲錦衣衛指揮使。雖貴富而所處益謙〔五〕，無一毫侈倨之態。今太傅總五軍幾二十年，公長贊畫其間，戲下之人多賴以濟。而綜理家政，尤克當太傅之心，内外僮僕，咸職其職而不敢肆。與二兄瓚、珍及群從極親友，歲時設燕，奉諸父于堂，以次稱壽，驩如也。諸勳戚家以爲美談，一或有不睦者，即相率以孫氏諭之。公居母夫人丁氏喪，哀毁甚，或勸止之，曰太傅春秋高，二兄方有事西南夷，宜自愛。公泣謝曰：「惟送死可以當大事。」執禮彌篤，卒襄事，得孱疾，幾數載弗愈，恐貽父兄憂，恒勉强若無。疾革，惟對人垂涕以弗獲終養爲恨。又諭其子曰：「孝事吾親，勤學以無隳先範，吾目瞑矣。」成化丁酉三月二十二日，竟不起，得年三十有六。

配蔣氏，定西侯貴之孫，先公没。繼湯氏，參將胤勣之女。俱封淑人。子一人，曰鎮，異日當嗣侯者，張氏其生母也。女二人，長許配武靖侯之孫趙宏澤，幼在室。鎮將以五月六日奉公葬香山祖塋之西。

惟今太傅成化初總史局、知經筵予皆從其後，而家君尚書奉命南伐，公二兄實在行，故公之捐館也，太傅以狀來屬銘。且予與公外舅湯公尤善，湯公素名能詩，既歿于王事，無子，公裒其遺稿付予，予爲詮次而歸之，公及一見而殁。悲夫！其言猶在耳也，忍可以不銘？銘曰：

良驥翩翩，而蹶于行。榮木欣欣，弗究其成。有淑一人，方進忽止。上公之孫，徹侯之子。雖孝與睦，戚畹之煇。胡不永年，式全其歸。香山之原，賜塋之次。尚餘慶兮，在爾後嗣。

奉議大夫同知汀州府事程君墓表

君諱熙，字克和，姓程氏，世爲徽歙人，其先德具予所爲君父義士傳。君高祖大年，元紫陽書院山長。曾祖完都。祖回善，出繼從父昇。父萬，即所謂義士者也，母項里殷氏。

君生而不凡，喜問學，提學御史吉豐彭公一見器之，選爲郡庠生，君家長老固以力孱請罷，不許。景泰癸酉，以春秋中南京秋試，時學士安成彭文憲公主考，得徽之春秋生雖多，而獨謂君醇樸，每進與語。入太學，祭酒泰和蕭公、雲間陳公愛君如二彭。凡五舉進士，不第。成化丙戌，竟以吏部選人出身。尚書鹽山王忠肅公試君第一，廷授同知汀州府事，時年四十餘矣。君爲政一以誠而不任術，前後更知府張寧輩四人，獨君巋然治郡事，久益精明，如禱暵、振饑、驅虎、止火諸異政，郡人往往播之詠歌。而招安一事，尤人所難者。

初，己丑歲閩大侵，有盜千餘人自將樂、尤縣四出放劫，而紫雲臺者，介汀之清流、寧化境上，號最險，盜入據之，鎮守中貴人及三司聞警大懼，發近兵駐汀。君曰：「是歲荒而迫爲盜者，亟招徠之，當不煩一矢而下。」上官輒以坐君。君單車抵臺下，盜遥望見，識君，擁拜感泣，曰：「某等實不獲已。」君一一慰撫之，立散其衆，燔其寨，發府庫分賑之，蓋不旬日而事定。君復言于上官，曰：「往歲鄧寇之起亦據是山，蓋其地去官府險遠，故易以變，請析將、尤、清、寧四縣之地，别置一縣于明溪鎮，移巡檢司于夏陽，則可保無事矣。」上官爲言于朝，賜縣名曰歸化，除吏降印，仍委君相其要害而城之。都御史汝陽滕公巡視民瘼〔六〕，請旌異君以勸諸郡。江浦張公繼撫八閩，請以君知漳州府，吏部皆以君未考績，不報。成化丁酉，滿九載，將考績矣，而閩盜起于上杭，巡按御史復留君治事，而君以憂瘁得疾，不可爲矣。九月二十七日，竟卒于汀，得年五十有四。自御史以下皆弔賻，汀民日走哭門下者數百人，終其喪去不絶。

君居家孝友，既授官，即請分禄于故鄉以養親，而自奉泊如也。每出行縣，與隸卒同起居飲食，遇事敢爲，不避難。受布、按兩司檄理錢穀、治刑獄于旁郡，旁郡之人亦德之無間言。

家君尚書先生於君爲世父，恒語人曰：「亢吾宗者，必是子也。」故予得與君遊最久，同上禮部者再，受君之益最多。君元配富堨汪氏，側室陳氏。子男一人，曰文慶。女三人，長適潭渡黄資智；次適靈山方佐，早世；次適洪鄭州之子通。君父義士以成化戊戌某月某日葬君于歙西古城關祖塋之右。

嗚呼！中世以來，吏知任法而已，蓋雖有絶類之才、希古之政，而拘于令，則亦莫之可伸也。君爲郡十年，蓋幾於所謂循吏者矣。人孰不意其遠且大？而獨以未上其三考之績爲辭，又不盡觀風者之言以少遂其貤封之孝，是固命之不淑，而亦有司任法之過也。此予表君之墓不能不爲世道惜，而豈特兄弟之私情也哉？

亡弟克寬壙誌銘

嗚呼！是爲吾弟克寬之墓，生二十有七年矣。克寬名敏行，其第二十二，美姿容，性警敏，凡事弗爲即已，爲之必精。其心孝友，直欲上從古人，不爲兒女子態。説理論事，必中肯綮，聽者畏之。其詞翰絶類予，時出以示人，人弗能辨。以尚書試京闈者三，率以魁選望之，而卒躓于命，悲夫！

程世家江南，至家君尚書公、母夫人林氏起河間，官處南北。吾弟實生山東，稍長，從入蜀，其往返兩京最多，而終于休寧故鄉。其生景泰壬申閏九月九日，其殁成化戊戌七月六日，其疾瘍也。其妻趙氏，通政參議昂之女。生男一人，舉兒，五歲而殤。女二人，月杳，才三歲，其一則遺腹子也。

噫！賤兄弟三人，吾既宦學遠外，不克奉親以居，所恃者兩弟，而今亡其一矣。聞訃之三日，上書請慰親江南，天子憫然許之，蓋抵家踰月始克拉淚爲之誌，付仲弟敏德，俾卜日葬南山塘之原，置諸壙中。銘曰：

親不得慈其子，兄不得友其弟。悠悠蒼天，此恨何已！

校勘記

〔一〕故拉淚書之　「拉」，原作「牧」，據四庫本改。

〔二〕嗣爲神策衛指揮僉事　「神」，原作「祥」，據篁墩程先生文粹卷十九改。

〔三〕賊帥思任發大蹙　「帥」，原作「師」，據篁墩程先生文粹卷十九改。

〔四〕有勞在國　「國」下，原有一省略符，據篁墩程先生文粹卷十九删。

〔五〕雖貴富而所處益謙　「益」，原作「蓋」，據四庫本改。

〔六〕都御史汝陽滕公巡視民瘼　「滕」，原作「勝」，據四庫本改。

篁墩程先生文集卷四十三

碑　誌　表

正議大夫資治尹兵部左侍郎滕公墓誌銘

公諱昭，字自明，姓滕氏，南陽汝州人。曾祖而上俱隱不仕，具太師李文達公所爲先墓表。公祖興，贈通議大夫都察院右副都御史。祖母陳氏，贈淑人。父霄，永樂中禮部祠祭員外郎黄州知府，贈中議大夫贊治尹，加贈如祖。母李氏，贈恭人。生母程氏，封太恭人。俱加贈如祖母。

公生宦家而淳篤不事紈綺，黄州君鍾愛之，長爲州學生，力學不懈，年十九舉河南鄉試，上禮部弗利，久之，卒業太學。景泰癸酉，用吏部選，授陝西道監察御史。丙子，監順天府鄉試，時劉文介公主考于内，公等協心于外，故宿弊盡祛，而權貴人子多不在選。英廟之復位也，注意臺察，貶斥相望，公當是時，獨謹禮守法，爲士論所予。天順戊寅，巡按京畿，有聲。四川都司有謀殺人，獄累歲不決，己卯，命公往讞之，遂服辜。辛巳，巡按福建，有聲籍甚。既還，適都察院闕佐貳，英廟察御史中老成無如公者，即陞左僉都御史。未踰年，以母喪去。

今上嗣位，詔起復公巡撫遼東，公治邊惟謹斥堠、嚴訓練、備芻粟，凡數年，虜不敢近塞。嘗上疏言大明律乃一代定法，而決斷武臣獨舍律用例，以是武臣益貪縱不檢，請一切以律從事。詔從之。而武臣因習久，一旦有罪被黜降，多騰謗言，憚事者奏格其令，公議至今惜之。丙戌，上念公久于邊，召還，進右副都御史，總督漕運兼巡撫淮、揚諸處〔一〕。兩淮歲歉，民多流亡，而漕卒又大爲將所虐，公撫摩訓飭，不遺餘力，由是兵民皆得蘇息。己丑，再召還理院事。踰年，廷議弭災，分遣大臣巡視民瘼，以公嘗治閩，特命公往。閩人聞公來，如獲父母。公爲發官廩賑恤之，罷行其事而利害甚衆。上杭、清流之境有地曰紫雲臺，鄧茂七之黨嘗據險爲亂，自後往往有事輒發兵撫捕，而是歲飢甚，公曰：「此不可不爲之慮也。」乃相其要害，立歸化一縣以莅之。

未還，有詔易公巡撫蘇、松諸處，蓋蘇、松自周文襄公後鮮或繼之者，獨公博采衆議，次第舉行，甚得東南士民之心。有馬馱沙最繁盛，而寄治江陰，民苦往返，公復分靖江一縣，民兩便之。辛卯春，用廷臣薦召陞兵部右侍郎。九載考績，轉左侍郎，食正二品禄，歷佐尚書南宫白公、嘉禾項公，皆陰有所救正而不阿比，人不及知。丁酉秋，項公免，公實當次，有惡之者，置其名于論列中，公不與辨，遂致仕。

家居垂三年，日引鄉之遺老登眺林壑飲燕爲娱，世事一不挂口。庚子夏四月十一日，以疾卒，享年五十有九。訃聞，上悼惜，遣使諭祭其家，命有司給其窆事，將卜日奉葬州之杏園坡黄龍山之原。

公先配任氏，贈淑人；繼孫氏，封淑人。俱先卒，與公並兆。子男二人，長暹，太學生；次起，州學生。女一人，適尚寶司少卿李璋，文達公之子也。

公軀榦魁偉，度量深沉，望而知爲大器。事親最孝，奉異母兄盡禮，而訓育其從子益力，有舉于鄉者。遇人極謙，雖鄉小吏必與爲禮。於矜恤故舊，尤惓惓焉。兩當巡按，四領巡撫，悉以扶弱抑强爲志，故吏讋其威而民懷頌之。臨大政、决大獄，優裕不迫，而事以辦。嗚呼！若公，可謂一時之望矣，而不及大拜以佐天子、澤生民與成一代之盛，豈非命歟？走之先少保襄毅公雅與公善，晚有媚好也，故走嘗得升公之堂、聽公之論，而今已矣，義不可以不銘。銘曰：

於皇英宗，擢任臣工。一出淵衷，而不尚同。有臣滕公，發身經術。自其受知，終罔或失。撫戎東郊，靡恤歷㕁。于淮于閩，吴越之交。悉有勳猷，著于朝野。今皇求舊，莫踰公者。遂總憲程，載詰戎兵。匪公之來，孰贊其成。皤然歸休，汝水之上。方遲其來，孰意其喪。惟皇念之，諭奠有詞。作窆有儀，終始之思。杏園脩脩，龍山奕奕。中有玄宫，百世無斁。

湖廣宜章知縣贈文林郎馬君封太孺人徐氏合葬墓銘

湖廣宜章知縣馬君卒之二十八年，其子孔惠以兵科給事中考最，得賜敕贈君文林郎，封君之配太孺人。未幾而太孺人卒，孔惠將以成化丁酉冬十月二十六日合葬先塋，前期以狀請銘。而宜章之仕于朝者行人鄧庠輩多述君政績以來，走受而次之曰：

君諱經，字用常，世居河間東光，元進士國朝兵部主事視遠之孫，處士闇如之子。處士初娶于李，再婚于鮑而得子四人：長君；次綸；次綱；次紀，陝西盩厔知縣〔二〕。處士嘗被註誤謫雲南六涼，君侍行，遂入曲靖學，爲諸生，不三年領宣德壬子雲南鄉薦，正統己未舉進士，辛酉得宜章之命。時宜章方苦于旱，君至，禱諸神祠而雨，歲大熟。君計縣素貧，一歉即民無所措手，創預備倉，募粟常萬餘石，流民聞風，復業者萬計。縣兵民雜處，而兵常豪奪民田，君下令責還之，無敢譁者。舊役水夫以濟江上官舟，夫多散亡，民病鈎考，君請于朝，罷其役。久之政成，乃以餘力新其境内諸壇廟、公宇及學宫，立社學，公暇進其生徒，親教之，科貢號稱得人。歲時劭農，循行田野，民至與其令相忘。有居不能昏葬者、行病涉者，率官爲舉之。豪猾干政者，廉捕之，寘于法。鄰邑民訟，多相率就君請平。吏民敬服若神明然。令最，爲湖南第一。正統戊午夏五月二十五日終于官〔三〕，得年三十有九，鄉民老稚走哭縣門下者，日數百人。君性不苟取，卒之日，家無一緡之畜，寮寀爲之合泉布治棺殮之。

太孺人姓徐氏，上元人，父仲華，亦以事謫雲南，與處士同患難而相得，知君必亢宗，故以太孺人歸焉。太孺人事舅姑孝〔四〕，治僮僕、處娌黨咸適其宜，蓋凡君畢心于功名不以家爲累者，率藉内助之力。君之捐館，太孺人扶櫬北歸，營葬如禮。孤子年十有三，遣就學，親女紅以給其費，卒底于成。孀居殆三十年，節益厲，家業中興，鄉里嘉嘆。晚就養京師，尤諄諄以清白戒子婦。卒于成化丁酉秋八月二十一日，享年六十有七。

子男一，即給事君孔惠也，成化壬辰進士出身。女一，適東光儒學生李達。孫男二，長价、次侗。孫女三，長聘南皮儒學生薛鎧，次聘李東霽，次尚幼。

走之先自江南謫河間，蓋童子時聞河間人道馬令君之名矣。既長，獲與君之從弟震及孔惠同領天順壬午京闈鄉薦，又獲同朝，而不佞幸從史官後，則銘君夫婦之墓，誼不可辭。銘曰：

馬氏系出扶風王，儒業相承望東光。一時循吏首宜章，平生媲德稱徐孀。有偉一孤流其芳，恩綸下及名斯揚。桓桓宰木城震方，高丘奕奕二美藏，後千百年殊未央。

醫顧翁墓表

成化己亥秋，走奔先少保襄毅公之訃也，室人病不能俱。明年，以賜葬成入謝于朝，時病少間，乃挈家而南，既渡江，又與其幼子皆病，聞吴故多醫，日夜趨吴，蓋至之日而幼子死，室人病危，進諸吴醫弗效，大以爲憂。郡守劉侯汝器亟稱顧珍氏之良，致之而效。既月病愈，乃去吴，珍泣拜以請曰：「先翁亦終于己亥之秋，葬而無表，惟執事者矜畀之。」走亦爲之泣曰：「嗚呼！悲夫。子之用情猶我也，忍不有以副子之志哉？」

按狀：顧之先世居汴，高祖榮，以醫鳴于元，仕爲江浙醫學提舉。曾祖銘，始徙吴郡，占籍長洲。祖天祥，父勝宗，咸世其業。母劉氏，以永樂壬午四月六日生翁，諱俊，字時雍，早以孝友聞。其爲醫不專祖上世，一以丹溪爲主，凡丹溪書悉購之，口誦心惟，務得其旨要。出而應人之求，效嘗什九。吴人喜用温補法，群起非之，翁弗少徇。或有疾召翁并召諸醫，翁曰：「法後當，如何？」諸醫曰：「否。」已，悉如翁言，由是翁之名益興，妒者益甚。翁又以其餘力讀儒書及星數堪輿、長生久視之説，亦皆窺其肯綮，人不及知，有知之者，過從即款語竟日。晚營别墅于葑溪之北，自號泰然，有司鄉飲輒禮之爲賓。蓋翁之大可書者如此。至其愈人之疾而不以射利，則夫人能之，不足以重翁也。翁享年七十有八，卒于己亥八月十九日。配李氏。子男一，即珍，盡得翁之學。女二，長適沈御醫從子壽，次適都憲陳僖敏公從子鼎。孫男二，長春，次易。女一。以卒之年十二月庚申葬吴邑太平鄉薦福山之原，從先兆云。

走聞醫自素、難以来，名家數十，至于集大成者，必推之丹溪。其所著濕熱、相火諸論，雖聖醫復起，亦當不易其言。而世之學醫者，往往忽之，不惟忽之，而又非之，可慨也已。初，先公得末疾，上遣御醫来視，率以爲寒濕，弗效。最後得四明祝翁，以爲痿也，藥之效。乃今復得顧翁焉，則何學丹溪者之寥寥若此乎？先公捐館以嘔吐，本胃熱所致，醫誤進補藥，疾遂以革。時走方遠仕京師，不及侍，此終天之恨也。噫！走不及識顧翁而識翁之子，翁之子能起走之家人而不及見先公，則表翁之墓，非獨以著走之不幸也，將以告夫世之爲孝子慈孫者焉。

圻子壙誌

太子左諭德新安程敏政之次子曰圻，以成化丁酉十二月十七日生京師，其祖父襄毅公在故鄉，聞之喜甚，爲告于遠祖忠壯公之廟，小字之曰祖保。稍長，以兄弟能聯行〔五〕，定名圻。庚子春，其父奔襄毅公之喪，其母李病不能俱，因寄于其外舅祖李文達公家。圻以母病，故失節生瘍，繼而泄痢，已復病疹，疹後嗽不止，漸以成疳。辛丑春，其父以賜葬恩入謝于朝，見圻瘠甚，大駭，急召醫謀之，疾少間，乃挈其母子而南。既道山東，秋溽暑，舟人弗堪，圻疾遂大作。山東人藥之弗愈，急渡淮，淮人藥之弗愈，聞姑蘇多醫，乘大風渡江，幾殆。而圻母疾又作，一舟遑遑，以八月二十五日至姑蘇，圻竟以是夜死逆旅。圻死惟呼其母，意欲捄之者，其母方疾革，弗能應。悲夫！天胡使人至此極邪？

圻生最聰俊，凡解事皆先其兄，教之詩，即成誦，見書畫率諦視不苟，至捉筆爲摹寫狀，亦可觀，不若群兒之塗抹太甚也。初，其季叔敏行死無子，將俟服闋告廟以圻後之，不幸至是！乃載櫬以歸，以歲之十月二十七日祔葬其季叔墓側。嗚呼！使死者而有知，其必曰此吾猶子也，將善視之。瀕葬，其父忍慟爲之銘。銘曰：

汝父汝違，汝叔汝依。孰使之来，而遄其歸也？噫！

通奉大夫河南左布政使程公墓碑銘〔六〕

成化庚子秋，予居先少保襄毅公之喪，聞人傳吾河南左布政使用元以七月一日終于官，爲之驚怛曰：「噫！器宇問學行檢才識在一時負公輔之望如用元，何可多得，而遽至此，豈造物者之乖乎？」是歲冬，予以賜葬恩入謝，遇其櫬邵伯河下旅次，不能爲禮，唁其孤而別。暨予南還，則用元葬矣。孤旦奉邑人前監察御史康君永韶狀請銘其墓上之石。嗚呼！其尚忍銘吾用元也哉？

惟程氏自東晋新安太守元譚以善政爲民請留始家歙篁墩，至梁將軍忠壯公靈洗起兵拒侯景廟食于郡，忠壯十三世生唐檢校御史中丞澐又起兵拒黄巢，凡再世有全郡之功。其居祁門善和里者，祖中丞長子檢校户部尚書仲繁，用元所自出也。居休寧陪郭者，祖中丞季子歙州兵馬先鋒使南節，予所自出也。故予之族於用元爲近。尚書十八世孫德堅，國初以行樞密院都事守景德鎮，是爲用元高祖。曾祖汝楫，祖景華，俱不仕。父顯，起鄉貢進士，官至韓府左長史，進朝列大夫。母齊氏，封宜人。

用元天分最高，喜問學，初，長史公以春秋名祁門，用元受經，所得最深，又旁通諸經史。正統中，長史公教諭河間任丘，而予家先以尺籍隸河間，襄毅公每往来叙宗好，雅愛用元，以爲是必亢其宗者。歲丁卯領南畿鄉薦，登景泰甲戌進士第，觀政户部。乙亥奉命犒師宣府，總師厚餽，悉卻之，都憲葉文莊公方督邊餉，與語大悦。天順改元，授户部江西司主事。己卯，犒師陝西，時尚書年恭定公待部屬嚴甚，獨禮用元。三載以績最聞，賜敕命督餉淮安，一年代還，上書乞歸省，分禄養親，從之。癸未會試，用薦充同考試官，儀曹奉内幣踵門，用元力辭免，禮部尚書姚文敏公嘆曰：「超出流輩遠矣！」未幾，進福建司員外郎，督負徵于天津諸處。

成化改元，進郎中，三載復以績最聞，賜誥命。是歲用兵遼東，遣用元給軍實，師賴以濟。庚寅，遣視山東災，上書言四事，曰存漕運以防民飢，整兵備以衛民生，減養馬以安民心，增接遞以紓民力，事多舉行。比還，擢廣西右參政。安南以地界不定，數近邊，用元冒險往定之乃已，理棼修墜，政漸以成。壬辰，以齊宜人憂歸，而長史公繼卒，喪葬一以禮，拓先祠以謹時祀，輯先德爲世芳集以傳。服闋，改河南右參政，奉璽書專理國儲，定轉輸遠近適均法以便民，又以其暇時葺二程夫子闕里祠宇以風其士人。戊戌，進右布政使。明年，進左布政使，律己守法以倡僚屬，一方晏然。欲自引，章具未上而疾作矣。所部黯然，聞者愕眙，以爲善人之不幸。距生永樂辛丑正月一日，享年六十。以壬寅春二月二十日，葬里之宅裏塢。

用元爲人恂恂謹恪，口未嘗及人之過，巧佞者或竊笑之，然其中涇、渭極明，有確然不可易者。平居恬澹，寡嗜好，疑若不奈繁劇，而所居官理不亟不徐，喜功邀譽者反出其下。蓋人陰被其惠澤甚多，而世亦未盡知之。爲學不事詞藻，雖時賦詩寫竹以適其適，而緘其稿，諱其名，終不以自見也。

用元初娶祁西汪處士景淳女，贈宜人；再娶趙府長史同邑胡公永興女，封宜人；三娶故吏部侍郎淳安項公文曜女〔七〕。俱善持家，以佐夫子。子男四人，長昂，醫學訓科，汪出；次旦，攻舉子業，次杲，儒學生，皆胡出；次昌，項出。孫男三人，長鏄、次銓、次鍠。女四人，俱幼。銘曰：

惟我程氏，世顯新安。有譜振振，有廟桓桓。自歙之祁，垂休委祉。大集于公，策名進士。簉屬司徒，幾二十年。巡瘼四方，犒師三邊。擢領藩宣，或副或正。桂管遺思，洛省胥慶。祖我循吏，以惠其民。宗我師儒，以迪其人。名與業崇，宜位公輔。庶需厥施，以澤下土。堪乘而踣，中棟而戕。士類孔傷，予懷曷望。宅塢之原，山水明秀。竚有遺芳，式在其後。

方孺人墓誌銘

孺人姓方氏，諱錦僊，徽之祁門人，其族本宋吏部秋厓先生之後。孺人生有至性，在家勤女事，事其父處士天生暨母馬氏甚孝，與其弟昆鄉進士訓導秉琦輩甚肅。年十七，歸同邑善和程君恕，又勤婦事，善事其舅姑，服其喪，異居次，曰禮也，謹之，蓋祥而後復。相其夫優學以仕，及累試弗薦，曰命也，謝之，請以子啓爲儒學生，嗣其業。善和程氏望於其鄉，恕之族父憲副宏、族兄布政泰皆近起經術，進用于國，退施于家，亟才恕，而亦賢其有内助焉。孺人年五十七，以成化辛丑三月二十八日卒。於是三男曰激、啓、攷者，兩有娶一有聘。一女，已適同邑城西王氏。二孫，曰許、詠者，舉解事矣。恕將葬孺人于里之桂家塢，前期使啓来乞銘。予於善和程氏爲同宗，辭之不獲，銘曰：

學勵其夫，宜貴而否。德勤其身，宜壽而疢。天嗇其前，必振其後。銘以貞之，庶幾弗朽。

黄巖陳處士墓誌銘

婺源儒學教諭陳君簡手其先處士事狀一通，過休寧乞予銘。於是處士葬十年矣。

處士諱顗，字允甫，其先汴人。遠祖公溥，宋紹興進士，知台之黄巖，終于官，因家焉。傳四世生繼發，咸淳進士，通判沅州，又定居黄巖東門。繼發生元松門務副使儔夫處士，五世祖也。曾祖子安，延祐初餘姚州學正。祖立善，至正中慶元路照磨。父處亨，號方山，有司累以遺逸薦，不就。

處士天性純至，喜問學，事二親極孝，有人所難者。哭父幾喪明，竟不良于眎。年七十，奉母馮猶定省不倦，馮安其養，至九十乃終。初，慶元君工墨梅，與會稽王冕齊名，方山君妙得其傳，處士每時祀見手澤即悲哽不已，因自號慨梅，一時名流聞其事多詠歌之。處士嘗以親疾，歷名醫與論藥，遂以醫鳴淛東。友其弟顒共爨，至老不變。鄉先生學諭陳廷省、學録張粹皆慎交，與處士師而友之。於文事雖博洽，尤喜騷、選，二君子每曰「陳君行端篤孝人也」，鄉評以爲公。

處士年七十有五，以成化辛卯某月某日卒于正寢，明年冬葬邑南五里委羽山之原慶元公墓側。配鮑氏，有賢行。子三人，長慊，待選于吏部；次簡，丁酉鄉貢進士，教諭君也。次慬，亦善醫，工墨梅，先處士一年卒。

予以外艱家居，辱教諭君數往来，愛其人，又嘗獲觀其族譜及處士所遺篆隸諸帖，知陳氏世儒家而益嘆老成之不復作也。然教諭君顯揚之業在異時者，蓋有大焉，則處士亦將以無憾矣。銘曰：

業之先兮，有克傳兮。學之後兮，有克守兮。嗟幽貞兮，不復生兮。尚有寵兮，賁斯壠兮。

中順大夫淛江按察司副使張公墓誌銘

成化辛丑春三月，淛江按察副使張公存簡以母喪還泰州〔八〕，既葬未幾而病疽，門人朋友親戚宗族日問病者幾百人。公知不可起，悉召與決別如平時，又顧其門人前進士張瓛曰：「吾友程太史克勤最號知我，其往乞銘。」語既卒，時壬寅春正月五日也。公從子霈奉瓛狀走數千里來新安山中以請。予聞之驚怛流涕，曰：「孰意吾友遽至此乎？」噫！屬纊之託，不可孤也，則序而銘之。序曰：

公諱文，其字存簡。張氏世爲泰州巨家，然未有顯者。至公曾祖德林、祖仲信益以善聞。父頎，始舉于鄉，終國子助教，用公貴贈奉直大夫刑部員外郎。母成氏，贈宜人；繼許氏，封太宜人。

公生有至性，在童丱如老成，初助教公典教山陰，公侍行，適遭成宜人喪，哀毁不食，蓋絶而復甦。助教公難之，遣從學一時名士之門。公亦自奮力學，久之，還爲州學生，屢試弗第，有識者曰：「是不當小成者。」天順己卯，舉南畿鄉試第一人，尋遭助教公喪，悉用朱氏禮，一鄉化之。成化丙戌，遂與予同登進士第，泰州入國朝預甲科自公始。筮仕刑部江西司主事。壬辰，進員外郎。癸巳吏部奏擬公山西提學按察僉事，甲午復擬山東，皆不果，是歲進郎中。

公在刑曹最久，有所讞必本於公恕，他司獄有未具者多移鞫于公，既讞無後言。丙申以日食星變詔選使十三人録繫囚于天下，公分地畿内，平反誅死者百十有六人，雪徙流以下千有四百人。其辨馬平兒事尤愜人意。平兒報父仇殺人抵罪，公上言：「君父之仇，臣子所必報。」反覆數百言，讀者感動，畿内人有繪其像而祀之者。

丁酉大水歲祲，復有詔選使五人賑恤之，公分地兖州，規措勸分不遺餘力，又上疏請分府庫餘資以慰倒懸渴望，語益痛切，蓋活飢民五十二萬人，復流移一萬七千口，婚嫁男女之貧者五千三百人，釋大辟囚二十餘人，他如通貨財、修祀典、申掩骼埋胔之令，皆自公發之。

己亥，陞浙江按察司副使，有鹺商李成誣販鹽者爲盗，轉引至十九人，初訊者以爲實，多疫死獄中，存者僅六人。公覆訊疑之，審詰得其情，六人者幸不死，一省稱快，餘平反者尚多。在浙踰年，大率以洗冤澤物爲己任，蓋未竟其所施而以家艱歸矣。

公生宣德丙午五月十五日，得年五十有七。配劉氏，先卒。繼李氏。俱封宜人。子男二，長霶，劉出； 次泰孫，李出。女五，長早世，次適州學生唐相，次適徐蕃，餘未行。霶奉治命以卒之年三月四日葬城西唐家莊之原。

公平生孝友，恒以禄不逮親爲恨，事許宜人甚謹，與弟孜等雖相爱而策勵之惓惓，以故諸子弟入秋試者恒不脱人。自奉儉約如寒士，周人之急則罄所有弗恡。歷官内外使四方，言若不出諸口，而中有定見，巧佞不能奪。與人交，雖厚善不苟随。案牘填委，日不暇給，而嗜學弗倦。爲詩文惡浮靡，率有關於世教。自號遜齋，有雜稿若干卷，審濟録、世訓各一卷。

嗚呼！天之生才，亦難矣，富詞藻以燁然一時、辦事功以赫然一方者，豈無人哉？求能外達其所學而不雜、内深於所養而不渝如張公者，可數也。顧官止于臺佐，年歉于下壽，則吾之所惜，又豈獨朋友之私而已？銘曰：

泰有張氏，其畜甚久。一顯師儒，弗竟其有。公也再顯，自其遺經。發解于鄉，擢第于廷。内曹外臺，屢見歘歷。敬刑恤民，有言有勣。所養既深，所發益弘。羌不可禦，孰尼其行。用世以忠，畢世以孝。維天錫之，將後有耀。唐莊之原，突如其墳。有永無虞，太史刻文。

槐塘程府君墓表

府君名萬，字億孫，姓程氏。程世爲徽歙巨家，其先居河北，本趙忠臣嬰之裔。在東晉有元譚者守新安始家于歙。元譚之後曰靈洗，當梁時以布衣起兵禦侯景至大將，土人德其全郡之功，廟祀之，是爲重安忠壯公。靈洗之後曰延堅，唐末又定居歙之槐塘。傳十世生元鳳，起進士，相理、度兩宗，是爲吉國文清公。府君者，文清公六世孫也。曾祖大年，元紫陽書院山長。祖完都。父回善，出繼從父昇。母汪氏。

府君生負直氣侃侃，遇事當行者奮前爲之，每以故相家，更代寖微，力以亢宗起廢爲志。中歲出遊閩、浙、江、湘及并、冀之境，家日以裕。聞絳之太平有祚德廟以祀程嬰、公孫杵臼，走數千里拜祠下，手摹其石刻以歸。忠壯公廟號世忠，在歙之篁墩，至文清公從子宣慰君相又請立行祠于槐塘以便支下子孫展謁，歲遠而圮，府君合族人重脩之，範鐵爲供器至千斤以上，餘物稱是。又爲文清公專祀，其北割田畝以奉祀。文清公墓在歙之古城關，夫人墓在禮莊，皆賜葬，傍有積慶、景福二寺，置田二百畝以贍墳。寺既燬于兵燹，田亦爲僧所盜鬻，石獸之類，蕩無存者。府君憤然訟諸上官，悉還其田，寺宇塋垣及石獸之類，舉復其舊，樹豐碑二以詔後人。

文清公初以經授理宗至爲相，理宗嘗大書「清忠昭光儒碩」六字以賜之，其餘倡和之詩往返之書，動盈箱篋。有御書樓故址在所居之左，府君亦創爲之，弘麗甲於其鄉。文清公罷政歸，嘗修長慶社爲里人祈報之處，久不葺，而人憚難，無敢任者。府君出己貲爲之倡，不日告成。府君之過會稽也，聞理宗殯宮在城西北，自以先世被恩最厚，約同行者十三人置舟徑往，刲羊豕具酒殽祭陵下而後返。

府君性孝友，不事矯飾，讀書强記，尤篤于教子。遇人有過，面折之不少恕。鄉人無少長，咸稱之曰義士義士云。府君長子熙，以鄉貢進士同知汀州府，有善政，上官累請旌擢之褒其親，不幸即世。府君時年七十四矣，上書京師，遇恩例獲冠服還其鄉，以成化戊戌九月二日卒于道，距生永樂乙酉七月十一日。

配殷氏，有淑行。子男二人，長即汀州也；次嵩，克家不仕。女三人，婿汪義、吴禧、方浩。孫男四人，永延、長安、長英、麒麟。孫女二人。嵩以歲己亥十一月十六日迎府君之櫬奉葬于晁輋橋祖塋之傍，乾山巽向。

嗚呼！封建之法廢而天下無世家，自元魏至李唐，乃復以門第用人，頗有封建遺意。降及五季，又蕩然矣。而近世以来，江之南往往有巨姓巋然，雖更代而存者，何也？以予所見，每一鄉之中必有一二家，其附居之他姓者，供佃傭給使令若官府然，豈非江以南雖亂而不罹久毒，雖歉而不事他徙，故得相保而不至併亡也歟？若吾姓在天下固不甚著，而以一郡律之，則已居他姓之十七八矣。然同祖而異宗則其間或中微焉，或中興焉，亦理勢所不能免者。若府君，其亦可謂中興之子也夫！

義官金君墓誌銘

先尚書襄毅公以成化乙未得賜歸養疾于休寧里第，又明年疾瘳，始與里人金君宗敬輩徜徉山水之間。嘗至邑東葆真山崇壽道院，顧而樂之，因語金君曰：「明將與子輩結怡老會于此中。」歲己亥，先公卒。又明年，金君繼卒。會弗克成。走嘗深憾于是，故君之卒，亟往哭之，而君之子希傑亦以其内兄上舍汪君汝温狀乞銘君之丘。嗚呼！悲夫。金君蓋先友也，走豈可以辭銘？

君字宗敬，諱玹賜，世居休寧忠孝鄉。相傳爲漢秺侯之裔，因莽亂避地而南者，逮宋季，復定居邑之南市，爲碩宗。君曾大考志，大考仲善，俱以行義聞。考孟起，益衍益盛，爲萬石區長，見故翰林侍讀學士廬陵曾公所爲誌。妣吕氏，同邑建昌令公大之女。

君生有志節，不苟隨，早失所怙，能自樹立。事呂孺人極孝，扁其堂曰草心，左右奉養備至，孺人安之，壽八十有六乃終。奉諸兄甚謹，教諸子孫有法，綜家政處世犁然愜人，號讀書者有所弗逮。景泰乙亥歲侵勸分，君輸粟六百石助官賑民用，朝令賜冠帶寵其身，旌其門曰尚義。晚年益以義自處，義聲動人，有爲不善者懼君聞之或遂中沮，有訟者或不之官而之君，得一言即釋，蓋其大節如此，可銘也。他若闢田廬、葺橋道、濟餒暍累累之善，法不能悉書。

君生永樂甲申正月六日，卒成化辛丑八月七日，享年七十有八。配汪氏，西門處士士輝之女，克相夫子，姻黨稱之。子男五人，長岩從，即希傑也；次岩相；次岩英；次岩秀；次岩護。多謹愿世家。而岩相、岩護俱早世。女三人，長適戴鷲，次適汪天生，次適朱儼。孫男七人，長雲瑄、次遜、次雲生、次悌、次楫、次暕、次鼐。孫女八人，多許適名族。君墓在縣北十里查坑之原。銘曰：

綽楔巍巍，尚義之門。窀穸隆隆，尚義之墳。耆舊凋零，社不可復。慕者其悲，過者其肅。

洪宜人汪氏墓誌銘

鄭州太守洪君寬既歸田喪其宜人汪氏，其子遠方令莆田，聞訃解官，還奉襄事，走休寧乞予銘。予納交太守父子甚善，則受而銘之。

按太守所爲狀，幾數百言，詞真事核，宜足徵。而其大則宜人於所生者，存盡養，歿盡哀，又終事其大父母，教育諸弟有成，乃出嫁，庶幾古之淑女。於所事者，奉姑如母，罄力于家食，奉舅如父，畢志于禄養，奉伯叔鮑、張二孀母如事姑，庶幾古之孝婦。於所相者，勉其刻志于學，佐其惠政于官，同其佚老于家，有始有卒，庶幾古之良配。於所畜者，男有娶，女有歸，諸男之中或力田以拓其業，或傳經以續其宦，治命曰「男盡忠孝，女敬公姑」，語不及私，庶幾古之賢母。宜人之平生若是，乃不登遠壽、享重封範其家以及其鄉，此媢黨悲之無間言，而予之銘之無愧詞也。

宜人與太守皆歙之世家，汪祖宋司農少卿叔詹，洪祖宋龍圖閣待制中孚，具有譜牒，代爲婚姻。宜人之父仕周，太守之執友，母則太守之從姑也。

宜人生永樂壬寅三月二十四日，卒成化辛丑十月四日，享年六十。子男四：長達；次迪；次遠，成化戊戌進士，莆田令君也；次通，儒學生。女一，適歙大里汪鈺。孫男六，長儒、次偉、次休、次伊、次俸、次儉。孫女二，尚幼。宜人之墓在二十七都名山之原。銘曰：

噫！爲淑女，爲孝婦，爲良配，爲賢母。此洪室汪氏之墓，式顯終古。

先高祖徵士府君阡表〔九〕

我先高祖徵士府君之葬也，適更家難，弗克碎群行以表墓道，蓋七十有四年于今矣。前乎宗源之相去者益遠，後乎孫支之方來者益分，尤不可無述以詔來者。於是敏政謹第録之，奉以告諸家廟而鑱之石焉。

惟我程氏，自新安太守元譚當晉東渡以民請留，賜第郡之篁墩。傳十三世，生梁將軍忠壯公靈洗，以起鄉兵禦侯景，亦廟食于郡。忠壯十四世生唐御史中丞都使公澐，又起鄉兵拒黄巢。凡三世有功新安，胤嗣蕃昌，號稱碩宗。中丞次子歙州兵馬先鋒使南節始別居休寧陪郭。五世生宋開州團練使贈太尉全，建炎初與金人戰死。子先，誓守墓不仕，號東隱。生三子，長永正，以門功帶御器械，遂居杭州；次永奇，與父同受學于朱子，號格齋，分居邑小東門，府君所自出也；次永彰，鄉貢進士，元初以李世達之變，將屠新安，故官陳宜孫力相保聚，而永彰五世孫隆與縣人趙象元蹈白刃説之，民賴全活。行省承制用三人者爲本邑令、丞、尉，安集之。永奇五世孫榮秀，仕至江浙儒學提舉，娶劉氏，封彭城縣君。提舉生文貴，饒州路德興縣銅冶場提領，娶鄭氏。提領生社，用薦爲承奉班都知，不赴，娶吴氏。

二子，長即府君，次爲安定忠愍侯國勝。

府君諱吉輔，字昌祐，天性端慤，氣宇不凡。美鬚髯，長及半體，見者以爲異人。時陳令姪壽翁、趙丞孫子常皆慎許可，獨愛重府君兄弟，壽翁、子常，世所稱定宇、東山二先生者也。府君以通家故，間從之遊，因涉獵諸經史〔一〇〕，而尤好兵律、星筮之書，得其肯綮。至正末，婺源人汪同起義捍紅巾、保鄉井，忠愍侯發兵應之，府君及同兄叡皆儒者，不欲共事，乃悉力持家以佐軍實。丁酉，衛國公鄧愈下徽州，開府于我程氏。久之，發同與忠愍侯詣南京，高皇帝大說，命同還守婺源，留忠愍侯從征伐。未幾，同北走燕，忠愍侯以節死僞漢。駙馬王克恭鎮徽，將復召府君與叡置軍中。兩人者先後固辭，乃已。洪武庚戌，詔江南諸郡縣大家一人詣闕，府君與行，高皇帝親御奉天門，賜宣諭戒勉。府君歸，益韜晦，足跡不至公門，有司累徵辟，皆不就。丁酉，有詔諸功臣歿鋒鏑者具衣冠擇地以葬，忠愍侯與焉。府君乃出，言臣弟國勝嘗以禦張士誠駐富陽，愛其地佳勝，願卜葬于此。又走富陽，會族人之在杭者，得兆于縣西三十里長山之麓御帶公墓左，葬已乃還。蓋自是不復出矣。

君家居嚴而有法，遇人無少長貴賤，一以謙，尤篤于義，見煢獨者，必振之。初，伊川先生子端中、端彦從南渡居池州，團練爲池州統制，因通譜焉。傳六世而河南之程實繼之，即提舉也。端彦七世孫祉復以仕縣居休寧，而提舉又以次子季熒爲之後，故府君於伊川家世遺墨及誥牒之類，所得最多，鋟梓刻石，至傾橐弗恡。教諸子皆績學，其長即先尚書公。洪武未嘗應詔，當得官，以府君在堂，謝歸養。即歸，而邑大夫獲罪事及之，坐謫戍河間府。君處之泰然，曰：「古人不尤外至者，而懼内脩不足，謹王事以不辱親，亦可謂孝矣。」尚書公受命唯謹。府君晚歲，家益落，去隱邑之葆其山，不復問世事，日與道流者居，怡然若有得也。永樂戊子十一月十六日終于家，距生元至順庚子十二月十五日，享年七十有九。配孺人吴氏，諱廷同，里人，父鼎齊，母程氏，克相府君以綜家政，婣黨稱之，生元天曆己巳四月十五日，棄世于永樂癸巳四月十六日，享年八十有五，合葬縣東北三里許水橋干。

子三人，長杜壽，即先曾祖贈兵部尚書兼大理寺卿。次原泰，福建尤溪典史，次道崧。孫五人：長晟，即先祖贈吏科左給事中累贈官如曾祖；次斌；次昱；次宣；次旭。曾孫八人：長信，即先考太子少保襄毅公；次佲，瀋陽中屯衛指揮僉事；次倫；次僉；次俊；次偉；次傑；次佾。玄孫十五人：長敏政，左春坊左諭德；次敏德，太學生；次敏行、敏功，早世；次敏文、敏通、敏事、敏聰、敏時、敏恕、敏英、敏才、敏芳、敏亨、敏庸。五世孫四人：長坦，早世；次壎，錦衣衛百户；次圻；次塏。

嗚呼！府君之德，厚矣，乃不食其報以終于轉徙，業用弗振。至我襄毅公始獲讀其遺書而以文武忠孝大植有家，顯被列聖之寵光，上追隆其祖禰，下覆蔭其孫仍，門閥再新，泉壤增耀。而府君不可作矣。嗚呼！凡我後人，感盛衰之靡常，思保家之不易，其尚謹禮守法，相與嗣其業而葺之于無窮，則亦庶幾府君之志也哉！

祁門處士汪君墓表

君諱晎，字君晎，姓汪氏，系出唐越國公華後。越公以勳德廟食于徽，九子，散居六邑。君之先出祁門，六世祖應星，元徽州路學教授，高祖元相，總督徽、寧等七州倉庫大使，曾祖學録，祖仲機，父子瑞，三世皆以才雋聞。妣程氏，生君。有至性，英悟過人。初，子瑞爲里諱構死，程亦繼卒，以君託其兄嫂居。每聞人道父母時事，輒哭不能已。稍長，出從鄉先生遊，未有知也。一日浴溪上，鄉先生曰：「獨木爲橋難度客。」君應聲曰：「衆材成室可容人。」始奇之，曰：「汪氏有後興者，必在此子！」君亦卓然思以自見，出應公役，入理家政，不以重難者諉人。由是業漸以裕，門閥一新。

君喜讀春秋、史、鑑，説古今數千載事，如指諸掌。每召子姓環立以聽，是是非非，率緣經史爲義，里之弗率者畏之。世事紛華，一不掛意，而拯人之危、振人之乏，恒恐弗及。歲時奉先，必前期戒嚴，至臨祭，猶走閲再三，然後將事，哀慕如新喪。家人求析産，止之弗獲，則多取瘠田羸僕，以示自艾。猶拳拳以詩書之業不振爲憂，乃刻意教子，延師盡禮，不復問家之有無。人或嗤其迂左，君謝曰：「我雖一子，願不失爲士耳，不敢從人逐利也。」鄉人無少長，稱良士必曰汪君。歲天順庚辰，子恕中乙榜，授河南校官，遂請分俸以爲君養。君安之，曰：「是吾家筆耕可獲者，雖萬鍾何加焉？」壬午夏五月二十三日卒于正寢，享年七十有六。

配謝氏，佐君起家，宗黨稱之，先君十五年卒，别葬邑之二都白石原。子男一人，即恕也，歷汝寧之新蔡、撫之金谿、台之臨海三學教諭，嘗膺聘考福建、山西、河南鄉試，以文行知名。女二人，長適監察御史胡深，次適某。孫男四人：長浩，成化辛卯鄉貢進士；次泳，儒學生；次澍；次滋。孫女三人：長適方通判曾孫某，次聘陳徵士孫某，次聘程布政孫某。

先是，君卒之明年，恕奉葬邑之一都張村原，久未有表其墓者。以予隣邑人，當知君，乃自狀其行以請。予聞漢世經學傳家者，稱韋氏父子，當時爲之語曰：「遺子黄金滿籯，不如教子一經。」至今誦其言以况世之業儒者。若祁門之汪，其先世固多顯達，而在元季以春秋名者稱環谷先生克寬，其先蓋與處士君同祖越國公，故祁門春秋名天下。而處士君、教諭君父子並以是經成名，異時才位所到，將比跡韋氏，蓋未可知，而處士亦且膺身後之榮、增光前人，可預卜也。事宜書之，以爲世之業儒者勸。

尋樂處士程君墓表

婺源高安宗人質佐予編刻程氏統宗世譜既成，奉其先君子尋樂處士年譜及狀請書其墓上之石。予閱其名則㦬然曰：「尋樂者，周、程子之所以從事乎孔、顔者也。子之先人以是自名，其志不可得聞矣，其何辭以表之？」

固讓不獲，閱其年譜，得其所自爲序凡數百言，詞質而不華，義嚴而不迫，樂天知命之餘而有憫世嫉邪之意焉。嗚呼！此其言固將志于所謂尋樂者歟？又閱其狀，得其平生。則處士九歲而孤，能立志亢宗，不落人下。於詩、書六藝之文，蓋無所不究，而尤以力行爲事。事嫡母得其懽心，撫其弟子之幼孤者，舉不失所。遭母喪，哀毁踰節，卜善地以葬，一本之朱子、蔡氏，不惑于巫祝。先墓所在，護視唯謹，置贍塋田，畫圖以示後人。處鄉黨，是是非非，不苟徇。邑大夫以客禮之，有不決之訟，或以付君，君一言而解。嗚呼！此其行固將有志於所謂尋樂者歟？

高安程氏在諸程中最以詩禮名。處士諱汝，字希嶽。五世伯祖復心，是爲林隱先生，著四書章圖以翼朱子。高祖致和，是爲孝則居士，從學雲峰胡先生。曾祖彦禮，祖公秩，嘗復新安程氏始遷祖太守府君之墓，義聲動人。父思凱，母方氏，所生母鄭氏，以節聞。

處士生宣德庚戌三月十五日，卒成化戊戌十一月二十九日，得年四十九。配石泉汪氏，諱留貞，海陽知縣藻之女，年三十八先處士十二年卒。賢淑不壽，媚黨悲之。子男三：長質也，好學力善，梓行家教輯録以惠族人，又本先世之志，著家範以輔之，建景思堂于墓側以祀父，蓋處士之教成于家者如此；次馬，早世；次表，尚幼。孫男三：長廷憲，次廷思，次廷忠。女一，適同邑考川胡𡑫。處士之葬在其里澄源伯山之陽。

噫！自鄉舉里選之法不行，士之卑者溺于詞章，高者淫于佛、老，治不逮古，豈一日之積哉？若處士者，其行無過高難繼之節，其言無非常可喜之論，然知力于心學而不昧于義利之途，有王公大人、老師宿儒之所愧者，使其獲中壽少見于時，行業所成，當不止此。予蓋深惜之，爰撮其大者爲之表，仁人志士，過其下，將不慨然太息而式之曰「此尋樂處士之墓也」夫？

筠軒處士程君墓誌銘

君諱隆宗，字宗道，其族曰休寧富溪程氏，蓋梁將軍忠壯公之裔，具見新安程氏統宗譜。君曾大父僖，大父齊，父尚德，妻梅林汪氏女而生君。

君有美質，喜讀書，通其大義，而獨於先世遺文率成誦，蓋有亢宗之志焉。嘗一出吳、越間，歸而却掃，治家睦族，禮士周貧，悉有常度，不爲奇詭之行。然篤孝友及憂人之憂，殆有人所難者。嘗建愛日樓以奉親，親安其養。母喪，迫歲終，力不能輦石襄事，忽夜聞椎鑿聲，曉有崖崩于近墓，墓藉石以完。初，尚德翁以季弟翼成易族人永寧女而互育之，君念不置，倡諸弟逆翼成歸，而又禮嫁其女弟于商山吳氏，義聲動人。君居鄉一以誠，有禱于神，往往致應，事雖適然，然人率以是敬服君。

君之先在宋有舍人府君，號最顯，其言曰：「無毁之謂譽，無憂之謂樂，無求于人之謂富，無屈于人之謂貴。」君終身誦之，且自號筠軒，以寓堅節抗塵之意。

君生永樂己丑十二月二十一日，卒成化戊戌十一月十四日，壽七十。卒之日，姻族子弟入問後事，無他言，惟諄諄以不墜家聲爲託。未屬纊，數問左右，申時，曰：「申矣。」拱而逝。以是歲十二月十八日祔葬里之東干祖墓，負艮向坤。初卜十九日，而姻族有强之先者，會其日晴而翌早乃雨雪大作。嗚呼！異哉。

君娶黄川吳氏女，克相君。子男六：長泰和；次泰初，先卒；次泰常、泰瞻、泰亨、泰貞。女一，適商山吳景存。孫男十一：長應蒼，次應仁、應暾、應昭、應昉、應昫、應早、應暕、應晶、應鼎、應璇。孫女七，長適吴永清，餘在室。

君葬久未有銘，於是泰和以君從第景宗之狀來請銘，將追納壙中。予蓋與君同所自出，亦竊聞其行義，恨未之識也。然君之先銘，實出宗老端明公及吕左史、方虚谷諸先正，而君銘乃屬之予，予言豈足以永君也哉？銘曰：

不求異乎人，而常獲乎神。彼何心哉，出類離倫。東干之阡，有美程君。有刻斯文，將無愧乎貞珉！

校勘記

〔一〕總督漕運兼巡撫淮揚諸處　「揚」，原作「楊」，據四庫本改。

〔二〕陝西盩厔知縣　「厔」，原作「屋」，據四庫本改。

〔三〕正統戊午夏五月二十五日終于官　「正統戊午」，四庫本作「景泰庚午」，據前文「卒之二十八年，其子孔惠以兵科給事中考最，得賜敕贈君文林郎」，「將以成化丁酉冬十月二十六日合葬先塋」，馬孔惠授兵科給事中在成化十年六月，升兵科右給事中在十六年十二月（明憲宗實録卷一百二十九、二百一十），其授兵科給事中三載考績在成化十三年丁酉，上推二十八年爲景泰元年庚午，當以「景泰庚午」爲是。

〔四〕太孺人事舅姑孝　「孝」，原作「如」，據四庫本改。

〔五〕以兄弟能聯行　「能」，四庫本作「宜」，程氏貽範集乙集卷二十作「以兄弟聯行」。

〔六〕祁門善和程氏譜足徵録卷二此篇尾署：「成化壬寅歲春正月之吉日賜進士及第奉訓大夫左春坊左諭德同修國史經筵官兼太子講讀官休寧程敏政撰。」

〔七〕三娶故吏部侍郎淳安項公文曜女　「故」，原作「胡」，據篁墩程先生文粹卷十九改。

〔八〕淛江按察副使張公存簡以母喪還泰州　「存」，原闕，據篁墩程先生文粹卷十九補。

〔九〕程氏貽範集乙集卷十六此篇署：「成化十八年歲次壬寅秋八月朔旦賜進士及第奉訓大夫左春坊左諭德同修國史經筵官兼太子講讀官孝玄孫敏政謹述。」

〔一〇〕因涉獵諸經史　「諸」，原作「緒」，據程氏貽範集乙集卷十六改。

篁墩程先生文集卷四十四

誌　碣

太保兼太子太傅掌左軍都督府事定西侯追封涼國公謚敏毅蔣公墓誌銘

成化丙午夏六月，太子太保掌左軍都督府事定西侯蔣公以疾在告，上聞之，屢遣中貴人存問，賜生饒酒米御醫六人分番診療，未瘳，有詔加恩文武大臣，即卧内進公太保兼太子太傅。越明年六月，疾益甚，入疏請罷所典兵，詔不允。七月十四日，以卒聞。上嗟悼，輟視朝，遣中貴人賻寶楮二萬緡，追封涼國公，謚敏毅，命有司治棺椁營葬域，詔初喪及禫皆諭祭，爲祭凡十有五，皇太子、諸王亦各遣祭。於是公子驥等將奉公以是歲九月六日葬都城西泥井里先塋，以訓導仇潼之狀請走序而銘之。序曰：

公諱琬，字重器，故奉天翊衛推誠宣力武臣特進榮禄大夫柱國定西侯追封涇國公謚武勇之孫也。其先世具見武勇公神道之碑。公之考諱義，以疾不任仕，故公年十六嗣爵定西侯。值正統己巳之變，表謝凡五日，即受命掌左軍都督府事。公雖年少，而悉心戎務，譽望日興。英廟復辟，命總府軍前衛官兵之隷大營者，出金裝佩刀及倭刀以賜。天順壬午冬，命典直宿將軍侍衛，凡再賜金鎧寶刀。久之，英廟察公忠勤，將柄用之不果。

今上嗣位初，立十二營，命公統其一。而甘肅以闕守將聞，用廷議詔公佩平羌將軍印總其兵。公至鎮，堅堡壁，嚴斥堠，脩明武勇公之遺法，番戎畏服，無敢扇以變者。乃陳和羅、積邊儲、佐戰守，西人賴之。壬辰春，以河外無事，詔進公副守南京兼總操江。公上六事，曰足舟師、利器械、詰姦慝、備戰船、嚴禁令、恤病軍，凡千餘言。大略謂南京國家根本，長江爲南京藩籬，控制之道，宜重諸鎮。甲午召還，仍掌左府兼督十二營。時灾異屢見，公復上六事，曰預防虜釁，曰保障京師，曰避任禳灾，曰暫息操軍，曰屯田富國，曰修飭戎器，且乞避位。詔不許，而令有司議行其所建白者。是歲冬，尊謚恭仁康定景皇帝，遣公告太社太稷。丙申命兼總神機營，戊戌進太子太保，分賜通鑑綱目及貞觀政要兩書〔一〕，蓋上有望于臣隣者甚至。己亥春，以遼東守臣匿不以賊聞，命公與太監汪直、刑部尚書林聰往勘之，并處置邊方事宜，還奏稱旨。是歲大閱，以圖册進御及修築將臺成，寵眷日隆，聖製宸奎、良弓寶劍、蒼頭名馬、蟒衣玉帶、白金彩幣、上尊珍味之賜，不可殫紀。禱民瘼于山川及爲皇太后祝釐于宫觀，公必在行，番使來朝及廷策進士，多命公主宴，六軍以爲榮。

甲辰秋，虜大入邊，邊將失利，詔公佩平胡將軍印總京營兵往禦之，仍節制宣府、大同、山西諸路及分寧夏、延綏兵以從，上親臨遣賜金幣宴餞甚厚。公至大同，自野口門出，考按形勢，爲授方任能之宜，且四遣諜覘虜。虜徙帳北走，而右衛忽馳報有入自黑石崖者，公曰：「必虜諜也。」檄諸路嚴警，遣兵援威遠平虜偏頭關，已而還報，果虜之哨騎，援兵遮斬十餘并獲其戰馬以聞，公復出臨大邊，耀兵而還，上言虜益遠、邊輸益困，請班師，許之。陛見，賜勞有加。

乙巳，詔修靈濟宫，命公監護，未成而得疾，遂至不起。疾革，無一語及家事，第曰：「聖恩未報，貽慼老母，琬罪也。」得年五十有五。配楊氏，謹身殿大學士贈太師建安文敏公之女，封夫人，早卒。繼王氏，封夫人。子男二：長驥，動衛；次騤。側室姚氏、韓氏出也。女四，皆楊出，其壻靖遠伯王添、錦衣衛指揮子馮鐸、崇信伯費淮、龍驤衛指揮使魏震。孫女一，尚幼。

公性聰敏，喜問學，早從雲間金鋭先生遊，博覽强記，遇有所疑，輒用朱註細書，動百餘卷。尤篤于孝友，公之考推封定西侯居患癱，百藥弗效，公吮之而愈。事太夫人王氏，執子道甚謹，先意承順，務得其懽。二弟琰、瑜皆不禄，育其孤子女與驥等。先世雖居揚之江都，遠祖實自徽歙，公言于朝，力還其先墓田所在。仲父雄從武勇公南征，死于戰，以功得世指揮使，而兵部不審，罷其嗣子，公極論之，復其官。負才知而沉雄，必有以自見，在甘肅有巡按御史横，公劾之，上遣官訊實，謫戍邊。或疑其過者，公曰：「臺官固人耳，非盡桓典也。賢者下之而不肖者斥之，乃爲朝廷計，豈私己哉？」識者是其言。在宣府，邊將欲從鵰鶚堡于滴水崖，公以爲獨石八堡聲勢聯絡，若徙之，相去益遠，卒難救援，且板築勞人非便，議遂寢。總京營十三年無過舉，而軍士亦相與安之。襟度夷曠，自號筠清，公暇即臨帖賦詩以自適，賓客過從，觴酌竟日，盡歡乃已。而公之詩宗盛唐，書法魏、晉，可與文人韻士相長雄。所著筠清軒集十卷，奏議二卷，雜文一卷。

竊嘗觀之，列聖念疆埸之臣所以恩煦而玉成其子孫，蓋無所不盡，然能體德意而嗣其祖烈，崛然有聲一時庶幾古儒將之風若公者，豈多見哉？惜其典六師、位三公，上之倚注方切，而公遽捐館，味屬纊之言，則其心之所以許國者，殆未艾也。悲夫！走家徽郡，於公爲同鄉。先尚書少保襄毅公嘗與公同守南京，相好而不比，號通家且友善，而宜銘者，蓋莫如走也。銘曰：

桓桓涇公，國之虎臣。巍巍盟府，載其大勳。有美涼公，寔顯孫子。孔武且文，如鵠之峙。初奉英考，忠勤自將。帝曰懿哉，侍衛之良。嗣聖臨朝，篤彼世烈。曰遂事予，庶時之傑。出秉將鉞，入參廟謨。所覬尊安，協帝之圖。懋賞崇階，益赫以烜。報稱之思，與日俱遠。一朝哀訃，上悼宸衷。爰錫嘉名，胙之上公。尚方來陳，兼賻與奠。司空往營，不遠京甸。平原膴膴，有寢有堂。劍履攸藏，濟美之光。最行勒銘，置此玄室。何千百年，維卜之吉。

承德郎户部山西清吏司主事吕君墓誌銘

君諱讚，字廷揚，姓吕氏，居饒之餘干。至君曾大父穀寶當元末避地安慶之太湖城東，贅同安李氏，遂爲太湖人。君大父衡，永樂中監察御史，受知太宗，嘗奉詔之陜西體察機務，被優寵，號能憲臣。太妣彭氏，生四子，君之父梁最長，有高致，以君貴贈承德郎户部主事。妣鄭氏，贈安人。

安人生七子，君行四，性淳謹，若不競，而中實穎悟，思力學亢宗，以儒學生屢上應天府秋試，弗利。景泰丙子，以太學生上順天府秋試，乃捷。而君數奇，上禮部又屢弗利，居學京師，凡十年，至成化丙戌始第進士。尋丁外艱。己丑，出知建昌之新城。

君偃蹇場屋最久，而學益弘、行益篤，蓋抵縣未期月，庶事一新，百廢具舉，士論翕然稱之，民亦相與樂其治，無梗之者。建昌同知蕭允恭獨以私憾誣搆君于法，而君亦毅然不屈，遣弟誧入愬于朝，事下巡按御史，久之，乃得白，還君新城。君益悉心政教，新學宫以興士類，行呂氏鄉約以厚民俗，治益有成。太史張君元禎、羅君倫皆慎許可，獨於君手書贈詠，稱道不置口。己亥詔徵諸進士爲郡縣有聲者，君在選中，吏民攀留，不獲，以新城賢令自陳君員韜之後惟君一人，相與立石，陳之遺愛亭。

庚子，授户部山西司主事，監收太倉京儲者再，收御廄芻峙者一，皆以公勤聞。嘗領居庸邊儲一年，兵民胥説，守臣上章，請更留一年。有建議自天津水運至大同、宣府以濟邊餉紓民力者，委君相度。君泝流而上行數百里，考按地志，延訪土著，知其地或游沙不可濬，而水勢相懸或至二百丈，又多天險，非人力可施，還奏不便，詔罷其役，蓋由君一言而省工費不下數十萬。惜其官甫六載，將有遷陟之命以漸底于功名遠大之期，而疾作不可爲矣，丙午十一月十一日也，享年六十有五。

配章氏，封安人。子男三，長曰豸，克家不仕；次曰龍，太學生；次曰彪，早卒。女一，適儒學生劉鋼。孫男二，長曰元，次曰亨。孫女四，俱在室。龍將奉君柩還葬先壠，以銘爲屬。

予與君同年進士，每重其簡靖敦樸，可勵世之騁才舞智者，而又數聞其厚鄉井、睦宗姻、惠教子姓如一，因以知君之脩其身、施其家、爲守官釐務之地者，殆不爲無本也。而今已矣，久要之義，爲之戚然。幸龍與元方勤其業以俟用，求大君之烈于異時，則天之所以報善人者，其在斯乎！銘曰：

或亨其前，而君緩于逢辰。或豐其後，而君蚤于没身。篋屬而才，作吏而循。雖所施之未盡，亦功立而名振。有寧一丘，故山之垠。竚彼遺芳，在其後人。

朝列大夫湖廣布政司右參議段公宜人楊氏合葬墓誌銘

公諱慎，字思之，姓段氏。段氏世居山東禹城，譜燬于兵燹，自公大父而上多隱不出，以積善名其鄉。至父公準始出爲河間府通判，有惠政及民，以宣德庚戌卒于官。諸子將歸其喪，民擁柩道哭，至不得行。知府姜濤遂相與留葬屬邑交河李村之原，買田築室，居焉。

當是時，公尚幼。正統初，稍長，入補縣之儒學生，毅然以亢宗爲志。用尚書領甲子京闈鄉薦，凡三舉進士弗偶，居太學，學益邃。以景泰壬申出歷事于兵部，少保于公見而器之，以語吏部尚書王忠肅公，銓授兵部司務。時于公督練京營諸軍，或有政輒遣公往申飭之，公坐閲武場，肅部伍嚴號令，一如于公，于公以爲能將，薦其才可大用，不果。

天順改元，升武庫員外郎。戊寅，虜寇邊，特勑公之陝西會守將保定侯梁珤募軍士治器械，事竣而民不擾，還未幾銜命復往，守將以下亦許受成，迄虜退乃已。用年勞賜誥命，贈通判公奉直大夫兵部武庫員外郎，封母常氏太宜人。久之，有太宜人之喪。服除，改工部屯田，遂進郎中。於庶務益精練，而持之以不懈。成化己丑，公薦法行，用尚書固安王公言，升湖廣布政司右參議，奉勑專撫荆、襄流民。往時荆、襄變興，率長吏貪殘激之，底于用兵，民苦益甚。公至，則黜汰有司之不職者，按行民所次舍綏輯之，若家人父子，由是境内怗然，盗訟鮮少。朝廷嘉之，特賜綵幣二以旌其勞。蓋方與民相安無事，而公不幸疾作，以壬辰七月十二日卒。卒之日，囊無儲蓄，喪不能舉，得巡撫都御史繁昌吴公而下賻之乃克歸葬焉。

公爲人淳厚縝密，所居官理而不要譽，有老成前輩之風。事母極孝，與諸兄友于無間言，鄉人至今有弗率者，必舉段氏以相勉。配楊氏，封宜人，其父亦仕至通判，與公父交相得，故歸之公。宜人性賢淑，雖生貴家，而樂儉素，佐公宦學于中外二十年，上奉姑，中處娣姒，下御僮僕，咸得其宜。公殁，益以家自任，事無鉅細，猶身綜之。一子女，不豢愛，親督之學而勖其言行甚力，皆底有成。卒于甲辰九月五日。公得年五十有七，宜人則七十有一。子男一人，曰文德，庚子京闈貢士。女一人，曰淑貞，適南京太僕少卿唐章。文德將以是歲十一月十九日合葬公夫婦于先塋，前期託其内之弟中書舍人周君文通以銘見屬。

噫！先尚書襄毅公與公同學友善，故嘗升堂拜公，獲敦世好，而今不可復得矣。重惟公家再世爲循良清白之吏，而爵未隆、壽未長，意天所以錫報之者，將在其後人而未可量乎？迺序而銘之，銘曰：

猗歟段公，循吏之子。戢兵惠民，亦委其祉。年未耆艾，秩才亞參。世美攸濟，而澤未覃。有淑一人，邈焉良匹。聯德于官，令終于室。交河之涘，雙璧永藏。考行刻銘，維後之昌。

贈懷遠將軍同知武成後衛指揮使司事李府君太淑人邢氏合葬墓誌銘

僉左軍都督府事李公自榆關具其父懷遠府君行實，使其從子百户忠奉以請予書其墓上之石。初，李公在五軍，名有智略，爲先尚書襄毅公所器重，從下川、貴夷，又從殪虜于延安，遂以參將分鎮燕河營。久之，受詔總薊州永平、山海諸路兵，捍國東陲，爲時重臣。而獨念其親不忘如此。嗚呼！若李府君，可謂有子矣。

按李氏世居濟南之鄒平，先世譜牒燬于兵燹，莫知所從起。有諱士成者，當高廟時以耆宿徵入覲，賜之冠韠俾歸爲農師，娶柴氏。生子諱祥，洪武末能募衆以應靖難之師，文皇嘉之，授武功中衛百户，又屢用戰功進武略將軍副千户以卒，贈同知武成後衛指揮使司事。娶劉氏，有賢行，贈淑人。生五子，懷遠府君行居四，諱海，字仲容。器宇魁岸，見者知爲將家子。能讀書，了其大義，而所行多不失矩度。三兄，一早亡，二相繼受蔭卒，無子，府君悉力奉褻事，事孀嫂無違禮。洪熙改元，始嗣有父兄之職。宣德初，易武成後衛，時武臣子多食禄不視事，又争事燕樂，府君前後歷兩署，皆用薦治，戎務翕然，有能譽，出同列之右。且務簡静，不樂遊衍，少年輩雖啉之，不顧。以宣德三年正月二十五日卒，得年三十有七，葬某處某山之原，贈懷遠將軍同知武成後衛指揮使司事。

配太淑人邢氏，同邑處士子榮女，母吕氏。淑人幼莊静，善女紅，父母鍾愛之，擇所歸，得府君而嫁。既嫁，以孝謹聞。府君歿時，都督公始四歲，又弱且多疾，家復無紀綱之僕，淑人遂徒步挈孤請世禄于官。稍長，又命就外傅，恒拉淚語以先世之遺烈，俾圖不墜。嫠居凡四十四年，茹澹服韋，節益勵。既受封太淑人，都督公亦屢樹勳躋秩，猶安于儉素如平昔，識者韙之。以成化五年正月十四日卒，享年七十有二，祔葬府君墓。

子男一人，曰銘，即都督公也。孫男二人：長清，次源。女一，歸羽林前衛指揮使程瑄。太淑人之捐館也，公哀毁盡禮，又上疏於朝乞扶櫬歸葬，雖未果行，而士夫知公之孝有足徵焉。銘曰：

鄒平有李族未華，農師始出振厥家。白衣從徽帝汝嘉，角鞓錫爾兼烏紗。爾歸教爾鄉人耞，驥子豈必皆渥洼。文皇靖難孰敢譁，胡寧身斃污泥沙。爰率義旅紛且拏，道旁再拜腰鏌鋣。摧堅馘醜不停撾，千兵錫命恩屢加。五子挺若蓬中麻，三人絶世堪咄嗟。桓桓懷遠色匪誇，煒然千馬中之驊。家庭矩度無舛差，太平罷戰惟趋衙。不事絃管聲嘔啞，階蘭雖死有茁芽。拖金紆紫懸高牙，追榮賜誥呈五花。有美淑人笄六珈，從夫不憚挽鹿車。稿砧歲忽居龍蛇，遺孤在抱啼呀呀。孀居白髮紛鬖髿，子孫成立身無瑕。冠之珠翟帔以霞，猶喜儉素忘驕奢。一夢不返天之涯，遥遥旅櫬乘飛艖。故丘東望雲水賒，山川縈抱仍迴斜。穹碑屹立對墓闍，上刻天禄與辟邪，我銘千載章幽遐。

趙淑人李氏墓誌銘

古懷遠將軍同知錦衣衛親軍指揮使司事太原趙公諱璟之配，曰金陵李氏，從公貴凡四受誥封至淑人，後公卒一年，以憂瘁致疾不起。初，予以親故居相邇，嘗獲拜淑人于堂，淑人貌豐而神腴，言質而禮恭，竊意其享遐福躋上壽，遽以訃告，即往哭之。而公子以通政參議趙公昂之狀來乞銘，予實與聞淑人之詳，誼弗獲辭。

蓋淑人在父母家能守姆教，精女紅。及笄而嫁，時公尚家食，淑人佐之儉以勤。後公起舍人，掌環衛歷侍三聖有武功，又以才諝被簡任治詔獄幾二十年，淑人處之不侈以倨，且每進仁恕之説。公兄弟聯官禁近，歲時奉祭祀，或有所饋問，既敬既和，不隳其常。親黨過從，申以燕會，或殺或隆，不踰其節。蓋公得畢力於王事而弗以家累者，淑人之力居多。淑人舉子失明，即聘張氏以自輔。既有出，則引之自育，教之底于成，受公之蔭焉。嗚呼！盡女事之職、修娣姒之義，均嫡庶之恩，皆壼行之大，而克舉之若淑人者，法宜銘哉！

淑人諱善緣，父處士興，母王氏。卒以成化甲辰正月二十二日，春秋六十有六，葬以其年二月十五日，墓在都城東永安鄉，合于公兆。二子，長文；次良，今錦衣衛指揮僉事。三女，長嫁禮部司務殷珌，次許嫁凌桂而卒，次在室。銘曰：

金陵仙李，寔蕃其枝。有熾一士，或堪女師。作配虎臣，允顯于時。式藉攸助，陰霈其施。既孝以恭，亦儉而慈。光膺帝命，受恩匪私。淑人嘉稱，庶無愧詞。赤縣之鄉，檜柏參差。白首同歸，永安于斯。玄堂翠珉，乃刻銘詩。閨壼之範，子孫之思。

承德郎東城兵馬指揮閻君墓誌銘

成化乙巳之夏，東城兵馬指揮閻君以疾在告，久之，疾少差，倚杖入後圃，見家雞一雄挾少雌而噬其長雌者，艴然曰：「是不類世之寵庶嬖而虐其嫡配者乎？」擊少雌斃之，曰：「將啖若。」反席而瘏。適君内之弟尚寶李卿過君，入見而卒，蓋五月六日也。李卿爲手殮之如禮，且報訃于所親識。予急往哭之，聞者亦相與悼惜，曰：「閻君勇而才，意當復有所建立于世，乃止于斯邪？」其子价將奉喪還葬先塋，泣拜向予，以銘爲託。悲夫！

君諱宇，字大方，世居南陽鄧州。高祖奉先，元山西行中書省參知政事，總師守山後，死于節。曾祖惟良，祖通，父貴，以君故贈文林郎東城兵馬副指揮。曾祖妣邊氏、喬氏，妣王氏，贈孺人。

君生而鐵面長身，性耻爲齷齪洟涊之事。入爲州學生，益負氣侃侃不屈而力學，數奇，上秋試輒不利。天順庚辰，入爲太學生，六館士與遊者，率嚴憚之。成化戊子，遂入吏部銓，廷授中兵馬副指揮，以外艱去。辛卯服闋，改東城。己亥秋，東城人詣闕言兵馬正官缺員，願得閻某，吏部亦知君可獨任，爲請于上，許之。居三年矣，勳戚貴倖之家櫛比于都城，而兵馬職巡邏兼刑獄，號最難理。君更三任，一以奉公守法爲心，東城惡少斂跡，至相戒毋犯閻兵馬。兩法司有難詰之訟，必委君，或兼委四城之事無虛月，而君於事悉辦無愆期者。累倡同列上章論刑法及兵馬不得其職，朝廷多從之。凡以事忤勳戚者再，忤中貴人者一，率下獄置對，而君詞直氣壯，人不能奪。最後所忤者益危，將獲罪不測，而居之慨然無悔也。噫！此豈不有平世窮官厚爵之所不能者哉[二]？

君事父兄盡禮，治家尤嚴，嫡庶斬斬，輯家乘以示法子孫。處親戚友朋，禮意勤款，遇有過即規之，甚則面斥，至其人頸赤不恕。然心口一致，無機械之設，人亦以是服之。居官二十年，不妄取予，貨其居以發喪、治行具。君得壽六十有四。

配李氏，封孺人。子男五，長傑、次儒，俱早世；其次价也；庶出者二人，尚幼。女四，適湛欽、胡欽、高瑄、周端，皆士族。孫女一。予與君皆委禽李氏，君之內出湖廣參議公，予之內出太師文達公，爲友壻，同朝甚久且相得也，而今遂不可作矣，忍不銘諸？銘曰：

有撓于法，我則繩之。有偪于彊，我則矜之。毅此閻君，莫或登之。不亡者存，孰其興之。

孝義處士閔君墓誌銘

休寧處士閔君既卒之十四年，其子巖童始得吉兆于邑之董川原，乃啓殯而葬焉。又三年，乃以麻陽知縣范順之狀走書京師，請爲之銘。予發書嘆曰：「子於先體甚重若彼，於先德慎重可知，是未可以諾銘。」使者固請，乃不敢辭。

啓狀閱之，則處士君誠有過人者。初，正統辛酉冬，隣弗戒于火，母孺人抱病不可起，君於貲産一弗顧，急呼妻舁母出中庭，號泣露禱，頃之風反火滅，所燔隣屋七十餘家，觀者嘖嘖驚異，曰：「孝哉！閔氏子。」爲題其堂曰善存。成化丙戌，有詔以鹽莢易備荒之粟，君實在行，而粟非一旦可集，受直走旁縣爲君往貿者十餘人。及期，獨章姓者不至，或傳其家有奇疾，老嫗及長兄繼殞，君往廉之，聞哭聲入見二棺，惻然曰：「甚哉！子之不幸也。」請不責其償。蓋處士君前一事類蔡順，後一事類范純仁，惜其處下邑而名弗彰，無以厲世之强悖者，乃以「孝義」題其端而序之曰：

君諱兆勝，字彦益，又字萬億，世居休寧安樂鄉。相傳其先出費公之後，有爲歙教授者，始家休寧。有仕宋至湖南提刑諱福者，下逮君七世矣。君曾大考叔慶，大考德同，考士善，俱隐不仕。妣吴孺人，即君所露禱而脱于災者。

君年十八即喪父，能踵三兄以襄事，歲遠時祭，悲泣如初，聞者感動。奉母滫瀡之養備至，尤思以養志説之，搆萬川書舍爲藏修之所，業漸有成。一日語其妻曰：「局促一鄉，非所以爲孝。我將出，廣聞見以爲母榮，子善事吾母。」每間歲一歸，以所得者白母，母益説，壽八十餘乃終。君性最端慤，不苟隨，而克己爲善，卒以起家。鄉射禮行，縣大夫嘗請與賓位，而君樂錢唐山水之勝，晚復往遊焉，以歲庚寅四月五日卒，年六十有二。

娶王氏，西山逸士綱之女，與君聯德。子一人，即巖童，受父師之訓唯謹，凡其父所交遊者文章、字畫，能珍藏之，又繕書以視予。予觀其中若徐武功、張士謙學士及臨川聶大年、武昌陳謙輩，率一時名流，然君所自立者，則本其德性爲多，因竊嘆士出三代之後，使得大賢君子爲之歸而加以德性之美，則其所就，又可量乎哉？此處士閔君之所爲可銘者也。銘曰：

孰籲天而戢其焚兮，惟孝之臻兮。孰捐粟而拯其人兮，惟義之循兮。將厲俗之泯泯兮，知錫類之振振兮。董川之原，刻貞珉兮，閔父之名，永弗湮兮。

承事郎華君墓碣銘

無錫多鉅姓，而人率稱華氏，蓋出南齊孝子寶之後。其子孫散處不一，而居蕩塘者甚盛，其食指千數，而莫賢于存誠君。存誠蓋其所自名者，諱蘭，字楚芳。其爲人明悟端慤，早從師讀書，有志識，而華夙以産雄邑中，故不及卒業去長區賦。賦重役繁，君出應有司，入綜家政，皆克辦，至涉義者，爲之更力。

其始行于家，事其父仝亮府君暨母邵儒人甚孝，與其兄楚英君甚友，待賓客、處妻子、御佃傭咸有規約，而奉先一用朱氏禮。又進而行于鄉，鄉人事纖鉅必就君謀，君爲之謀甚忠，人雖老長，亦折輩行與遊，而賑窮周乏，所以拯鄰黨姻族者，特君餘事。

其進而佐有司，督賦之外，助修孔子廟貌及尊經閣以倡禮俗，建石橋四于余塘諸處以濟病涉，揮金捐廪雖多弗恤。其又進而輸粟以充邊實，則用恩例授承事郎，比命士。而君亦且老矣，於是謝家事付其子，築室後圃以自佚，榜曰滄洲，風致悠然，有物外之思。又營壽藏于里之戴涇佳勝處，時往飲處其中，而君則年七十矣。成化乙巳四月十八日，以疾卒，臨終不亂，力起謂諸子曰：「脩身慎行，毋墜先業。」其達生歸全如此。

配朱氏，有淑德，凡義事率佐夫爲之。子男五人：長立，早世；次本；次節；次勤，出後族弟芸；次卜，贅江陰徐氏。女一人，適夏文中。孫男十三人：長乾、次豫、次鼎、次震、次坤、次艮、次坎、次需、次巽、次恒、次天恩，餘幼。孫女若干人，多在室。本將以丙午某月某日奉君葬戴涇，以狀託其姻友翟貢士永齡請銘其墓上之石。

予聞君之詳，蓋有吏部侍郎王公偰之傳在，宜無俟于銘。獨念孝子之後，豐碩盛大，非他族比。而君之先，遠有端緒，自孝子十八世孫榮仕汴宋，其曾孫原泉復從南渡居無錫之隆亭。原泉八傳至元德清茶園提領璟之子燧，則君高祖也。曾祖得昌，始居縣之蘁塘。祖修文及仝亮府君益培以深，而君復能成于家顯于鄉通名于朝堂，於是以見孝子之遺澤，遠矣。然則君之墓，烏可以不銘？銘曰：

有高厥閎，不繫浮榮。孝開其先，奉之兢兢。有裕厥家，不貴其節。平直之行，愧彼屑屑。孰美華君，錫山之珍。既永其年，亦貴其身。孰勝戴涇，山水明秀。尚妥于斯，以鍾厥後。

彰武侯夫人汪氏墓誌銘

征西前將軍追封彰武侯楊威毅公諱信之夫人汪氏，故萬全都司都指揮諱貴之女也。夫人早有淑質，言動不凡，勤于女事，都司君及其配李夫人鍾愛之，擇所歸，得威毅公乃嫁。既嫁，以謹禮聞。初，楊、汪兩族皆西北將家，而楊氏尤顯，自穎國武襄公及威毅公群從並列茅土，家範益修。夫人處之，上承下御，略不以貴富自多，孝敬雍睦，勤儉以慈，諸侯家率自以爲弗及。威毅公起舍人至大將，嘗佩印守延綏、大同餘四十年，夫人相之，同其憂，不以家務撓其心力，威毅公賴焉。公卒于軍，夫人護喪還京師，念公惟早夜汲汲，志成其子，子之庶出者愛育恒均，女之適人者能守姆教，人以是益諗夫人之賢。

夫人生永樂甲辰五月二日，從威毅公貴，累受誥命封夫人。卒成化癸卯七月三日，朝廷遣官諭祭，詔合葬宛平縣京西鄉威毅公之墓，享年六十。子曰瑾，嗣封彰武伯。庶子曰琦、曰瑀。女長適保定侯梁傅，次適錦衣衛散騎舍人趙承序，次適錦衣衛指揮使張淳。瑾卜以卒之歲八月十一日發引，前期奉狀來乞銘。

予嘗讀召南之詩而嘆周之盛，其化實自閨門始。蓋其諸侯夫人有鵲巢之德，而又采蘩以親蠶、采蘋以供祀，不妬而惠，其下則有小星之詠，念君子力王事而思不失正則有殷其靁之篇，事不出乎尋常，而後世邈不可望也。若楊夫人之纍行，班諸古人，亦庶幾可無愧乎。是可銘也。銘曰：

厥氏惟汪，厥歸維楊。嗟若人兮，寔婦之望。成夫之勳，勵子之學。如古諸侯，享此世爵。召南之風，孰其嗣之。既敬既戒，胡止于斯。生封之榮，没典之卹。後千百年，安此玄室。

孫母汪氏孺人墓誌銘

黟霞阜汪氏女勝璋生宣德己酉十月八日，年二十二適休寧陽湖孫沾公潤，年四十九以成化丁酉四月十九日卒。一子，曰粲，將奉窆茶麻嶺之原，乞予銘。

予聞霞阜汪氏，黟世家，孺人五世祖希賢最號賢者，道川倪先生暨定宇陳先生、徑存胡先生皆嘗館之，益修明家法，以詔子孫。高祖承德，知徐州蕭縣，以惠政聞。曾祖義忠，祖士濂。父廷珍，與公潤父慶遠同以尚義得官榮其身。母杭溪張氏也。張氏家法實與霞阜相等，故孺人生有成性，長有師承，而歸有淑譽，出一時女士上。其尤可書者，每歲聘塾師惟其人，用以訓其子、佐其夫，而雲溪程逸民處其塾最久，於是孺人之葬，逸民爲之狀，而粲來請焉。

孺人幼通女教、女戒諸書，事姑俞氏甚謹，姑老病風，夙夜侍不懈，輔公潤治家如壯男子，僮僕各職其職，而産益充。嘗勸其夫代輸里之公役錢以紓民急，施櫝捐地以與貧死者，橋屯溪以濟涉，活棄嬰而長嫁之。其賢類此，宜得上壽，乃遽阨于是，悲夫！瀕卒，惟戒其子守塾師之訓，宜自奮以無墜其父之業，語不及他。嗚呼！豈非其家學有所授而然歟？孫男一人，曰志。孫女一人，尚幼。予與公潤往還，蓋嘉其有内助，而逸民又予族儒者，其言當有考也。銘曰：

淑其行，嗇其齡。欲問諸冥冥，而莫之聽也。斯丘之寧，斯石之銘，百世之徵。

養恬處士吴君墓誌銘

吾鄉有飭而才者一人，曰吴君諱珍，字以興，别號養恬。予嘗奇愛之，而今不可作矣。悲夫！

君幼甚聰偉，其長能知所自立，事父母、處兄弟、對妻子多不倍于道。其教子尤篤，子業以成。其於宗黨間，食餒殮亡，日不暇給，大至于償代逋釋争訟，小至于葺郊衢濟行暍，一里一族之人賴焉。其於郡邑，蓋足跡不至其庭，鄉射禮行必預賓席，而君亦必再辭乃赴。儒紳武弁之賢者至，必主其家。其於生業，蓋始涉二廣繼走兩浙，檢而不侈，終于大饒，税畝日增，佃傭日盛，而堂構日拓以新。策其平生樹立，皆夫人之所可得而辦也，然規條戒約爲久計者，悉有次第，不事苟簡，雖使之力學服官政于一邑以至一郡，或可推行。惜所施不出其家以老，而予竊慨夫一郡一邑之間有飭而才如吴君，或少也。此予所以銘君之墓而無愧辭者也。

君之先出漢番君，番、歙接境，其譜稱番君四子，析居新安，遠有端緒。在唐曰少微，仕至監察御史，曾孫瑶居歙之富饒。瑶六世孫琇，爲休寧令，愛邑東金竹山之勝，又徙家萬安，即今吴之所居也。君父士勇，母胡氏，以永樂丁酉四月十三日生君，娶項氏，有子曰愷，今鄉貢進士，將顯君于異時者。繼汪氏，有子曰鸞，克家不仕。孫男五人，曰節、曰京、曰某、曰某、曰某。孫女二人，俱未行。君享年六十有七，卒以成化癸卯三月晦日，墓在邑南赤坎之原，負兑向卯。銘曰：

胡佔畢兮，乃究其知。胡綰章兮，乃弘厥施。如彼飭兮，孰受之師。越若才兮，孰私畀之。没攸寧兮，焯德有辭。胤之昌兮，將兆于斯。

澤富王處士墓誌銘

歙南三十里曰王村，王氏世居之，相傳爲唐江東西道觀察使仲舒後。今考其譜，仲舒諸孫避黄巢之亂，曰希羽，始居歙王村，曰翔，始居婺源武口。王村者，據淛源水上游，而王氏世以産雄其鄉，故又號王村曰澤富云。

予嘗過之，聞有處士文林者，長身偉髯，樂書史，號有心計。每挾貲以出，輒重有所息乃返。然積之愈多而善用之，貧負其所販者罷不與校，濟饑拯危如恐弗及，又佐其長者捐田贍塋編譜刊梓，一族嘉賴之。處士以早失母不及養，養父備至，父卒，號慟絶而復甦。弟友標客死，躬往歸其櫬，撫成其遺孤如己子則教之獨嚴。尤重然諾，計其得中壽，行業所成，殆不止此。惜其年五十有四病卒于姑蘇。瀕卒不亂，第戒其次子仁和曰：「汝兄弟當勿墜吾志。」嗚呼！是可謂王氏之傑然者夫。

予不及見處士而識仁和，仁和間以其塾師王宗植之狀來休寧南山乞銘，且數辱過予，其急于顯親，誠異凡子，而宗植則武口之族中徙歙者，其狀實而不靡，予以是益訊處士之賢，銘不獲辭也。

處士諱友森，字文林，十一世祖安孝，宋迪功郎歙縣丞，嘗起義捍方臘。八世祖希旦，宋紹定省元。七世伯祖天麟，始聘曹弘齋先生于家塾，王氏之望益著。高伯祖福，元末與院判汪同各起義拒紅巾。曾祖彦清，祖仲本，父景容，三世益韜能不施。母程氏。處士卒成化辛丑六月二十五日。

配余岸余氏，歙名族文德之女，佐處士分内外之政，媢黨稱其賢。卒成化乙巳五月十九日，亦年止五十有九。子男二，長仁泰、次仁和〔三〕，俱勵行克家，用成處士之志，識者策王氏之興未艾。女二，長適巖溪項恭，次適溪南吴大恭。孫男四，女三。仁泰等以弘治己酉十二月一日奉處士葬擇坑之原，以余祔。銘曰：

澤富之山，高與族峙。澤富之川，流慶曷止。孰媲之德，而啬其齒。後必嗣興，尚妥于此。

復齋錢君墓誌銘

君錢姓，諱賨，字文善。其先汴人，相傳有伯一者，仕宋爲殿前點檢，卒葬鎮江城南祠堂灣，子孫因家鎮江。然世遠譜逸，莫得其詳，惟祠堂灣墓錢氏世守之，且以醫鳴。至君曾大父原濬而業益振，所著有愈庵集，多善方。大父仲器，父安民，皆世其業。

安民娶鄭氏，有淑行，生君。受質儁爽，喜問學，少受易鄉先生，即有所悟入，思究極性命之説，夜讀率至四鼓，遂涉獵諸經子史詞章字畫，必師古人。醫雖得之家傳，然上泝東垣、丹溪，思擴所未發。而君不以自多，刻意行檢，居父喪，哀毁幾絶，治喪一本朱氏禮。母有疾，致其所嗜，雖犯僵凍、冒危險不恤，必致之乃已。伯兄性嚴甚，君事之，得其懽。於先世貲産，不寘意，獨收其圖書，什襲惟謹。教諸子力學勿事舉業，而使兼治醫，曰：「勿失世守也。」與人友不泛，所友一二耆德，每登眺山水間，賦詩講道，徜徉終日，不一語及人過。於宗族姻黨，則情義交至。尤以禮讓服人，雖弄刃于市者，見君則走避。侵君之居者，畀不與校，其人卒慚悔，歸所侵。遠近人以疾迎候無虚日，君應接不倦，屢起人之危而不責報。

晚有得于易復卦之旨，因以名其齋。居手校古今圖史，朱墨如法，而訂古醫書，俾缺者完、譌者正，尤有功于學者。郡大夫行鄉射，躬禮之爲賓，且將以國醫薦之。固謝不出，人亦莫能强也。成化丁未，有高年八十予官之令，或諷君增年以請，君正色曰：「吾年七十餘，未始有欺人者，乃敢以此欺朝廷邪？」其守禮秉義不苟類如此。弘治紀年閏正月二十日，以疾終于正寢，享年七十有七。所著復齋集四卷，運氣説二卷，醫案四卷。配余氏，克相君。子男四，長宗正；次宗甫，今供奉御藥房；次宗美；次宗玉，鎮江府醫學正科。女二，長適杜綱，次適張顯宗。孫男七，孫女五。

宗甫將歸奉君以卒之年十一月某日葬城東十五都京峴山之原，以狀來乞銘。予往來鎮江，率聞人嘖嘖道錢君之賢，不及往拜。而宗甫、宗玉獲與予游甚稔，觀其兄弟之所學與其所樹立，蓋不以穹階厚積有無爲榮辱，則君之所以淑其身、施其家、範其俗者，雖古有道之士，可無愧哉。惜予文不足以發君，而誼弗可辭也，摭狀而銘之曰：

孰一經兮，弗墨其行。孰三世兮，弗利之競。孰如錢君，志探聖言。求儒之端，浚醫之原。誒厥大成，可闖往哲。霈莫禦之，而遽以訣。祠堂之灣，有開厥先。京峴之山，有永斯阡。君雖云亡，克肖維子。蹈烈揚芳，尚考于此。

明威將軍瀋陽中屯衛指揮僉事程公墓誌銘

公諱佮，字彦彰，故贈兵部尚書兼大理寺卿諱晟府君之中子，太子少保襄毅公之弟，敏政之叔父。

程氏世居徽之休寧，出梁將軍忠壯公之後，族大以蕃，具程氏統宗世譜及先塋之碑。其居陪郭者，在國初有安定忠愍侯，以勳烈聞，事載實録。其兄之子徵君諱杜壽，尚書之考也，以詿誤隸尺籍于河間，再世矣，至襄毅公與公始奮跡文武，以爲其先人之光。今不幸皆下世，公則無憾，而爲其子姓者，何所恃以爲歸乎？於是敏政聞訃爲位以哭，又序而刻其墓中曰：

公少爲父母所鍾愛，襄毅公親督教之。然公志武，讀書之暇，輒私出與少年習騎射及諸戎事。業已精，而襄毅公始知之，曰：「是亦足以顯矣。」正統己巳之變，守臣以將才舉于朝。少保錢唐于公方督諸軍事，立公閱武場親試之能，奏予官。未上，會虜入大同，公上書乞自效，從大將往，遇賊于雷公山，先登陷陣，軍中以爲勇。分援代州，與賊戰城下，連日夜解其圍。又以選兵劫虜營爲西峩口，奪還其所掠，授瀋陽中屯衛百户。

天順戊寅，襄毅公視師遼東，公從至金復、海盖諸州而還。虜寇陝西，公復從尚書白恭敏公出固原，時大雪，不知虜所在，公率探騎自間道覘之于紅崖川，還報幕府，乃發兵擣其營于打剌赤，公亦生致虜酋一人。入奏捷，賜宴賚，陞武略將軍副千户。四川、貴州山都掌之蠻屢叛，殺邊吏，襄城侯李公奉詔往討，而以公從。時襄毅公以尚書督諸軍事，公不以自驕，願分隷偏裨，下其豹尾箐及海納諸寨，而五村峒號天險，公復與敢死士連破之，俘賊甚衆，并獲銅鼓十數。成化初凱旋，陞明威將軍指揮僉事，加賜賚。

初，公率練所部士于京營十年，至是乃用薦還治衛事，又十餘年，而疾作矣。公性易直，有懷即吐，不喜齷齪士，人有不可，面折之不恕。喜飲樂遊，遇文人韻士，雅歌投壺，必傾倒乃已。然事兩尚書府君及祖母汪夫人、母張夫人極孝謹，受責不敢措一詞。居喪泣血，比于孺子。襄毅公以剛聞天下，公事之如父，不命之坐不敢坐。其待内外親婣，雖甚所不足者，梧枃間隨釋，無宿怨。其居官，未嘗以朘削爲事，故不以田宅服用不及人爲慚。此皆敏政之所親侍而知者，不敢溢美以重不敬之罪也。

公生宣德己酉五月十二日，得壽六十，以弘治戊申二月十八日卒。配劉氏，封恭人。子男五，長敏聰，當世公官；次敏芳；次敏哲；次敏宏；次敏堅。女五，長適大同中屯衛指揮錢鐸，次適滄州守禦千户趙瑛，次適瀋陽中屯衛指揮曹澄，次適千户舍人何玄，次尚幼。

憶丁未之冬〔四〕，敏政奉詔考士于南京，還取道河間候起居，時公已屬疾。執手歔欷，哽不能語。久之，崛然起呼酒相慰勞，令盡觴，曰：「恐後不復見汝矣。」嗚呼！言猶在耳，孰謂此別而真成永訣也哉？公墓在祖塋西南，葬以卒之歲四月二十七日。銘曰：

程顯江南，孰闕其逢。明威奮揚，爲北之宗。北伐南征，克世其武。孰浚其祥，忠壯維祖。紆金曳紫，亦孔之榮。胡命之淑，而不永齡。奕奕崇丘，瀛東之里。公妥于斯，我悼曷已。

處士高公墓誌銘

君諱翔，字鵬翼，姓高氏，世居河間之獻縣。曾大父某，大父顯，俱力田，不樂仕。父溥，始出知淇、萬二縣，未六十即致仕，以惠政聞，娶劉氏，生君。性淳謹而内介，雖從居宦鄉，無綺紈之習。讀書之餘，每有善進。其父壯歲里居，或勸之仕，曰：「有親在。」勤樹藝以爲養甚力，其樹藝法，可幾于古人。所居縣東北西十里壘頭村，以穀則豐，以果則碩，以畜則蕃，遠近取以爲式，曰：「壘頭高氏所傳也。」由是君産益充。奉喪祭、待賓客、供有司之賦，率有餘裕。又以其羨濟人之貧乏者，雖群請其門，無倦色。獻儒學諸賢廟貌不具，知縣王傑禮致君，以爲言。君一言應者如響，得白金數十斤，廟貌悉具，勒石于學，紀君之功。歲凶，出粟賑饑，賜冠服，爲義官。而君之子迪、迥暨孫椿踵其義，益發廩賑饑，皆授官如君。鄉飲行，必禮爲大賓。里不平者，多就決其是非，犁然當人心，無後言。教子孫甚肅，曰：「吾不及仕以顯先人，汝輩宜殖學，毋自棄。」中子進入官于朝，屢被薦，將有遷陟之命。而君屬疾，以弘治戊申三月十一日捐館矣，享年七十有八。

配孫氏，有賢明之行。凡君孝友勤儉及周貧恤匱諸義事，皆力贊君爲之。以成化己丑三月五日卒，享年六十有三。子男五人：長迪；次進，今鴻臚鳴贊；次迥；次達，早世；次述，國子生。孫男八人：長椿，次松，次梅，次相，次桐，次植，次楷，次楫，俱儒學生。孫女七人，長適郝鑄，次適李綸，次適陳漢，餘在室。

憶先尚書少保襄毅公居瀛東別業時，君恒上謁，襄毅公愛重之，託君授樹藝之法于吾人，蓋于今二十五年矣。後予詹簿弟獲與鴻臚有中表友壻之好，往來益親，思再挹君之風采問稼穡，而今不可復得矣。鴻臚將歸奉君以五月九日葬祖塋之側，請予誌其壙中，義不可辭。銘曰：

維卜于漢，事彼田畜。維郭于唐，專此敏樹。孝弟力田，從古則然。猗嗟高君，有德有年。關内之封，孰顯而殖。豐樂之鄉，孰晦而嗇。有寧一丘，故山之垠。君積未施，在其後人。

校勘記

〔一〕分賜通鑑綱目及貞觀政要兩書　「政」，原作「正」，據四庫本改。

〔二〕此豈不有平世窮官厚爵之所不能者哉　「窮」，四庫本作「高」。

〔三〕子男二長仁泰次仁和　「次」，原作「與」，據四庫本改。

〔四〕憶丁未之冬　「丁未」，係「丙午」之訛，程敏政主考應天府鄉試在成化二十二年丙午，本書卷七十九有成化丙午秋七月受命主考南畿秋試辭朝日贈同事汪庶子伯諧二首。

篁墩程先生文集卷四十五

碑誌表碣

會昌侯母張夫人墓誌銘

今之勳戚惟宣廟章皇后家最名有家法，蓋自太師安國恭憲公以儒起而貴且久，太傅鄖國榮襄公繼之，故子孫多循習謹禮，其男子不矜，其女婦不妒，卒以成其祖考之盛不替而益隆，迨今四世矣。

錦衣指揮使諱璉之貳室張夫人諱善慶，是爲榮襄公之諸婦、恭憲公之孫婦，實生今會昌侯銘。賢而有子，不幸年四十有七以卒。蓋孫氏之先出山東鄒平縣之醴泉鄉，而張氏所居獲相邇。中徙京師，生夫人。

夫人生有媺質，親黨恒異之，曰：「是不可以媲凡子。」會錦衣之元配蔣夫人、繼湯夫人皆無出，榮襄公憂之，乃求諸張氏，得夫人，遂以有後。而夫人弗恃以自貴焉。蔣爲涼國敏毅公女弟，湯爲東甌襄武王曾孫，其貴與孫氏埒，而張夫人處其間，澹如也，獨以孝敬和順相高，内外媦戚益愛賢之不置口。

初，錦衣夫婦貴不事事，一切内政皆夫人綜之，率諸媵佐錦衣事榮襄公得其歡。逮中歲錦衣多疾，夫人侍湯藥尤謹。其孀也，益以禮自防，教今侯以忠慎，其言諄諄。爲擇配，而得景帝妃之女弟，早世，則又聞駙馬王增之女賢，繼聘之。甫來歸，而夫人之疾革矣，時弘治戊申九月八日也。屬纊時，召子女付後事不亂。子即銘也。女一，在室。孫男一，暠。孫女一，幼。

惟今侯以世胤起荷上知，分莅三千營軍事，有柄用之漸，且方受命持節册封諸王，而遄至大故，遂請代，治喪于家。以十月某日奉夫人祔于錦衣公墓，謂予有世好，以誌來屬。嗚呼！跡夫人之平生，其可書者，蓋不一也。雖其賦性之淑有以致之，而名門碩宗家規壺範之懿所以相成者，亦何可泯哉！異時推恩特頒綸命以賁其饗室而榮及漏泉，當有大書表其德善者，庸序其概，銘以俟之。銘曰：

允顯孫氏，家法孔良。下迨其孫，錦衣煌煌。有淑媛兮，來倅于室。其卒有子，孰可疇匹。黄流玉瓚，在理則然。雖不永年，其名則延。展也貤恩，胙封如制。刻銘玄堂，徵彼來裔。

華守正妻呂孺人墓碣銘

古者内行不出于壼，後世乃有列其行于墓者，何居？夫獲助于令妻，子受成于智母，皆人值之甚難也。顧使之泯焉弗白于世，則豈人情哉？於是乎列其行以示子孫、以厲夫爲女婦者，殆禮出于義起云爾。若華守正妻呂孺人，其内行則亦豈可泯邪？

孺人之相守正也，甚賢。華爲無錫碩宗，世以孝聞，守正又華之彦，孺人克與之聯德。奉姑嫜、處娣姒、御僮婢甚宜。守正以詿誤客外十年，孺人懼姑之積憂也，供養甚至。守正既白，深德其事。母姑死時，亦亟稱之，曰：「有婦如此，我不憾矣！」華甚富，孺人喜澹泊，恒服子女以補綴之衣。或守正旅夕未歸，即紡績以俟。惟享先、待客，則躬治具必豐，雖甚勞不厭。守正嘗遘危疾者再，孺人春秋亦高矣，侍湯藥奉起居甚恭。又因守正之疾，惻然念暍死者，以所得異方、貯藥以濟人甚衆。教育子女尤力，子可就塾，請守正延師教之，其所以禮師甚勤。晚益垂意教諸孫，故師多樂以留，而子孫知讀書克自立。手訓諸女及諸女孫，俾有歸。其歸也，率以孺人爲法，佐其夫有成名者。育守正之孤姪玭如己子，爲之娶。

呂氏中微，爲葬其父母，收養其弟澤之孤女，爲之嫁。由是孺人賢聲流溢于内外姻戚甚久。成化丁未十二月十二日，忽以疾不起，内外姻戚又相聚而弔甚悲。諸子將以弘治戊申十一月二十五日奉孺人葬其鄉椿桂山之原，走价千里，奉狀一通，請書其墓上之石。予雅交守正父子，蓋聞其内行甚悉，則諾而序之曰：

呂孺人，宋壽州别駕擴之後，擴三傳至文釋，爲湖州教諭，其子師顔始寓無錫，家焉。師顔再傳至榮甫，又定居無錫奚山，生浩，仕元至鹽課提舉，孺人高祖也。曾祖益，祖大倫，父陵，母浦氏。孺人及笄歸守正，年七十有二以卒。子男二，祐、德，俱義官。女四，適鄒翊、郭軒、吴覲、蔡順。孫男二，從智、從仁。孫女六，適鄒炯、鄒魯、陸完、鄒翊；完舉進士。餘二在室。曾孫男女各一。序已而系之銘，銘曰：

孰性之顓，孰慶之延。令妻壽母，内行則然。維華之嬪，維呂之媛。備德孔嘉，終始弗勑。肅肅壼堂，忽歲云徂。失恃其子，缺相其夫。厥既有年，亦既有後。高原勒銘，用昭不朽。

傅君克修墓表

蘇之崇明有行義之士曰傅君克修，爲望于一鄉數十年，一旦以疾聞。其聞也，僧道相與祝于神，士大夫以曁里人邑子相與冀其勿藥，問者屬于道。幸而愈，大以爲慰。既而疾復作，竟以弘治戊申正月十二日不起，得壽六十有三焉。於是弔哭送葬無戚疎遠邇，奔走助役惟恐後。其弟工部主事謐在京師，請予表其墓，未獲，而奉命行河于清源。明年，予過之，遣人致狀曰：「謐不幸早孤，先兄子視謐，謐無所用情，自得訃來，悲感成疾，已請于朝，將蹔歸其鄉奉吾兄以襄事。惟是墓上之表，幸終惠之。」爰執書而嘆曰：

嗚呼！是豈可以無述哉？蓋君生有至性，年十四值母疾，日侍床側，藥親嘗而後進，夜籲天請以身代。比卒，哀毁骨立，過塋垣，必入拜伏地哭久之。其喪父也亦然。又以先塋迫海圖，大暑中徒跣走三月而得卜，極力治葬，手植松檜千餘株，每時祀或薦新輒感泣。事繼母張如生己。工部年十三，即延師教之經，不足，又遣之吴浙、之海虞、之太倉，從師遊，丁寧以亢宗爲勉，一不以家務累之。故工部得肆力于學，舉進士，爲聞人。

初，君父贅母家，故君生而與内兄同産，友愛亦至，不私蓄。有訟之者，以身代刑，幾死不屈，卒白其事。乃以析産之際，所取什一，人尤以爲難。壯歲始得子，遺業儒，而嚴督之不少假。撫諸從子如己生。恒曰：「吾平世無過人者，未始欺心逆理，爾曹勉之！」諸子姪奉教惟謹。凡鄉之死無殮、娶無資、逋不克償、饑不克自存者，多歸君。予槽、予奩、焚券、發廪無吝色，然亦未始求知也。

蘇學甲東南，而崇明者圯陋甚，君出私帑一新之，殿廡堂宇以至罍爵豆登之屬，殆與蘇等。又以其餘力自海濱徙岳祠于邑中，費益鉅。蓋自君倡之，和者雲集。聞虜寇雲中，朝廷有入馬之令，遣人往輸之邊。曰：「庶其少盡畎畝之忠焉爾乎。」以恩例授義官，比命士。君平日喜讀書，尤邃于史，與人言，亹亹忘倦，故勤其身而淑其家及其鄉，樹立卓卓有過人者如此。使出而見于政由小以占其餘，則雖有司之能吏、公家之幹臣或無愧焉。顧老一鄉，止下壽，則予之所爲表其墓以見于後者，豈直慰其一家之私情也哉？

君諱謹，字克修，其先鳳陽泗洲人，元季徙浙，復徙崇明，因占籍焉。其大父曰文明，父曰友，贅于傅而從其姓。子一人，曰泰，儒學生。孫女一人，其委禽者曰王爵，百户子也。其葬城西秦民坪，是爲表。

曾叔祖尤溪府君墓表

府君諱原泰，字子亨，其世德之詳，見程氏統宗譜及水橋干先塋碑。蓋自晉新安太守十二傳至梁將軍忠壯公，忠壯十四傳至唐御史中丞都使公，都使季子歙州兵馬先鋒諱南節始居休寧陪郭。兵馬下二傳至元江浙儒學提舉諱榮秀，實伊川七世孫南渡之來繼者，於府君爲高祖。娶劉氏，封彭城縣君，生一子，諱文貴，元饒州路德興縣銅冶場提領，於府君爲曾祖。娶鄭氏，封安人，生一子，諱社，於府君爲祖。娶吴氏，生二子，長諱吉輔，號耆宿徵士，府君之考也；次諱國勝，是爲萬户安定忠愍侯，廟食康郎山。

耆宿娶吴氏，生二子，長諱杜壽，贈兵部尚書兼大理卿；次即府君。性明爽淳實，早入鄉校，通經史大義，尤精法律書數之學。時國初兵後，生理鮮少，尚書公又以詿誤謫河間，府君獨力持家，營滫瀡以爲養。且蒲伏走數千里省兄，歲以爲常。永樂初，以才薦于邑。久之，上南京，適朝廷命英國張公有事交趾，工部尚書黄公先詣兩廣治軍實，奏挈胥史及布衣有幹略之士以行，府君其一焉。執事清恪，黄公器之。交趾平，黄公留鎮其地，餘寇尚多未下者，凡徵兵督餉、撫叛諭降之文，多出府君手。

時英公幕下有吉安彭詡，宣德初詡得國子典籍，而吏部以所從事者品秩高下爲差，府君僅得尤溪典史。或有疑其不屑者，府君曰：「昔韋齋始仕爲此縣尉，是豈不足爲邪？」抵任，即究詢民隱，爲之興利鋤害，庶政一新，民翕然愛服。凡上司有大獄及難集之事，必下府君，不以責令丞，清譽籍甚。未幾，以事忤巡按御史龔乙，龔恚，將窘之，府君不屈，遂與龔章交上。詔俱逮至京，法司直府君，龔遂坐免，府君亦以微譴，謫柳州馬平縣雲騰驛丞。

雲騰僻近蠻徼，人跡罕至，益端居自養，雖處窮荒而神觀不衰。正統二年春，瘴大作，縣之遊宦死者無孑遺，部使者檄府君署知縣事。府君一一經理其家，凡儒、醫、陰陽學，巡司多檄府君兼之，事無留難。前此，儒學無科名，親督教之，遂有預選者。會藩臬以馬平非通衢，請廢驛不置，從之，府君因解組致仕北歸，日從故老遊燕爲樂。先尚書少保襄毅公於府君爲從孫，自河間舉進士，奉使江南，得拜床下。府君大喜慰，曰：「所賴以亢宗者在子，宜努力公家，爲先人之光。」襄毅公受訓惟謹，自是書問不絶。

府君家居十八年，壽八十二，以天順丁丑九月二十三日終于正寢，距生洪武丁巳正月一日。配孺人王氏，從府君走南北，能安于儉素，宗黨稱其賢，卒天順壬午二月二十五日，生洪武丁巳八月一日，壽八十六。合葬水橋干先塋之左。子男三人，長斌、次宣、次旭。女一人，適博村范士貴。孫男三人，長俊、次傑、次佾。女六人，長適鳳湖金世華，次適萬川查安，次適西門汪勝德，次適西門汪帥富，次適後街張昕，次適率口何玄正。曾孫男四人，長敏通、次敏亨、次敏庸、次敏導。女四人，長適瑯瑚吴孟高，次適東門邵永隆，次適張村張欽，次許適八都汪氏。

噫！府君謝世，今三十餘年矣，墓上之石未有書者。聞之當時，嘗以屬先襄毅公而未成也。於是府君三男亦惟季子者在，懼先猷之日遠、將來裔之無徵，乃口占以授敏政，俾書之。

重惟府君遭家之厄，仕不獲踐于亨途，業不能埒于富室，獨其守身有廉貞之節，及民有子諒之政，居家有靖厚之德，如大川之瀦而漸弘，如巨木之晦而漸達，以陰庇其子孫至有今日。是豈可無述以告我後人，俾圖所以敬承而弗替乎？所恨晚生孤陋，筆力萎凡，不能盡其懿而發其潛，以上爲府君之重萬一。然據事直書，以備異日野史氏之采擇，或庶幾焉。

處士吴君孺人謝氏合葬墓誌銘〔一〕

休寧處士吴君孟高捐館于成化己丑四月二日，葬縣東南趙家巷，二十年矣，未有銘。其配孺人謝氏以弘治己酉四月十七日卒，子芳自太學上吏部，需次于家，獲奉襄事，乃以方令君景通、于户侯明所爲狀二通請合葬之銘。予與君同里閈，且善芳弟昆，義不可辭，爰序而銘之。序曰：

君吴氏，世居徽之休寧，譜出漢番君之後。番、徽隣境，故番君遺胤散居之。至唐，有諱少微者，仕爲左臺監察御史，以文名，始見於史。子鞏，爲中書舍人，第址、墟墓尚多存焉。歷宋以還，代有顯者。至君之大父景和，父士懋，皆里居，不樂仕，畜而不施，以貽之君。

君貌耀而内腴，嗜學明理，孝友天至。父病篤，露禱請代以身。未愈，乃刲股和粥以進，遂愈。姻鄰戚黨相顧憮然，曰：「孝矣夫，吴氏子哉！」君撫兩弱妹于父没之後，皆底于成，厚其奩具，擇所歸而遣之。尤有心計，嘗出賈吴越、齊魯間，必大獲。然獲益大而用之益善。有路瀕谿，恒潰于水，捐鉅費，輂石甃衢以利往來。闢族之荒山，蒔木易田以贍塋，會宗人，晝條約，俾世守。中歲以耕、商非居子計，而芳之負質也良，遣爲儒學生，資給甚至。芳學成，就試數不利有司，然奉訓益謹，將有以顯君于異時者。君於章句不甚屑屑，而知識過人。酷不喜佛、老，家人化之，遇疾痛，無敢禱淫祀。晚闢縣之東山，植花竹爲別墅，將佚老焉，而疾不可起矣，享年六十有三。

謝孺人生同邑，諱端，其父曰顯瑞處士，號有家範，故孺人在室爲令女，既嫁能以禮相君。凡君孝友之行，孺人贊之甚力。處同宗娣姒，退讓貶損以修睦，俾有隙者自弭。庶女瞽，教愛之，以配己之從子，尤人所難。市恒弗戒于火[二]，孺人命子別營西北隅，親督之。工稍畢而火作，移入居焉，其賢智類此。享年八十有二。

子男四，曰宗仁、宗義、宗禮、宗智，而宗仁、宗禮皆先卒，宗智，則芳也。女三，長適邵志萬，次適查用輝，次適謝文欽。孫男十二，曰鑾、鐸、鍾、鉄、鏞、欽、銑、釗、鈱、鎰、錫、鋹。孫女三，多許適良族。曾孫男五，曰洪、淳、淵、濱、深。曾孫女四。

嗚呼！若吴君夫婦之聯德媲行，而身享其業之振、子之成，且同歸于太平之世，九原有知，亦可以無憾矣。銘曰：

新安吴宗出番君，隱顯有道世德聞。猗嗟處士敻不群，乃心孔良身益勤。有媲一人揚清芬，有子材賢家阜殷。千年雙玉閟此墳，青山折槃水洄沄，考懿行兮徵刻文。

程孺人墓表

祁門城西方君彦琳之妻善和程孺人，嫁九年而夫亡，年三十四。子鍈，僅三歲，辛苦鞠育，底于有立。而孺人年五十九，以成化甲午十一月二十三日卒于家。又三年丁酉正月七日，鍈始克合葬于縣三四都處徑之原，負辛面乙。又十二年爲弘治己酉，始克萃群行，與孺人從子儒學生程啓來謁予表其墓，以詔其後人。

善和之程與予同出晉新安太守元譚府君，後始居歙篁墩。十二傳至梁將軍忠壯公，又十四傳至唐户部尚書仲繁。其曾孫中奉大夫令涯，遷祁門善和。十五世傳至國初行樞密院都事德堅，孺人高祖也。曾祖儀。祖景韶。父孔隆，娶于汪，寔生孺人。其德容粹而栗，因以玉名之。汪夫人家範最肅，内外斬斬如公門，故孺人與二弟恕保、玄佑皆克有成。

孺人年二十五歸方氏，方亦縣之碩宗，其譜稱六郎中房子孫最蕃，至彦琳，九世矣。彦琳之父志順君、母胡夫人以得婦而樂，曰能養。彦琳有四兄二弟，子姓叢立，諸娣姒咸輯睦無譁，而論者率由彦琳之内賢。

彦琳既捐館，凡内政出納，惟孺人之聽，若夫未亡而嚴過之，有母之風。督僮奴植桑麻、畜雞豚以給衣食，置新莊若干，復侵疆若干，葬舅姑、葺先塋、供祀事，皆爲其夫家之倡。母家有事，亦咨決焉。若增祠田、修橋路、贍貧乏，往往能贊其父。父奇愛之。邑嘗弗戒于火，延其家，孺人獨奉其祖宗、書契以出，餘不復深顧。事定，築居不日考成。子婦姻黨或憫其老宜少休者，孺人曰：「人恃勤以生，未死固不可自逸也。」

教鏌尤嚴，稍解事，遣學于外家，恒語其父没之蚤、起家之難，言與涕俱，大約欲其慎交與戒侈矜以無玷先世。鏌奉訓唯謹。里人以其節高，將減年以上于有司，孺人亟遣鏌止之，曰：「分内事耳。況減年以欺吾心乎？」卒之日，一鄉之人無不悼嘆其貞淑賢智爲不可及。孺人生子女各一〔三〕，子即鏌，娶程氏；一女適東山謝玢。一孫，曰藻，尚幼。

嗚呼！以孺人之節行，殆有賢士夫、壯男子之所難能者矣，豈非先德之厚、家法之明有素，故嗣世者得以承藉持循，而婦人女子亦有如是之卓然者哉？昔蜀寡婦得丹穴之利，殖其家，上之人禮爲貞婦，築懷清臺，而漢史書之。不貲之産、難犯之節，炳然至今，顧不言其有後與否。若鏌之克孝足以延其緒、守其業而惓惓思顯其親于無窮，不尤難乎！惜予之譾薄，於太史公無能爲役，而欲壽孺人于來世，其何足以副仁人孝子之心也哉？

女月仙壙銘

月仙行第六，予小女也。弘治戊申冬，予以妄庸獲戾于時，幸天子大恩，不加竄殛，俾去歸于鄉，時月仙生五歲，猶在乳中。乳母京師人，不肯與之南，月仙遂失乳。僨舟委頓，節宣靡常，抵家而體益羸，遂以己酉十一月廿二日病痘，内虚不釁而死。月仙生有奇質，聰明孝弟如五、六、十許人，而不獲全其生于世，則其父爲之也。其生成化乙巳十二月八日，葬先少保襄毅公墓東，其父爲之志。嗚呼，悲夫！銘曰：

是惟先壠，汝妥其旁。猶勝女孥，藁葬他鄉。

程用光墓誌銘

用光諱充，與予同出梁將軍忠壯公。忠壯子孫散處不一，其居休寧汊口，則用光之族也，見予與用光所編程氏統宗世譜。用光八世祖洙，以方逢辰榜進士爲上元簿，宋亡以節死。洙生徹，爲國學諭。徹生齊，齊生腽，腽生闡，闡生天相。天相生玩，號悟易老人，用光之父也。累葉以經教授鄉里。悟易娶璜源吴氏，繼歙西鄭氏，生用光。

用光天性極開爽，少學于家庭，即知厭口耳之習，思以古人爲師。業春秋，將出與士角，以親老棄去，兼業醫及星筮、堪輿、數學，悉得肯綮。然所論必主理，從學者日衆，故義烏王忠文公孫稚貳令休寧，慎許可，獨聘用光爲塾賓。建昌宗人太常侍書南雲聞之，欲舉賢良，用光亦以親力辭。

久之，親終，遂無復用世之志。所居岐山下，林壑幽勝，築藏修之所，曰岐陽書室，自號復春居士，結族之賢者爲詩社以自適，於一切世故，漠如也。其用于家，及有所慶弔，必本朱氏禮。以族蕃，恐歲時或紊其昭穆，作廣宗之圖。復與族兄處士逸民會修本宗譜，增飭忠壯行祠，升侑忠壯之子威悼公，歲率族人爲昌胤永和之會，又考祖墓之遠者，自十世以下，伐石識之。由是汊口宗風，爲之一振。郡縣大夫數禮而問疾，及請校縣志，刻以傳。比歲，又將新其族祖端明學士洺水先生之祠，而疾作矣。

用光資禀介直，言行不苟，事父母極孝，奉兄用高、用思以禮，二兄亦資以自輔。與人交，不婞婀，有過即規，事可否決于義，不以利害自沮，故君子樂親之，雖不相知，亦嚴憚之。而獨以叔行事予。予在京師，用光忽以書來，謂宜早歸保晚節。書未達三日，而予果絀于史議，其識高見定如此，孰意其乃去予而先逝也哉！

用光生宣德癸丑閏八月廿八日，卒弘治己酉十月八日，得年五十有七。治命不亂，神氣清明，手書告訣于所還往如平時。所著詩文有管天稿若干卷，所編次有雲溪程氏族譜十二卷，程氏文翰七卷；重訂丹溪心法一百篇，正誤芟繁，拾遺舉要，尤有益于學者。娶方山吴氏，克相君子。子男四：長祖興、次祖淳、次祖明、次祖衡，率孝謹，能世其業。女三：長瓊，適古林黄氏；次珪，適資口朱氏；次璽，許適五城黄氏。孫男二：長瞰，次旦。孫女四，俱在室。葬以是歲十二月十九日，墓在汊口山突頭。

噫！予始歸耕，即抱殤女之戚，且亡弟在淺土，日諏地以葬，遂不及視用光之疾。撫其棺一慟以泄予哀，則撮群行爲銘，授其子納之幽，亦庶幾用吾情以慰死者于地下云爾。銘曰：

岐山幽幽，昔藏子之書兮。汊水溶溶，亦供子之漁兮。子今往矣，悵孰之爲娱兮。石泐川湮，子名之不渝兮。

亡弟從仕郎故詹事主簿判蘄州事程君墓誌銘

君爲先尚書少保襄毅公中子，予長弟，没京師，返葬于休寧南山佛舍，三年矣。比予見絀吏議，得放歸，始克葬君而誌之曰：

君諱敏德，字克儉，其第二十五，少與予同學家庭。既冠，用蔭入太學。先公守南京暨罷政還，君皆侍行，時年三十餘矣。君素負大志，議論侃侃，必有以自見。然數奇，不利場屋，益務學以説親。其説經更數師，忽有所悟入，題其讀書室曰在庵。爲詩文亦漸入繩榘，畫學高房山、錢吴興，篆、隸學余青陽，進進不已，予蓋愧君。

君先予有子慧，八歲而夭，君過哀。既又失兩子女一從子，又喪少弟克寬，而先公不幸棄諸孤。予時官京師，君獨更數喪，積歲殷憂。迨予南歸，稍寬其菀，而君心胃間得奇痛，日再作，百療弗愈。成化乙巳夏既免喪，稍愈，入吏部試優等，授詹事府主簿。予時承乏左諭德，兄弟同事今上春宫，人榮之。而予恒以爲懼。丁未春，君疾復作，病中上書，言先臣數勞於邊，又與中貴人同下西南夷，今中貴人子弟禄秩太侈，賞典太懸，遂忤憲廟，詔出君判蘄州。未行而不起，是歲四月九日也。

君稟素厚，魁幹豐頤，先公奇愛之，以爲類己。然君實多材藝，事先公及母夫人林氏得其懽，凡理家殖産、應事接人，率有規措，井井不亂。使久于仕途，少遂焉，其所立當何如。而年與命盭，賫志以殞。顧予之素羸多疾，無所肖似，乃不得友君以自輔，而使形影相弔于斯世如畸人，其爲悲慟，亦何樂乎有生，而又忍書君之壙哉？

君生正統戊辰六月十七日，得年四十。娶牟氏，同知泰州鴻之女。子男二，長坦，早世；次塏，聘北街朱氏。女一，尚幼。葬以弘治庚戌十二月九日，墓在水橋干先塋之東，銘曰：

繄君負才，百不一試。踣而後興，或在其嗣。有矗者丘，山迴水旋。君妥其中，我悲曷宣。

豐城涂孝子墓誌銘

監察御史涂君疇受命出按南畿諸郡，以行部至休寧，特過予，奉其兄孝子行實一通，請銘其墓，言與涕俱。予不獲辭，受狀而序之曰：

孝子諱壽，字永年，世居豐城，爲碩宗，代有名士。至孝子尤穎出不凡，負志節偘偘，喜問學，治詩而旁通諸子史。見古節孝事，即慨然曰：「此人道當爾。」時父母無恙在堂，孝子日具滫瀡忠養之，恒懼失其懽。且揣親意欲子仕以爲榮，則請曰：「疇也儁，宜勖之以成，而壽佐之。」不數載，侍御果以其學名，父母胥說。父嘗遘疾，湯藥弗親調劑不以進，左右服事益虔且顓，有人所難者。父卒，治喪葬一用古禮，廬墓下三年，手植松數千株，構墓祠以便展謁，歲時伏拜，孺慕不已，見者嗟異之，以爲誠孝人也。孝子又嘗欲封股入藥以救母之危疾，侍御覺而止之，乃齋沐焚香籲天，願減己年益母壽，疾果瘳，孝子更進善藥及滋味，求所以佚其老者。侍御之出按廣右也，得便道省母，孝子觴之曰：「榮哉！吾弟宜更法古人，公好惡，大其所樹立以爲先人光。」侍御奉教唯謹，母益樂。成化丙午，有司以其孝事聞，下覈實，得旌表曰「孝子涂某之門」。久之，母疾復作，醫、禱不即功，孝子竟以憂瘁致疾卒。卒不貳時，母亦不起，蓋驚慟之也。

嗚呼！慈、孝之更相爲命若此，悲哉！孝子性行高，於處己應事，一不苟，待妻子斬斬有禮，篤友誼，睦宗戚，樂施予。嘗以耆宿主一鄉之訟，率能使忿者平、弱者伸，邑大夫或有所諮決，即犁然以解。然遇之不以道，即揮手去不顧。晚歲以恩例受冠服之榮，益端居自養，或逍遥林谷間，賦詩鳴琴以適其所適，杖屨所至，人莫不高其風焉。

孝子生宣德己酉二月十四日，卒弘治辛亥九月十七日，壽六十有三。孝子之先曰雲章先生與其子彬仲，皆儒者，以元季之亂而隐。彬仲子仁壽，孝子之曾大父也。大父志斌，父顯，贈文林郎監察御史。母吴氏，封孺人。孝子之配曰城東夏氏，處士子華女。次室曰徐氏。子男三，曰亮、亭、豪。女一，適甘州甘昂。孫男二。侍御以母喪將奔赴豐城，率亮等葬孝子于某處某山之原。

噫！孝者，百行之冠冕也，而世之克盡者恒尠，況無間于鄉黨、州閭之言，則爲人上者，惡得不表異之以爲世勸哉！若涂孝子，可無愧矣。予故稡群行而銘之，首著其孝事，特加詳焉，亦將使夫來者知所重云爾。銘曰：

涂望豫章不他徙，積善開先委厥祉。有顯一孫今孝子，皇錫褒嘉勸州里。群行焯焯良有以，高丘翼然劍江涘。若人雖亡名不死，光射星墟自兹始，千年有徵考斯紀。

故宋中書舍人程公墓祠碑

抱文武之藝而弗竟其施，完出處之節而弗顯于世，若故宋中書舍人程公，非士之不幸而君子之所惜哉？公没二百年，傳九世，子孫二千指，即墓爲祠，以守窀穸、奉烝嘗，不替益虔，視彼一時回衺攜貳之臣，辱及宗祊，名穢史册者，奚啻霄壤？君子又以知天定之有在，而爲善者可無懼也。

公諱驤，字師孟，一字季龍，晉新安太守元譚之後。太守十四傳爲梁將軍忠壯公靈洗，世居歙篁墩。忠壯十七傳有諱炳者，别居休寧富溪。炳七傳至諱卓者，仕宋爲徽州儒學正，公曾祖也。祖汝礪。父思禮，故端明殿學士程公珌、華文閣學士吕公午實銘之。

公生而偉風儀，器局宏遠，人望之若神人，策其大貴。然獨喜問學，通諸經，見時偏安，恒切憂憤，思有以雪國耻，乃更讀兵書，肄武事。端平丙申，勅充武學生，祭酒范鍾考升上舍，遂以開慶己未舉周震炎榜進士。赴御射，賜武舉出身，畀玉軸綾誥，副以錦囊，授承節郎鄂州駐劄御前諸軍統制司同准備差遣。是歲元大舉入寇，圍鄂州，公贊統制張勝力戰禦之。而賈似道實總諸軍，公以策干之，不見用，以親老乞就近差遣，詔改隸建康府侍衛馬軍行司。留守趙葵將薦之，而公繼丁内、外艱。服闋，轉保義郎。會馬光祖守建康，益知公，且曰「文武一道也，何必櫜鞬乃足展布哉？」言于朝，得易文資，爲奉議郎。馬廷鸞、江萬里並相引知名士以自助，公在選中，累官權中書舍人，封駁督對，所以裨益時政甚多，蓋駸駸向用矣。未幾，二相罷，似道益顓，公遂請祠，進朝奉郎主管建昌軍仙都觀。久之，吕文煥、劉整繼叛元軍，分道入淮、郢，公扼腕曰：「時不可爲矣，尚可以苟禄邪？」即請致仕歸其鄉，時咸淳甲戌也。

富溪距邑南五十里，地幽敻，公築室其間，鑿池引泉爲遊息之所，榜其亭曰林泉風月，無復世念。元初，訪舊臣令下甚急，公慨然曰：「吾豈事二姓者哉？」益屏絶不出，自號松軒，示不屈節之意。至元己丑，以疾卒于正寢，距宋亡十五年矣，壽七十有三，葬里之和睦干。配西路倪氏，側室羅氏。子男三，曰文豹、文虎、文陞。

公志尚豪邁，長于論辨，於前代興衰治亂之迹，如指諸掌。在京西、江東，遇老校宿將，必詢問虜帳多寡、軍實盈耗及山川道里險易遠近，按形勢，計走集，畫漕輓，蓋有誓中流洗河朔之志。入司獻納，尤惓惓效忠，而阨于權奸以老。運去物改，斂之家庭，訓子孫，嚴條約，一本于道義而不以勢利，其言曰：「無毀之謂譽，無憂之謂樂，無求于人之謂富，無屈于人之謂貴。」世以爲名言。有松軒集若干卷。

公之孫以忠、曾孫存、玄孫億皆世公學，有著述，爲時名流。而億之弟僖，僖之曾孫耀宗，有子曰太珍，好文尚義，嘗建保訓樓以藏公之遺書，而以弘治乙卯建祠墓下，未竟以卒，子暠克繼其志而成之。於是耀宗之族弟正思、太珍之從弟慶琉以暠來，請書其麗牲之石。敏政家休寧陪郭，與公實同所自出，故不辭而論著其大者，且採摭傳、記，備列公行，匪獨以慰其後人，亦將補史闕、樹大防爲世監焉。

武略將軍新安衛千户于公宜人葉氏合葬墓誌銘

公諱聰，字公達，姓于氏，其先徐州豐縣人。曾大父而上率有隱德，諱逸無考。大父海，當高廟龍興初，仗劍從戎，入補羽林，出戍新安，卒以戰没。父興代之，功長五十夫。文廟初，從下交阯，授新安衛百户，再往征交阯叛者，没柳州。公時方九歲，聞報即哀慟不自勝，觀者感嘆。

稍長，知自立，讀書史，務通其大義，而識度宏遠。奉母吴，孝養備至，人預策其不凡。永樂壬寅，以父没王事，進襲本衛左所副千户。洪熙初，領屯田，百廢並舉，啓築涇縣潘村賽公諸陂壩，畜水灌田萬頃，人利之至今。宣德督運京儲，立法剗弊，糧不耗而軍無私逋，上官取爲漕規。正統癸亥，賜誥授武略將軍管軍千户。

公年益茂，事益核，尚書周文襄公暨諸巡撫者雅知公能，有軍事必見委，公亦悉心經畫，舉錯得宜。時屯田雜民耕，有不便者，下公覈之。公辨正疆畝，彼此適均，衆大感説。官僚間有孤弱者，必扶植之；沉鬱被搆陷者，力拯之，得自伸乃已。聲稱燁然。而公不自爲足，居常語曰：「治家與治官，一也。家之不淑，其如官何？」乃節縮治費，以治生爲事，男女各職其職而責之成，所積遂以萬計，置莊二十有二，跨徽、池、寧國三郡。斥其贏以賑貧窶，貸而不能償者，焚其券。遂作祠堂，置祭田。族兄成夫婦至自蕭江，公事之甚安。遺孤二，撫之不異己子。鄭得民娶公妹，疾無嗣，及母黨孫、妻黨姪或孱不克立，公爲别置室，并分田宅畀之，俾無失所。教其子明獨嚴，命入郡學，遍遣從明師，勖之成。歙學聖賢像久敝，紫陽朱子祠亦就圮，公樂助而新之。徽孔道，新嶺、箬嶺號極險，而三溪、蘽口當水之衝，行者告病。公或募工甃之，或協力爲橋，雖重費不惜。道宫、佛舍有以起廢告者，亦捐金助之。部卒壯無室者爲之娶，娶凡數百人。又買負郭地爲義阡，給死之暴露者。下至施槽以濟急、製藥以救病、活涷餒之嬰而訪還其家，蓋有願役其門從其姓者。延接寓公過客無虛日，於名士尤注意。刑部李主事泰左遷衛經歷，客死，公具棺殮還其喪。山東歙學生江左與明友，死而貧，公許以孫女妻其子，經紀周至，其篤于義類如此。

公年六十即言于朝，以職授明，端居自適，不復問家事。然官司有疑難，必諮決，動中事機。鄉人久訟者，必求質，曉以利害，或代出金償，使兩罷去。蓋閒處二十年，其有益于官理、風教之事，殆不能悉書。成化甲辰九月十八日卒于正寢，卒之前一日，衣冠危坐，悉召子女前，語以大事，且諭明曰：「謹守禮法，積陰德，以振家聲，吾無憾矣。」復遍召親友與訣，無疾而逝，享年八十有二。遠近聞訃弔者，幾三千人，其可謂達生知命無忝所生者與！

配宜人葉氏，歙處士貴之女，德性莊肅，與公伉儷無違禮。凡公奉親敬長及興家殖産、周貧恤孤諸美行，率與宜人議計而後行。宜人老而勤、富而儉，皆人所難。其尤大者，公初未有嗣，即納諸良家子以自副，得三男，而宜人終亦有子，即明也。明亦早以似續爲憂，其婦焦宜人化姑之訓，副室者得五男，于氏之後遂以蕃碩。蓋貞閒不妒之德，視古人無讓，餘行可推也。卒以弘治辛亥八月十八日，享年八十有六。

子男四人：曰明，武略將軍新安衛千户；曰忠、瑄、泰，皆庶出。女五人：長適指揮應襲子劉勛，次適指揮高鑑，次爲鑑繼室，次適指揮劉玘，一在室。孫男七人：曰玄應、玄惠、玄恩、玄志，明出；曰京，忠出；曰勤儉，瑄出；曰暘時，泰出。孫女九人：長適指揮倪桂，次適指揮穆圻，次適儒士江孔皆，次適百户徐華，次適百户安鎮，次適百户應襲子王璽，餘未行。曾孫男五人：曰祥、祲、禧、禶、禄。曾孫女三人：長適百户王端，餘尚幼。明將以歲之十月三日奉公與宜人合葬歙西九都清流之陽，前期以致政侍郎康公永韶及歙學訓導周成先生二狀乞予銘。予嘗獲拜公于堂，知其享福有自，而明方以文武幹略有聞一時，與予友，勒銘傳後，誼不可辭。銘曰：

相彼古豐，粤有于氏。不顯其光，垂休委祉。維祖暨考，乃事櫜鞬。積其戎功，世禄新安。駿發自公，進領左翼。業崇譽興，增輝棨戟。豈獨能官，亦大其家。富幾陶猗，惠及邇遐。有淑一人，允宜厥室。内壼具瞻，不妒之德。並膺壽豈，子孫孔多。盛福備養，人間幾何。清流之陽，久獻佳兆。公積永施，有子克紹。益闡其緒，如漢高門。公妥百世，名與之存。

善和程處士墓表

新安之號鉅姓者，蓋不以富貴以其人，予嘗觀每族中，必有一二賢且老者維持家規，相繼不乏，故其族益盛。若吾族處士孔隆君，則亦一人焉。

君諱載興，字孔隆，世居祁門善和里。生而敦茂樸直，與凡子不埒。稍長，從鄉先生授書，通其大旨，則思有以自見。其大者，善事其父母，克與其兄孔昭相峙而起振其宗，貲産日充，視世業所增不啻十九。已而父兄及其母林繼殞，君煢然以一身奉襄事無違禮，雖自雄者，亦爲之慚沮，曰：「孝友哉若人。」君居鄉，是是非非，不苟徇，競者以直，孱者以安。邑令丞每按其所理而嘆曰：「官府不及也。」君遇歲歉，隨廪實多寡賑人，貸而不能償者蠲之，而收活棄孤，給田廬爲之娶。里患虎，人惴不自安，君率衆爲柵，果得虎而靖。里南津病涉甚久，募石與木，橋其上，曰廣濟。里北佛子嶺路險，水駛尤甚，亦募而夷之，畚石架梁，其工倍焉。程氏祠在報慈庵，剏于宋，歲遠傾圮，首倡新其屋宇，而入田以供祀。年六十，尤慕親不已，追繪其真如生者。君得子晚，教之力，故咸克有成。不復關世事，因得以佚老，自命曰老樵，杖屨所至，人以爲榮。君享年七十有四，以成化戊子五月一日卒，距生洪武乙亥閏九月廿六日。

配汪氏，處士添禄女，家範最肅，克相君，先十四年卒。子男二：長恕保，嘗爲儒學生，屢試不第，因棄舉子業，隠居養親，里人稱之；次玄佑，亦恒以亢宗爲志。女二：長適城西方琳，九年而孀，以節孝聞；次適湖廣桂陽縣學訓導方雷。孫男六：敏、吉、啓、教、鏊、攷。

啓、鏊皆儒學生，教早世。曾孫男九：謨、諧、許、詠、詢、詔、諲、訥、謙。

君之先與予同出梁將軍忠壯公之後，忠壯十四世至唐檢校御史中丞歙州都知兵馬使澐，嘗起義兵拒黄巢，其長子檢校户部尚書仲繁分兵守浮梁，曾孫中奉大夫令涯始别居善和。又十世至宋武舉狀元鳴鳳，其族益顯。鳴鳳之從兄光岳，傳四世德堅，國初以行樞密分院都事守景德鎮有功，君曾祖也。祖儀，父景韶，皆以德善聞。

君以卒之年十二月十日葬本里方村大塢口，丙向，汪氏葬谿頭觀音堂後都事府君墓左，午向，與從弟教諭文之母同壙而居右。蓋君之葬，於今廿四年，而恕保亦年六十餘矣，乃自爲狀，走休寧請表其墓。會予以疾謝文事，請益堅，又俾啓候館中，以必得爲志。嗚呼！若處士之所樹立，由孝弟而施之家及其族以達乎一鄉，雖古賢哲，亦不過此，使進而有所爲于時，則豈特爲一鄉之士而已？然有子若孫克迓其後，固將有在此不在彼者。夫豈以富而豐、貴而榮哉？爰撮其狀之略以爲表，俾程氏之後人有考焉。

李處士景瞻及其配方孺人墓誌銘

義與孝皆人之大節，法宜書而不可湮者，若祁門李處士景瞻夫婦，殆庶乎無愧斯名者與，顧今皆不可作矣。處士子彦夫從予遊，因獲聞其詳，據其狀爲題其墓曰義孝阡而銘之。

處士諱燦，字景瞻也，上世出唐諸王孫，居饒之睦親院，以廣明之亂徙歙，定居祁門孚溪之新田，族日大。傳十世曰昭三，又析居溪東五里，姓其地曰李源，習稱至今。曾大父昌，生元季，不樂仕。大父宗榮，名克家，以逸奉其兄宗厚，俾殫于學，永樂中仕爲刑部主事；而己亦長區賦，恭愛聞其鄉。父友政，賢而老者，嘗以務本自署，見其志。娶邑之葉氏，生處士，無他子，酷愛之。然處士亦惇確夙成，能自約于禮，從師授書即涉大義，而以其餘力習琴奕與法書繪事，諸玩好，弗御也。奉務本翁夫婦存盡養、殁盡哀，事一姊尤篤，撫其甥孫怡于孤惸而成之，至於取甲科，官刑曹，處士未始有德色。壯歲嘗一遊湖、浙而歸，自號壺天居士，足跡鮮及城市，惟急于利濟，視其力，恒恐弗逮。邑儒學大成殿圮，捐金贊其成，屋廬燬而族人力不勝復者，中任之。自景泰抵今，餘四十年，凡一鄉之貧貸物、佃負租者，多不責其償，甚之請質以其居者，燔其券。勸分詔下，即大發粟賑饑以倡諸巨室，雖受冠服之榮，號義民，非其志也。鄉射禮行，必以賓致之，然亦視其令何如而後出。晚歲率其族新其始遷祖之祠下橋，勞費半其衆。以負糴者之苦于險阻也，鑿嶺路以達江西，開水道以通江浙，人感其惠利尤博。又將刱先祠，舉先正之禮以詔其後人，以疾革不能卒事矣。

處士平居恂恂，性不喜酒，然燕客必盡歡。御家無疾言厲色，僮僕之有犯者，矜其闇而釋之，然家務秩秩。所當爲者，毅然行弗顧，有古義士之風焉。方孺人出休寧舊家，佐處士，以道事舅姑，極孝謹，飲食必親羞以進。葉氏姑性簡重，弗可意，或終日不懌，孺人曲承之，務俟其復常乃退。有壼政，雖疾，亦强起竣事。舅姑之亡也，攀號踰節。時物非以薦不入口，奉祀事誠愨如其生。室廬之被燬也，急升樓，奉二遺像，時火勢熾，甫下樓，即爇其門。人或驚咎之者，孺人曰：「餘物可得，此像一失，可復圖邪？」舉族咸稱之曰孝婦。孺人母家中落，有從子壯未娶，孺人爲置室，遂有後。孺人性樸實，不解世俗機事，數見欺女奴，雖覺，未始譴絶之，戒其過而已。家人感勵，多馴謹。蓋處士之所以勤其躬、淑其家，行無間于内外者，實其伉儷相胥以成，其大則義與孝而已矣。

處士與孺人並刻意教子，其長、季授家政，其仲遺業儒，厚其師友之資而勖之成。蓋異時恢其業而爲其親之光者，可企也。處士卒于弘治辛亥八月十七日，享年六十有八。孺人卒于壬子正月二十五日，享年六十有九。子男三：長濟；次汛，彦夫也；次溥。女二：長適仙溪許大用，次適本里吴詔。孫男二：長桐，次棣。孫女四，尚幼。諸子以壬子二月一日奉處士孺人合葬于浮溪之原，送者千餘人。銘曰：

有義維夫，有孝維婦。孰善在躬，弗舛于度。爰萃二美，李源碩宗。善始令終，浮溪載封。弗齒厥鄉，弗順于壼。視此刻文，無蹶其本。粤義與孝，後人必昌。駿發爾祥，用昭其藏。

程君用堅墓誌銘

率口程氏之彦曰用堅君諱鼒，其先出梁將軍忠壯公，自歙篁墩遷休寧新屯，再遷究山。至諱敦臨者，始定居率口。傳六世曰相卿，於君爲高祖。曾祖思德，永樂中以才舉，垂仕謝歸，作緑繞堂以佚老。祖文成，益自植，嘗新其先世環山樓。父嘉和，亦剏率溪書院以處學子。蓋其三世有堂構之功，里人嗟異。

嘉和娶雲源王氏女，生君，無他子，實奇愛之。而君性謹醇，出就鄉先生，日進于善，不自侈以煩父母。既授室，即受父命綜家事，凡禮賓客、接媚黨、御佃傭、計泉穀、應公家，率有規緒而不愆于恒度，見者不虞其爲少年子也，率口之程，大以蕃。君贊其父葺忠壯行祠，續程氏譜，哀輯先世遺文爲聞見録以藏。又率其子修復宋、元以來祖域之被侵者，倡復柏山寺先祠，而財力居衆之二。母亡，哀致疾，幾弗可救，藥之而後起。父側室劉，得男，以託君，君與婦育之成，雖後伯父清和，仍均産以益之。君事一姊、遺二妹，皆盡禮。中失其偶，遺孤纍然，雖繼室恒恒焉，弗能躬事撫鞠，至服食之微，亦周悉備至。既長，多使之業儒。每勖其勤學厲行爲先榮。君平素簡重，惡浮靡，見競者必正言折之。人有急，濟之隨其力。

遇事難集，或身任之不避。蓋一鄉方以爲可恃，而一疾不起，弘治庚戌十一月廿七日也。

君卒無他言，惟以不及終養爲憾，屬纊前數日，家人以後事請，徐曰：「事在文杰。」文杰，蓋君長子云。君生正統戊午十一月二日，得年五十有三。娶坑口孫氏，處士義全女，性敦淑，事舅姑能得其懽，相君極勤儉，底于成家，卒以成化己丑八月十二日，得年三十有三。子男六人，曰文杰、武杰、德杰、曾杰、林杰、復杰。曾杰易名曾，爲儒學生；林杰，君繼室高橋孫出，早世；復杰，側室安出。孫男七人，曰從起、從大、從道、從亨、從遠、從先、從進。孫女三人，曰璿、瓊、瑞，俱幼。文杰等將以癸丑正月七日奉君合葬里之下唐原，負申向寅，前期以狀來乞銘。

予與君同出篁墩，爲族兄弟，嘗過率口訪君，獲拜嘉和處士于堂，退與族人講道率溪書院，而君又特遣曾從予學，不謂其遽至此也。嗚呼，悲夫！銘奚可辭？銘曰：

猗嗟碩人，率溪之秀。胡弗永年，以弘所受。有養未終，有子克成。孰遺憾兮，維嗣之興。

汪君本亨墓誌銘

弘治己酉九月四日，汪君本亨年躋六十，鄉之人群往壽之，需予頌者蓋相屬于道，因竊嘆曰：「汪君何如人，而致慶及至是邪？」壬子七月十二日，汪君卒，鄉之人又群往哭之，曰：「噫！何斯人之不淑也！」於是其弟泰常等奉君葬其居之左垣石瀆山，令其子元俊來乞銘。予雖不及識君，然得諸鄉評也久，乃序而銘之。序曰：

君諱泰護，其字本亨，世居歙稠墅。曾祖國徵，祖士美，父文厚，皆以行義聞。君生而魁梧倜儻，無齷齪洪涊之態。從師授書，亦不樂章句，志在亢宗。妙心計，每出遊江湖間，必大獲而返，坐是産日碩、貲日豐，遂以雄其鄉。

君早喪其母江孺人，畢力事父，滫瀡之養，務得其恬適而後已。父没，益請于學士大夫，導古禮以葬。處群從兄弟六人極友于，推及宗婣，亦敦睦無相盭者。

君雖富，而好禮秉義，自奉泊然。遇貧煢則賙之，恒懼不及。貸而不能償者，多不責其報。里東路接汪金嶺，齟齬行者，君召工伐石而夷之，其費甚鉅。神佛之居有頽圮者，亦必藉君而完。辛亥歲大侵，君捐金助有司以賑饑，得冠帶之榮。繼有詔勸分，富家多規匿者，君病中慨然曰：「此何如時，而忍自殖以困吾人邪？」屬所親輔其幼子出應官，輸粟六百石，得如令，旌其門。太守濟南李公慎許可，爲大書「尚義」二字揭之。初，君壯未有子，識者曰：「汪本亨善人也，是必有後！」已而果然。君配棠樾鮑氏，甚賢，不克偕老。生一女，適琶塘胡某而卒。側室生一子，曰元傅，聘芝黄程氏女。

惟汪氏徽郡世家，皆祖唐越國公，與程世姻，而稠墅在歙爲盛。若宋提刑公起進士爲名法從臣，族益有聞，蓋今三百年。而處士以恒健起其家，以惠穆勵其行，巋然一時，與顯者埒，銘終詔後，於是爲宜。矧予嘗聞其風而頌其生者哉？銘曰：

其望越公，其里稠墅。有淑一人，曰本亨甫。維積孔厚，維嗣必興。安此玄堂，百世之徵。

前奉訓大夫鄭州知州洪公墓誌銘

公諱寬，字有約，姓洪氏，世居徽州歙縣之永陽里。其先曰龍圖閣學士贈少師中孚，顯于宋，族大以蕃，人姓其地曰洪坑。公曾大父楚善，大父宗顯，父懷佺，母江氏，其德善之詳，並見公所編洪氏世譜。

公生九歲即選補府學生，治戴記，淳實淵穎，不妄言笑，人咸器之。以景泰庚午領應天府鄉薦，屢試禮部，辭乙榜，卒業太學，遂以成化丙戌入吏部銓，授湖廣桂陽知州。州當狪獠破劫之餘，公爲刱驛堠、作市區、禁侵暴，勸分備荒，民漸復業。桂陽，古府治，有縣附郭，國初以州治爲縣，以府治爲倉，民弗便。公言于朝，請復州治，經畫規措，不數月告完，而民不擾。方迎父就養，居一年以憂還。

辛卯服闋，改河南鄭州。時刜藩府于汝寧，濬漕河于里陽山，立會府于開封，徵夫役千六百餘人，使者旁午。公懇言州狹民勞，免其半。癸巳歲大侵，奏免租三分，又請發陳麥一萬石與官粟兼濟，庶危急可拯。巡撫都御史武進楊公亟善之，下其事諸府，民賴全活甚衆。賈魯涇及白婁河歲病民，公築堤捍之，而患息。州城壞不治，公董葺之成，加壯焉。汜水古崤關，議者欲革之，公言「崤即虎牢，古險塞，時平固無所事守，若卒遇歲饑，盜出不測，其孰禦之？故愚以爲不革便。」卒存崤關。公治鄭久，民感服其惠威，莫敢犯。而隣境陝、汝諸州，訟不決者，亦請于公。政成下孚，乃一新其學宮，刻許文正公大學要略諸書迪諸生，又新鄭大夫子産之廟以風其鄉人。州民李慶家蠶簇巨繭成衣，襟袖悉具，而民間駒犢多雙生者，人以爲德政之應。巡撫都御史江浦張公請旌異之，山右原公請以鄖陽知府，命未下，而公以疾解組歸矣。

公晚歲益端居，不入城府，合曾祖而下十六支，萃居一門，内外有規，歲序有燕，周卹有等。里人有事，亦相與就質焉。成化丁未十一月二十六日終于正寢，享年六十有二。配汪氏，先公六年卒。子男四人：長達，克家不仕；次迪，禮部司務；次遠，成化戊戌進士，歷知莆田、濬、交河三縣有聲〔四〕，今以監察御史召；次通，府學生。女一人，適汪鈺。孫男八人，長儒，次偉，次休，次伊，次俸，次伶，次价，次佶。孫女三人。達等以弘治戊申正月十一日奉葬清泰里河塘上鳳山之陽，以汪祔，而以狀來請書其墓上之石。

憶當天順中，予始獲與公友，嘗同上禮部，先尚書少保襄毅公亟才之，期以遠大。而公所至有治績，爲聞人，亦可謂不負其所學者矣。矧其官大夫，有賢子，法宜書其宦業德履之詳以昭于無窮，則最其狀之所述而銘之，非予其誰哉？銘曰：

緊大夫公，系出洪坑。奮跡儒科，爲時之英。一治于楚，再治于鄭。剸繁有才，惠民有政。凌風健翮，方爾高翔。孰尼其行，來歸故鄉。有赫嗣興，世德之驗。振華履亨，公也何憾。鳳山之陽，惟公所藏。紀行刻銘，百世之光。

太孺人黄氏墓誌銘

太孺人諱回，字回卿，姓黄氏，世居越之山陰西莊邨，故贈文林郎廣西道監察御史直庵祁公諱福之配，今中順大夫徽州知府司員之母也。太孺人生有淑質，其父棲雲處士庚，慎所宜嫁，而直庵之父雲林隱君紀亦審於擇婦，因委禽焉。

太孺人既歸祁氏，動必循禮，奉舅姑旦夕起居，伈伈無墮容，處娣姒，御僮婢，肅雍相宜，而凡供祀主饋、睦隣燕客、往返慶弔之節，悉有常度。其事直庵，無鉅細必以古賢相規，肆直庵有成于學業，仕爲閩之龍溪教諭，升蜀之重慶教授。太孺人叶其勤苦，幾二十年。凡諸生之材者有立，貧且孤者有助，多太孺人慈煦之。而直庵行焉，兩校生徒，事之如生己，恒恐其去也。

直庵在蜀，子女多長，太孺人請以伯子司方綜家務，叔子司員爲儒學生，且爲直庵納湯氏于副室，曰：「我將歸佐吾子。」未幾，司員舉于鄉，遂登成化戊戌進士第，直庵因致其事，與太孺人並享禄養者七八年。司員自唐山尹被徵爲御史，有直庵之憂。既免喪入臺，居三年而獲恩典，贈直庵以其官，而太孺人今封焉。司員嘗奉命一按關中，再按嶺右〔五〕，積有賢勞，擢守畿郡，得便道省太孺人于山陰。太孺人所以訓其子者，一以忠廉，語不及他。蓋抵任未朞而訃至，弘治丙辰冬十一月九日也，距生永樂丙申夏五月十七日，享年八十有一。

子男六：司方、司員、司平、司直，太孺人出；司温、司和，湯出。女二：兆，適興浦孫紀；春，聘張漊吴氏。孫男十二：鍌、鑒、鍪、鏊、鈞、鎏、鍾、銘、銓、錦、鋼、欽、鏸。孫女九：淑涓，適管墅趙某；淑沅，適會稽之梁棚秦佐；淑漢，適前梅周礽。餘在室。而司方、司和暨春、鍌、鏊、鎏、鍾皆早世。

先是，郡守公訪予于休寧之南山，承聞太孺人高年尚無恙，竊意陋邦之民可以蒙休澤、甦積困之爲幸，而孰謂其遽去哉？於是書來，以銘爲託，曰將歸卜日奉太孺人合葬于直庵梅里山之塋。自惟抱病倚廬，久謝文事，而重公之用情有甚于不肖者，乃掇拾王侍御經之狀而爲銘。銘曰：

惟性之顓，行則懿止。處兮歸兮，蔚爲女士。有老明農，有賢奮庸。相斯訓斯，亶爲女宗。玉瓚黄流，福善之道。皇有恩封，天錫壽考。矗矗梅峰，鬱鬱松阡。勒辭貞珉，百世之傳。

校勘記

〔一〕休寧縣市吴氏本宗譜卷七此篇署：「弘治龍集己酉冬十二月吉旦賜進士及第致仕中順大夫詹事府少詹事兼翰林侍講學士兼修國史經筵官同邑程敏政撰。」

〔二〕市恒弗戒于火　「火」，原作「太」，據休寧縣市吴氏本宗譜改。

〔三〕孺人生子女各一　「一」，原闕，據四庫本補。

〔四〕歷知莆田濬交河三縣有聲　「交河」，原作「江河」，據本書卷五十前鄭州守洪公傳改。

〔五〕再按嶺右　「右」，原作「石」，據四庫本改。